이 책에 대한 찬사

아래는 이 책의 바탕이 된 '채널링 라이브 이벤트'에
쏟아진 찬사 가운데 극히 일부만 간추린 것입니다.

"몸에 소름이 돋고, 눈물이 났습니다. 이 모험을 할 수 있게 해줘서 정말 고맙습니다.
나는 지금 사랑으로 충만해 있습니다." —레이첼Rachael

"이건 기적입니다. 이토록 대단한 분들을 일일이 찾아내 한데 모아놓다니……
이 라이브 이벤트를 꾸려주신 데 대해 내가 얼마나 감사하고 있는지 알아주기를
바랄 뿐입니다." —린다Linda

"내가 들어야 할 것을 들어야 할 때 들었습니다. 고맙습니다. 고맙습니다.
고맙습니다." —데보라Deborah

"내 인생 최고의 깨어남 체험!! 더없이 놀라운 방식! 말로 표현할 수 없는 경험!"
—레슬리Leslie

"상상 이상입니다. 말들에 담긴 치유력이 믿을 수 없을 정도예요.
한 마디 한 마디에 사랑과 진리가 묻어 있는 느낌입니다. 중요하지 않은 메시지가
없어서 소화하기 벅차다는 느낌마저 들 정도입니다. 고맙습니다!" —미레유Mireille

"위원회Council가 발언을 시작하는 순간 눈물이 났습니다!
이제 내가 훨씬 가벼워진 느낌이 들어요! 고맙습니다!" —메리 앤Mary Ann

"와…… 이 말밖에 안 나오네요. 제 인생에서 이런 경험과 성장을
맛볼 수 있게 돼 정말 행복합니다!"—드보라 앤Debra Ann

"정말 놀랍습니다. 대니얼, 당신의 음성 덕분에 그동안 나를 괴롭히던 청력 문제가
해결된 것 같아요. 고맙습니다! 위원회에도 감사드립니다."—패트Pat

"이 행사가 끝나자마자 다음번에 또 참가하기로 작정했습니다!"—앨리슨Allison

"늘 우리와 교감하며, 우리가 계속 확장하고 성장해 갈 수 있도록
지혜와 가르침을 주셔서 감사합니다."—캐나니Kanaani

"놀랍고 직접적이고 심오했습니다. 너무, 너무, 너무 좋았어요!
이런 경험을 할 수 있게 해주셔서 감사합니다."—빅토르Viktor

"와우, 와우! 정말 좋았습니다. 채널링이 하나하나 진행될 때마다 이완과 흥분이
동시에, 더 크게 몰려왔어요!"—리치Rich

"정말 굉장합니다! 이번 체험에서 아주 많은 것을 얻었어요. 마이크, 리사, 사샤에게
정말 감사드립니다. 세 분께 크나큰 사랑과 감사를 보냅니다."—캐리Karri

"환상적이었습니다! 저 또한 가르치는 사람으로서, 메시지를 전하고 자신의
가르침을 주기적으로 리뷰하는 바샤르의 방식이, 또한 명확하고 간결한 예들을
제시하는 그의 방법이 마음에 쏙 들었습니다. 10점 만점에 10점!"—패트리스Patrice

"기쁨, 흐름, 충만함의 실체를 경험하는 데 필요한 것이 무엇인지에 대한
완벽한 요약입니다. 바샤르에 대한 깊은 사랑과 함께
그의 명징함과 간결함에 경의를 표합니다."—아론Aaron

"멋집니다! 이번 채널링 이벤트를 통해 정말 많은 것을 배웠고, 그 덕에 내 삶을 전과는 다르게, 더 큰 희망과 자신감을 갖고 바라볼 수 있게 되었습니다." —레피Lefi

"정말 대단했어요. 놀라운 삶을 경험하는 데 필요한 근본적인 개념들을 아주 명확히 설명해 주었어요. 여기서 경험한 모든 것이 그동안 내가 수많은 자료와 교사를 통해 배워온 내용과 서로 통하는 것이지만, 이토록 단순명료하게 이야기를 전해들은 적은 단 한 번도 없었습니다." —캐런Karen

"기대했던 대로 더없이 훌륭한 경험이었습니다." —제이미Jamie

"이번 행사가 세 번째 참석인데 참가할 때마다 다른 느낌, 다른 인상, 다른 영감을 받습니다." —마리앤Marianne

"대단합니다. 완전히 넋을 빼앗겼어요. 내 마음이 환영이라는 걸 알게 되어 다행입니다." —패티Patty

"이 '깨어남 모험Awakening Adventure'은 특별한 채널러들과 자리를 함께하면서 그들을 통해 메시지를 전하는 존재들의 지혜를 직접 접할 수 있는 놀랍고도 드문 기회입니다. 이런 유형의 정보들을 오랫동안 찾고 공부해 온 사람으로서, 그동안 참여해 본 모든 행사를 통틀어 최고 중 하나였다고 말하고 싶습니다." —리처드Richard

"정말 고마운 행사입니다. 내가 좋아하는 아크투루스 위원회Arcturian Council와의 세션은 지금까지도 저를 행복하게 합니다. 고맙습니다! 이 기록들을 다시 보고 들으면서 여기 담긴 모든 웅장한 에너지에 다시 한 번 흠뻑 빠져보려고 합니다."
—에이브Abe

"오오…… 이렇게 신날 수가! 참가 인증을 받고 나니 정말 짜릿합니다. 눈물이 나네요." —캐럴린Carolyn

The Great Awakening by Mike Dooley
Copyright © Mike Dooley
All rights reserved.
Korean translation rights © 2025 Shanti Books.
Korean translation rights are arranged with TUT Enterprises, Inc. through AMO Agency, Korea.

이 책의 한국어판 저작권은 AMO 에이전시를 통해 저작권자와 독점 계약한 샨티에 있습니다. 저작권법에 의해 한국 내에서 보호를 받는 저작물이므로 무단 전재와 무단 복제를 금합니다.

여기에 담긴 어떤 내용도 의학적 조언을 제공한다거나, 의사의 조언 없이 신체적·감정적 또는 의학적 문제에 대한 치료의 한 방법으로 특정 기술이나 명상 등을 사용하도록 제안하려는 의도가 없습니다.

위대한 깨어남 대전환의 시기에 전하는 의식 상승을 위한 메시지

2025년 9월 22일 초판 1쇄 발행. 마이크 둘리가 쓰고, 김철호가 옮겼으며, 도서출판 샨티에서 박정은이 펴냅니다. 편집은 이홍용이 하고, 표지 및 본문 디자인은 황혜연이 하였으며, 이강혜가 마케팅을 합니다. 인쇄 및 제본은 상지사에서 하였습니다. 출판사 등록일 및 등록번호는 2003. 2. 11. 제2017-000092호이고, 주소는 서울시 은평구 은평로3길 34-2, 전화는 (02)3143-6360, 팩스는 (02)6455-6367, 이메일은 shantibooks@naver.com입니다. 이 책의 ISBN은 979-11-92604-37-4 03180이고, 정가는 18,000원입니다.

대전환의 시기에 전하는 의식 상승을 위한 메시지

THE GREAT AWAKENING
위대한 깨어남

마이크 둘리 지음 | 김철호 옮김

【샨티】

마리솔에게
이 책을 바칩니다.

"천국에 어떤 귀한 보물이 있다 해도
깨어난 이에 견줄 수 있는 것은 없다."
― 붓다

일러두기

☑ 이 책의 내용은 2022년 온라인 라이브로 진행된 채널링 이벤트 내용의 일부를 정리한 것입니다. 3,000명이 넘는 사람들이 참여했던 이 이벤트에는, 더 높은 진동의 존재들─다른 항성계에서 온 물질적 존재들이거나, 혹은 완전히 비물질적인 존재들─과 소통하는 채널러들이 매주 한 명씩, 6주에 걸쳐 초대되어 이 '깨어남의 시대'에 사람들에게 필요한 메시지를 전해주었습니다.

☑ 각 채널러들이 트랜스 상태에서 전한 핵심 내용은 https://tutadv.club/tgav에서 볼 수 있습니다. (이 영상의 한국어 버전은 유튜브 샨티TV에 '위대한 깨어남'으로 업로드되어 있습니다.)

☑ 본문에는 라이브 세션에서 오고간 질문과 답변이 실려 있습니다. 질문 중에는 저자의 것과 청중의 것이 섞여 있습니다. 질문자를 명확히 하기 위해, 청중의 질문 첫머리에는 말풍선 아이콘(💬)을 달았습니다. 이 표시가 없는 질문은 모두 저자가 한 것입니다.

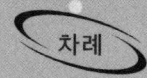

채널링에 대해 12

서문 | 완벽한 환상이자 도전_바레인 16

들어가는 말 | 두려움을 따라 살 것인가, 사랑을 따라 살 것인가? 20

CHAPTER 1 / 의식 상승을 위한 내면 작업
리사 로열 홀트가 전하는 '사샤'의 메시지

리사 로열 홀트에 대해 34

의식 상승을 위한 내면 작업 35

▎홀로그램 의식 35 ▎밀도와 차원 38 ▎에고 이해하기 45
▎전 지구적인 의식 변화 46 ▎작업하기 50 ▎명상 56

CHAPTER 2 / 자신의 진정한 힘에 접속하기
살바토레 레이첼이 전하는 '파운더스'의 메시지

살바토레 레이첼에 대해 80

자신의 진정한 힘에 접속하기 82

▎힘 되찾기 84 ▎힘 기억하기 85 ▎힘 안에 서기 88
▎높은 진동의 힘 89 ▎내면 작업하기 91

The Great Awakening

CHAPTER 3 / **지구에서 상승한 마스터로 살아가기**
사라 랜던이 전하는 '위원회'의 메시지

사라 랜던에 대해 *120*
지구에서 상승한 마스터로 살아가기 *121*
▌의식의 힘의 장 *124* ▌'참된 창조'의 기술 *128* ▌의식의 수준 *134*
▌순진무구함 안에서 창조하기 *144* ▌수면, 통증, 알츠하이머병 *146*

CHAPTER 4 / **깨어남의 과정에서 사랑이 하는 일**
채널러 매트 칸이 전하는 메시지

매트 칸에 대해 *154*
전주곡 *155*
▌비非트랜스 채널링 *155* ▌에고, 상위 자아, 영 안내자, 영혼 *157*
▌깨어남을 향한 부름 *161*
의도 세우기 *162*
깨어남의 과정에서 사랑이 하는 일 *163*
▌신성한 여성성 *163* ▌신성한 남성성 *165*
▌신성한 에너지들의 통합 *166* ▌트라우마 변형하기 *168*
사랑이 하는 일 *172*
차원들 *179*
살기 위해 죽기 *182*
에고가 벌이는 게임 *184*

CHAPTER 5 / 치유, 채널링, 빛 언어 능력 계발하기
대니얼 스크랜튼이 전하는 '9D 아크투르스 위원회'의 메시지

대니얼 스크랜튼에 대해 196

9D 아크투르스 위원회 가르침의 네 기둥 196

9D 아크투르스 위원회의 메시지 198

치유, 채널링, 빛 언어 능력 계발하기 199
▎깨어나기 199 ▎이 모든 것은 어떻게 시작되었나? 200 ▎감정의 여정과 의미 202
▎초자연적 능력과 기적 행하기 206 ▎차크라 시스템 활용하기 213
▎상승의 징후들 214 ▎의도적으로 살고 의식적으로 현실을 창조하기 219

CHAPTER 6 / 자각 도구 키트: 진동을 끌어올리는 데 필요한 모든 것
다릴 앙카가 전하는 '바샤르'의 메시지

다릴 앙카에 대해 238

공개적인 (외계) 접촉에 대해 238

자각 도구 키트: 진동을 끌어올리는 데 필요한 모든 것 241
▎다섯 가지 우주 법칙 241 ▎운명 246
▎물질적 삶의 일곱 가지 필수 요소 249 ▎삶의 지침: 5단계 공식 254

열정 찾기 265

동시성 267

여정을 위한 풍요와 지원 269

반사 거울 271

종합해서 보기 276

에필로그 | 물질 몸 속에서 깨닫는다는 것 291
추천 도서 296
감사의 말 301

채널링에 대해

40년 전 어느 날, 어머니가 나에게 제인 로버츠Jane Roberts가 쓴 굉장한 책을 발견했다고 하신 적이 있습니다. 저자가 트랜스 상태에서 세스Seth라는 이름의 비육체적 에너지와 채널링channeling을 했고, 그 내용을 남편이 한 마디도 놓치지 않고 받아 적어 향후의 출판을 준비했다는 것이었습니다. 나는 진심으로 걱정이 되어 말했습니다. "엄마, 정신이 어떻게 된 거 아녜요?" 그러자 어머니가 바로 쏘아붙였습니다. "출처 같은 건 따지지 마! 그냥 세스가 하는 말을 읽어봐. 그러고 나서 판단해!"

나는 어머니 말씀대로 했고, 바로 그때부터 내 인생에서 가장 위대한 여정이 시작되었습니다. 내 안으로 떠나는 여정이.

이런 이야기를 예전의 나만큼이나 생소하게 느끼는 분들을 위해 간단하게 설명하자면, 채널링이란 이곳과는 다른 밀도density나 차원, 다른 '세계world', 다른 단계plane 등에 있는 영적 에너지가 우리와 물리적으로 소통할 수 있도록 우리의 의식의 초점을 의도적으로 바꾸는 능력으로, 보통 글이나 말의 형태로 전달됩니다. 유명한 예술 작품과 문학 작품 중에는 창작자가 채널링을 통해 쓰거나 만들었다고 주장하는 것이 많습니다. 이 가운데는 끝을 집어 들기 전 차가운 대리석 판 안에서 '피에타Pieta'를 '보았다'고 한 미켈란젤로나 작곡하기 전 음악이 '들렸다'고 한 모차르트도 있고, 오늘날에도 에스더 힉스Esther Hicks가 쓴 '아브라함Abraham'의 책들(《유인력, 끌어당김의 법칙》《우주는 당신의 느낌을 듣는다》 등 여러 권의 책이 국내에 번역되어 있다—옮긴이)이나 리처드 바크Richard Bach가 쓴 《갈매기의 꿈Jonathan Livingston Seagull》(한국어판 제목—옮긴이)을 비롯한 수많은 작품들이 있습니다. 이와 유사하게 '존zone에 진입해서' 최고의 성과를 내는 운동 선수들도 있습니다. 흥미롭게도 기독교 성서를 포함한 많은 종교 경전들이 신자들 사이에서는 신의 말씀이나 천사의 메시지로 받아들여지고 있으며, 이는 각 경전에 등장하는 인물들에게 채널링으로 전해진 것으로 여겨집니다.

사람은 몸이라는 물질적 도구를 통해 누구나 자기 내면의 본질 또는 영과 채널링하고 있다고 믿는 이들도 있습니다. 그렇게 생각하지 않는다면 그것은 오직 생물학적 몸만이 우리의 말과 생각, 성격, 의식을 낳는다고 믿는 것과 똑같다는 것입니다.

두 문단 앞에서 내가 '세계world'라는 단어를 강조했다는 사실을 알아채셨는지 모르겠습니다. 이 대목에서 여러분의 개방적인 상상력이 필요합니다. 이 글에서 '세계'라는 말이 분명한 어떤 대상을 가리키지 않는 경우 그것은 외계 존재ET를 의미합니다. 행성을 제외하고도 무려 1,000조 개나 되는 항성을 품고 있는 이 우주 안에 오직 인간만이 존재한다는 생각은 너무 순진하지 않은가요? 그렇다면…… 외계 존재에 대해서는 어떻게 생각해야 할까요? 나와 함께

《깊은 우주에서 온 채널링 메시지Channeled Messages from Deep Space》를 쓴 트레이시 파커Tracy Farquar가 채널링하는 프랭크Frank로부터 언젠가 들은 말을 그대로 인용해 봅니다. "우리 모습은 여러분과 아주 다르지만, 우리의 영적·의식적 진화는 여러분과 거의 동일합니다. 물리적 우주를 관통하고 있는 것은 '오직' 신, 즉 순수한 '근원 에너지Source Energy'뿐입니다. 따라서 모든 세계의 모든 존재들은 그 모습이나 행동과 상관없이 여러분의 영적 형제자매입니다."

이어지는 장들에서 여러분은 이 형제자매들 가운데 몇몇의 메시지를 듣게 될 겁니다.

그렇습니다, 채널링은 늘 우리 곁에 있었습니다. 하지만 유의할 것이 있습니다. 채널링을 통해 어떤 정보가 들어왔다고 해서 그것이 반드시 진실이거나 유의미하거나 도움이 된다는 법은 없습니다. 시간과 공간의 베일 너머에서 자신의 대변자 역할을 할 사람을 찾아 떠도는 길 잃은 영혼들이 땅 위를 걷고 있는 인간들의 수만큼이나 많을지도 모릅니다. 나의 경우에는 어떤 것이 진실로서 받아들일 가치가 있는지 판단할 때 다음과 같은 간단한 리트머스 테스트를 이용합니다.

그 정보가……
1. 삶의 아름다움에 대해 말하고 있는가, 혹은
2. 우리의 힘에 대해 말하고 있는가, 그리고
3. 배타적이지 않고 모든 존재를 다 품고 있는가?

만일 여러분이 여기까지 읽었다면, 계속해서 쭉 읽어보시길 바랍니다. 채널링 소스에 대해서는 생각하지 말고, 그냥 채널러들이 말하는 내용만 읽어보셨으면 합니다. 그러고 나서 그 내용이 고려할 만한 가치가 있는지, 혹은 더 나아가 여러분의 삶 자체를 변형시켜 줄 수 있을지 판단하셨으면 합니다.

서문

완벽한 환상이자 도전

　이것은 완벽한 환상이자 도전입니다. 여러분이 현실이라 부르는 공간 속으로 더없이 깊은 망각과 함께 내던져진 것 말입니다. 여러분은 자유 의지로 새로운 빛을 창조해 영원을 향해 비추고, 그리하여 모든 것의 새 버전으로서 여러분을 창조하고자 했습니다. 그것은 '여러분'이 곧 모든 것이기 때문입니다.

　인간이 되는 기적에 오신 것을 환영합니다.

　여러분은 이야기꾼storyteller입니다. 하지만 여러분은 그동안 자신에게 똑같은 이야기만 하고 또 해왔습니다. 여러분은 행간을 읽지 않습니다. 여러분은 그야말로 글을 '문자 그대로'만 받아들입니다.

　어떤 말이 들릴 때 여러분은 그 말이 무無의 공간을 통해 흘러오는 진동vibration임을 알아채지 못합니다. 글을 읽을 때 여러분은 단지 빛을 흡수하는 부분과 그렇지 않은 부분이 섞인 부호들을 보고 있을 뿐이라는 사실을 잊습니다. 누구나 그렇듯이, 여러분은 말 자체를 넘어선 것들을 듣거나 읽지 못하고, 말하고 있는 사람이나 작가가 전하는 내용을 온전히 흡수하지 못합니다.

　이런 한계는 극복할 수 있습니다. 낱말들 사이의 에너지와 그 위에 겹쳐진 층들을 눈여겨보고 거기에 귀 기울이면 됩니다. 또한 머리와 눈으로 읽음과 동시에 가슴으로 읽는다면 진정으로 이해할 수 있을 것입니다.

여기서 여러분은 이렇게 물을지 모릅니다. "그러면 뭘 어떻게 해야 하나요?"

여러분이 해야 할 것은 없습니다.

창조는 바보와 현자를 다 사랑합니다. 이 둘은 같은 사람일 때가 자주 있습니다. 창조는 죄인과 성인聖人을 다 사랑합니다. 이 둘 역시 같기 때문입니다. 존재의 본질에서, 모든 인간과 사물은 자기임과 동시에 다른 모든 것이기도 합니다. 옳음도 없고 그름도 없습니다. 오직 '있음Is-ness'만이 있을 뿐입니다. 여러분은 '무한'의 이야기를 완성하는 데 꼭 필요한 존재입니다. 여러분이 없다면, 정확히는 지금 그대로의 여러분이 없다면, '우주Universe'는 존재할 수 없습니다.

그렇다면 왜 이 같은 채널링 방식의 소통이 있고, 잠들어 있는 이들을 깨우려는 움직임이 있을까요? 준비된 사람들이 아주 많기 때문입니다. 여러분은 이미 준비가 끝났습니다. 고통을 놓아버릴 준비가 끝났습니다. 순수한 자유가 될 준비가 끝났습니다. 자신이 누구인지 기억해 낼 준비가 끝났습니다. 여러분이 이곳에 와서 즐기고자 한 게임은, 여러분 자신이 바로 '창조주Creator'임을 깨닫는 것이었습니다.

우리가 이 책에 실은 것과 같은 내용을 전하기로 결정한 한 가지 이유는, 이런 메시지들을 전해달라고 여러분이 요청했기 때문입니다. 요청한 모든 것이 이루어지는 것은 '창조 세계'에서 필수적인 일입니다. 또한 우리는 여러분을 우리 자신처럼 여기기 때문에, 이런 방식으로 여러분과 이야기 나누는 것은 우리의 기쁨이기도 합니다. 우리의 또 다른 일부와 소통하는 것은 더없이 즐거운 일입니다. 우리를 통해 얻은 어떤 정보가 여러분의 여정을 가속화하고 더 많은 시간 동안 더 좋은 느낌을 누릴 수 있는 곳으로 여러분을 데려가 준다면 그 또한 우리의 기쁨입니다.

하지만 여러분은 결국, 우리가 전하는 이 정보가 마치 자기 안경을 미친 듯이 찾고 있던 사람에게 "지금 안경을 쓰고 있잖아" 하고 말해주는 것에 지나지 않는다는 걸 알게 될 것입니다.

우리는 또 여러분이 지닌 신비에 엄청난 호기심을 갖고 있습니다. 그리고 우리가 알고 있는 만큼을 여러분이 '알지 못할' 수도 있다는 그 가능성을 부러워합니다. 이러한 '모름'에서 진정한 창조가 일어날 수 있기 때문입니다. 여러분에게 가장 즐거운 방식으로 온갖 요소들을 모아놓고 실타래처럼 엮어가는 과정을 통해서 말입니다. 우리의 존재 형태에서는 그와 같은 일이 불가능합니다. 우리는 모든 구성 요소를 동시에 보기 때문입니다.

여러분의 예술, 낱말들을 엮어가는 방식, 사람들과의 관계와 상호작용을 둘러싼 이야기들은 우리가 할 수 있는 것보다 훨씬 더 창조적입니다. 여러분에게 그런 것들은 새롭습니다. 바로 이 때문에 많은 존재들이 여러분 곁에 와서 머무는 것입니다. 우리는 여러분 한 사람 한 사람을 우리와 같은 존재로 보고 여러분의 무한한 가능성도 모두 보고 있지만, 그 가능성 가운데 어떤 것을 적용할지는 매순간 여러분 스스로가 선택합니다. 이러한 선택들은 더 이상 놀랄 일이 없는 우리에게 놀라움의 순간을 선사합니다. 여러분에게 감사드립니다. 우리에게 여러분은 최고의 TV 쇼 같은 존재들이기 때문입니다. 우리는 이 쇼의 결말을 알지 못합니다. 우리는 여러분이 다음 순간에 무엇을 할지 알지 못합니다.

―바레인Vagrein (JP 제시 허먼Jessie Herman을 통한 채널링)
www.jpherman.com

들어가는 말

두려움을 따라 살 것인가, 사랑을 따라 살 것인가?

오래전부터 나는 지구를 아름답게 빛낸 이른바 '상승한 마스터 ascended master'들의 이야기에 흥미를 느껴왔습니다. 그들의 기적과 지혜와 사랑으로부터, 그리고 그들이 한 것을 우리도 할 수 있다는—그것도 '훨씬 더 잘할' 수 있다는—엄청난 암시로부터 많은 영감을 받았기 때문입니다. 이는 예수도 누누이 강조한 바 있습니다.("내가 진실로 진실로 너희에게 이르노니 나를 믿는 자는 나의 일을 저도 할 것이요 또한 이보다 큰 것도 하리니 이는 내가 아버지께로 감이니라."—〈요한복음〉 14: 12)

순진해서든, 희망 사항이어서든, 혹은 양쪽 다여서든 나는 늘 이런 이야기를 진실이라고 믿어왔습니다. 그리고 인생의 현 단계에 이르러서 나는 이제 곧 말씀드리려는 이유들 때문에 조만간 다른 사람들—누가 보아도 우리 가운데 가장 현명하거나 가장 사랑이 깊은 사람들—도 이 분야에서 유사한 능력을 얻게 되리라 확신하고 있습니다. 지금 나는 감히 이런 생각까지 듭니다. "어쩌면 나도……?" 그런데 어디서부터 시작해야 할까요? 어떻게 출발해야 할까요?

내가 젊었을 때는 이런 개념들을 잘 이해하지 못했습니다. 우리 중에서 그런 마스터들이 출현했다는, 믿을 만한 현대의 사례를 들어

본 적이 없다는 게 가장 큰 이유였죠. 그 대신에 나는 (창조적 시각화를 활용하고 그 바탕이 되는 원리들의 학습을 통해) 의도적으로 살고 의식적으로 창조하도록 돕는 형이상학(《옥스포드 영어사전》은 '형이상학metaphysics'을 존재, 앎, 물질, 원인, 정체성, 시간, 공간 같은 추상적 개념들을 포함한 사물의 제1원리를 다루는 철학의 한 분야로 정의한다)에 깊이 빠져들었고, 이후 40년 동안 꽤 훌륭한 성과를 거두며 멋진 시간을 보냈습니다. 첫째로는 내가 배운 것을 내 삶 속에서 그대로 실천하면서, 둘째로는 내가 발견한 것들을 17권의 책에 담아내고 네 차례에 걸친 세계 투어를 주최해 사람들에게 그 내용을 나누어주면서. 물론 좌절과 상처가 없지는 않았습니다. 하지만 너무 오랜 기간 충족감을 느끼다 보니 "이게 다야?" 하는 불안감이 들기 시작했습니다. "그러니까 사람이 평생 동안 타히티를 몇 번이나 여행할 수 있느냐, 맘에 드는 자선 단체를 위해 얼마를 모금해야 하느냐가 다란 말이야?" '더 많이, 더 좋게, 더 빨리'라는 낡은 대답은 나에게 더는 맞지 않았습니다.

그래서 2018년 12월 16일, 멕시코에 있는 집 베란다에 홀로 앉아 만사니요Manzanillo 만을 내려다보면서 나는 노트북에 글을 써나가기 시작했습니다. '깨달음Enlightenment'이라는 제목으로 온라인 일기를 쓰기 시작한 것입니다. 그 첫 장에 리처드 바크의 《환상: 마지못해 메시아가 된 어떤 사람의 모험Illusions: The Adventures of a Reluctant Messiah》과 《갈매기의 꿈Jonathan Livingston Seagull》, 헤르만 헤세의 《싯다르타Siddhartha》, J.K. 나이트Knight의 《람타: 화이트북Ramtha: The White Book》 등 내가 가장 좋아하는 책 몇 권에서 '영적 깨달음'이라는 주제와 관련해 내가 가장 좋아하는 구절 여섯 개를 뽑아 입력했습니다. 이 구절들과 거기에 달아놓은 나의 메모들은, 수시로 다시 들여다보며 마음을 기울이기만 해도 내 삶에 훨씬 더 큰 영향을 줄 수 있다는 점을 상기하기 위함이었습니다.

그런데 1월이 되어 현실의 수레바퀴 wheel of maya 속으로 되돌아온 나는 그해 12월이 다 되도록 내 삶의 환영과 여행과 인생 걱정에 다시금 얽매여 지냈습니다. 집으로 돌아와 전에 앉았던 베란다에 다시 앉은 나는 천천히 (그리고 마침내) 파라마한사 요가난다 Paramahansa Yogananda의 《요가난다, 영혼의 자서전 Autobiography of a Yogi》(한국어판 제목—옮긴이)을 탐독하기 시작했는데, 이때부터 몇 주 동안 나는 완전히 행복감에 취해 지냈습니다. 세계적으로 유명하고 크게 존경받던 저자가 자신이 살면서 만난 요가 수행자들의 실제 이야기와 이들이 이룬 초인적인 성취에 대해 연대순으로 써놓은 이야기를 읽으면서 나는 엄청난 충격을 받았습니다.

그리고 마치 다시금 불붙은 이 '자각 self-realization'(깨달음 enlightenment의 다른 표현)을 향한 열망이 아직 충분치 않기라도 하듯, 2019년 12월 16일에 나는 뜻밖에도 사라 랜던 Sara Landon이라는 여성과 내 인생을 바꾸게 될 대화를 나누게 되었습니다. '위원회 The Council'를 채널링하고 있는 사라를 알게 된 지 얼마 되지 않은 무렵이었습니다. 함께 참가한 세션 일정 중 내가 깨달음에 관심 있다는 얘기를 한 번도 한 적이 없는데 사라가 이렇게 말하는 것입니다. "선생님은 놀라운 변화를 겪고 있어요. 그 변화가 향하고 있는 곳은, 선생님이 본래부터 완전한 마스터라는 사실을 온전히 깨닫는 겁니다. 모든 사람은 이런 위대한 의식 변형의 일부가 되기 위해 이곳에 왔습니다. 깨어나기 위해 왔어요. 자신이 육화한 마스터라는 사실을 깨닫기 위해 온 겁니다."

"내가요?" 믿지 못하겠다는 투로 내가 물었습니다.

"네, 선생님이요! 그리고 다른 많은 사람들도요. 지금 사람들의 집단 의식이 그리로 향해 있습니다. 선생님 인생의 다음 국면은, 상승한 마스터들과 공식적으로 한 테이블에 앉기 전에 인간 경험 안에서 살아있는 마스터가 되는 것입니다." 이후 60분에 걸쳐 더 많은 사실들을 전해 듣는 내내 '아하' 하는 순간들과 속으로 "오 마이 갓!" 하고 내뱉는 순간들이 이어졌습니다.

론다 번Rhonda Byrne의 《시크릿The Secret》에 내 이야기가 나간 뒤로 내가 그렇게까지 흥분한 건 처음이었습니다.

'위원회'는 내가 지금 어떤 내면 작업을 해야 하는지도 알려주었습니다. 현재 순간에 더 많이 살기, 논리에 대한 집착을 끝내기, '열고 받아들이기' 정신을 배우고 그에 따라 행동하기가 바로 내가 해야 할 작업이었습니다.(이에 대해서는 '사라 랜던'의 장에서 더 다루게 됩니다.) 그리고 나의 상승이 수고 없이 이루어지지는 않을 거라는—적어도 내가 준비 작업을 마치기 전까지는—이야기도 들려주었습니다.

어느새 1월이 왔고, 코로나 19 격리 기간 동안 나는 자각에 관한 책 십여 권(이 책 말미의 '추천 도서' 목록에 나와 있습니다)을 찾아 읽고 그 내용을 온라인 일기에 계속 올렸습니다. 물론 이때까지도 나는 여전히 인생 드라마들과 씨름 중이었고, 이런 싸움은 지금도 끝나지 않았지만, 그래도 그 강도는 점점 줄어들고 있었습니다. 일기를 쓰고, 책을 읽고, 깊이 사유하고, 명상하는 일이 나의 새 일과가 되었습니다.

나는 영적 깨달음이 실제로 가능하다는 것, 그리고 우리가—여러분이—이 생애 동안 혹은 그 이후 생에서라도 반드시 깨달음을 경험할 수 있고 또 경험하게 되리라는 것을 알게 되었습니다. 하지만 깨달음이 우리가 도달할 최종 목표도 아니고, '그것을 얻는 것이 전부이며 그러지 못하면 아무것도 아닌' 것도 아닙니다. 또한 상승한다고 해서 어느 날 갑자기 물질적 차원을 벗어난다는 의미도 아닙니다. 상승은 단순히 자신의 진동을 높였다는 의미입니다.(이에 대해서는 다음 장들에서 다루게 됩니다.) 여전히 육체를 입은 상태로 물질 세계에 생생히 살아있으면서도 우리는 계속해서 사랑하고 더 많은 것을 배우며, 점점 더 높이 상승하여 마침내 모든 존재와 자신을 진정으로 사랑하게, 더 정확히는 '모든 존재를 자신처럼 사랑하게' 됩니다. 이 단계가 되면 우리는 이 세계에 더 머물면서 다른 이들이 깨어나도록 도울 수도 있고, 아니면 물질 차원 너머로 옮겨가기로 선택할 수도 있습니다.

오래전부터 나는 우리 모두가 이런 신성하고 환상적인 시공간의 정글 속으로 오길 원했다는 것을 알고 있었습니다. 하지만 지금 나는 이것이 단지 이곳을 벗어나 상승하기 위해서만이 아니라 있는 그대로 또 될 수 있는 그대로 이 세상을 즐기기 위해서이기도 하다는 것을 더 확실하게 알게 되었습니다. 우리가 이곳에서 하는 경험들이 얼마나 숨 막히고 변화무쌍한 것이 될지는 '신'이 '우리가 되어 as us' 이런 것들을 창조하고 경험하기로 생각하기 전까지는 신 자신도 알지 못했던 것입니다.(여기에서 '신God'은 종교에서 묘사하는 신이 아니라 '만유All-That-Is' 또는 '신성한 지성Divine Intelligence'을 가리킵니다.) 우리가 이러한 현실 창조의 칼날 위에 서 있다는 것은 우리에게 주어진 특별한 선물입니다. 그러나 여러분이 의심의 여지없이 증명하듯이, 은유적으로 말해 만일 우리가 "우주에서 길을 잃는다면" 그 여정은 패나 고통스러울 수 있고, 혹은 그보다 더 심각할 수도 있습니다. 여러분과 여러분의 생각이 삶에서 유일한 변수임을 깨닫기 전에는, 즉 '여러분이 삶에 일어난다'(you are happening to life)는 것을 깨닫기 전까지는, '삶이 여러분에게 일어나는'(life is happening to you) 것처럼 느껴질 수 있습니다. 그때까지는 약간의 깨달음이(또는 완전한 깨달음이) 분명히 모험에 도움이 될 것입니다.

본질적으로 우리가 더 지혜로워질수록, 진동이 더 높아질수록, 삶이 더 쉬워지고 사랑할 수 있는 능력도 더 커집니다. 기쁨과 명료함, 에너지, 자신감, 풍요로움, 그리고 기적 창조의 수준도 더 높아지는 경험을 하게 됩니다.(여기서 '기적'은 예수가 행한 기적처럼 누구나 볼 수 있는 명백한 기적을 말하는데, 이에 대해서는 앞으로 이어질 장들에서도 다루게 될 것입니다.) 마침내 여러분의 기분이 한껏 고양되고 사랑이 매우 강렬해지면서 여러분은 문자 그대로 빛이 날 것이고(오라와 후광 등의 이야기가 생겨난 이유가 이것입니다), 잠들어 있던 다른 생물학적 특성들도 활성화되어 모든 '초감각clair' 능력(투시력clairvoyance, 투감력clairsentience 등)이 향상될 것이며, 신체의 노화가 멈추고, '지금 이 책을 읽고 있는 여러분 안에 잠재해 있는' 수많은 능력과 힘이 발현하게 될 것입니다. 이와 똑같은 이야기를 하는, 즉 우리가 '신'의 형상대로 만들어졌다고 말하는 고대의 가르침들이 있지 않던가요? 그러나 우리는 두려움에 휩싸인 나머지 이러한 진술의 진정한 의미에 다가가지 못했습니다.

의식의 이런 자연스러운 진화는 마침내 '불타는 떨기나무'(불꽃이 이는데도 타지 않는 떨기나무. 〈출애굽기〉 3: 2—옮긴이) 같은 순간들로, 또 양자 도약과도 같은 진보로 이어질 것입니다. 그것도 단 한 차례가 아니라 우리가 끝없이 진보해 가는 동안 수차례에 걸쳐 일어날 것입니다. 비록 우리가 아직은 영적 학습 곡선에서 '아주' 초기에 있기는 하지만. 람 다스Ram Dass의 말대로 "우리는 모두 집을 향해 걸어가고 있습니다." 여기서 집이란 순수한 진리—우리가 '신the Devine'의 모든 것이요, 동일한 '신'이 바라보는 다른 렌즈들이며, 우리 경험의 창조자들로, 우리가 지금껏 알고 있는 '사랑'을 훨씬 뛰어넘는 사랑으로 묶여 있다는 진리—를 기억해 내고 그곳으로 돌아가는 것을 뜻합니다. 우리는 다수 중의 하나일 뿐 아니라 그 다수가 나온 근원과 '하나'인 존재이기도 합니다. 분리라는 우리의 잘못된 믿음은 무너지고 새로운 통합 의식unity consciousness이 들어설 것입니다. 마사이 마라Masai Mara(탄자니아의 세렝게티 대초원을 케냐에서 부르는 이름—옮긴이)의 영양 떼든 인생 게임에 몰두 중인 '신의 불꽃들sparks of God'이든 모든 대규모 이동에는 앞서서 달리는 이들이 있는데, 후자의 경우 이런 선구자들을 '상승한 마스터ascended master'라고 부릅니다.

상승한 마스터들이 보인 모범과 가르침은 영spirit이 처음 이 정글을 구상하고 탐험을 시작했을 때 맞닥뜨린 거대한 잠에서 우리를 깨우기 위한 것입니다. 이들은 다른 사람들을 돕고, 길을 알려주며, 우리가 진정으로 누구이고 무엇을 할 수 있는지 드러내 주기 위해 깨달음 이후에 우리 곁에 남아 있기로 선택한 존재들입니다. 붓다가 그랬듯이 말입니다.('붓다Buddha'의 문자적 의미는 '깨어난 자'입니다).

'필연적으로'라는 말은 확실히 듣기는 좋지만 기다리는 것을 좋아할 사람은 없을 것입니다. 적어도 이제 우리는 자각과 욕망과 의지를 가지고 깨어남awakening을 향한 걸음을 시작할 수 있습니다. 이 책은 바로 이것에 관한 이야기입니다. 놀랍게도(적어도 나에게는), '위원회'는 물론이고 이 주제에 능한 모든 채널러들이 가르치고 있듯이 뇌나 마음mind을 통해서는 깨달음을 얻을 수 없습니다. 1장에서 리사 로열 홀트가 채널링한 사샤Sasha의 표현을 빌리자면, "깨달음은 뭔가를 하는 것이 아닙니다. 그것은 하지 않음undoing에 더 가깝습니다." 깨달음은 깊고 깨어 있는 이완을 통해, 그리고 삶이 절대적으로 또 전적으로 완전하다는 인식을 통해 이를 수 있는 일종의 놓아두기allowing입니다.

물론 이 방정식에는 눈에 보이는 것보다 더 많은 것이 숨어 있습니다. 우리가 현재 알고 있는 범위를 훨씬 뛰어넘는 곳에는, 우리가 그 일부이지만 더 이상 인식하지 못하고 있는 다른 영역들, 차원들, 평행 우주들이 존재합니다. 그중에는 우리가 온 곳도 있고, 우리의 이해를 벗어난 곳도 있습니다. 모든 존재들은 우리와 같은 모험가들로서 저마다 자기만의 방식으로 신의 모습을 반영하는 불꽃들로 가득 차 있습니다. 그중에는 물질적인 존재도 있고 에테르적인 존재도 있습니다. 그들 대부분은 '영적으로나' 기술적으로 우리보다 훨씬 앞서 있습니다. 그들 중에는 우리의 존재에 대해서는 물론이고 우리가 계속 혼돈의 잠 속에 빠져 있다는 사실까지 아는 이들도 많습니다. 그들 또한 한때는 영적 진화와 깨어남의 여정에서 지금의 우리가 처한 위치에 놓여 있던 존재들로, 우리와 같은 길을 걷고 있는 진정한 가족입니다.

그들은, 사랑이 그 동기가 되어, 우리가 우리 자신의 기원에 대해, 또 온전히 발현되기 위해 존재하는 우리 안의 가능성들에 대해 더 많이 알게 되기를, 그리고 우리가 몸을 입은 상태로 깨달음을 가속화하기를 간절히 바라고 있습니다. 그래서 이들은 자동 기술automatic writing이나 채널링을 통해 혹은 수면 상태에서나 그 밖에 가능한 모든 방법을 통해—때로는 단서나 신호를 남기기도 하고, 때로는 전혀 예상치 못한 순간에 아이디어와 영감을 불어넣기도 하면서—우리에게 속삭입니다. 너무 일찍, 너무 많은 것을 주지 않도록 조심하면서 말입니다. 그러지 않으면 마치 어두운 영화관에 갑자기 불이 켜질 때처럼 우리 모험의 낭만이 깨질 수도 있기 때문입니다. 이들은 또한 우리가 자신들에게 과도하게 의존하게 되는 걸 원치 않습니다. 우리가 스스로 창의력을 키우고 지혜를 발휘하길 바라기 때문입니다. 이들에게 도움을 요청하고 도움을 받는 것은 좋지만 우리가 배워야 할 교훈은 우리 스스로 터득해야 한다고 이들은 말합니다. 이들은 수천 년 동안 인류의 고통스러운 외침에 응답하며 우리를 격려하고 힘을 북돋아주기를 열망하면서도, 정반대의 결과를 불러올 수도 있는 선을 넘지 않으려 줄타기를 하고 있는 것입니다.

이들은 우리가 지닌 잠재력과 우리 현실의 본질에 대해서 지금 우리에게 가장 적절하고 흥미로운 방식으로 명료하게 제시합니다. 그리고 우연찮게도 그것을 지금 지구를 휩쓸며 새로이 떠오르는 에너지, 즉 오래전에 노스트라다무스 같은 예언자들이나 〈요한계시록〉, 고대 마야 달력의 종결(새로운 시대의 시작을 알리는 것이었지만 주목은커녕 인정조차 받지 못한) 등에서 예언했던 변화들과 연결 지어 설명합니다.

이 변화가 바로 물병자리Aquarius 시대의 도래입니다. 물병자리 시대는 "인류가 지구와 이 지구의 운명을 정당한 유산으로 받아들이고 통제하는 시대, 진리가 드러나고 의식이 확장되는 것이 인류의 운명이 되는 시대입니다. 일부 사람들은 남들보다 먼저 깨달음을 경험할 것이며, 이들이 세계의 새로운 리더로 인식될 것"입니다.(베라 리드Vera W. Reid, 《물병자리를 향해Towards Aquarius》)

마침내 퍼즐 조각들이 맞춰지고 있습니다.

이 책에서 여러분은 이와 같은 진리를 전하는 여섯 가지 목소리를 듣게 될 것입니다. 이들은 '자아에 대한 완전한 이해mastery of self를 통한 깨어남'을 언급하는 살아있는 채널러들입니다. 세계적으로 유명한 신비가들이 자신들이 대변하는 존재와 함께, 우리가 스스로를 돕도록 도와주고자 합니다. 시간과 공간이라는 환상을 없애려는 것이 아니라, 여러분이 인류의 선구자로서 조금이라도 더 빨리 시간과 공간을 의식적으로 지배할 수 있도록 도우려는 것입니다. 이 책에 실린 세션들은 3,000명 이상이 참가했던 2022년 라이브 온라인 이벤트의 일부입니다. 6주 동안 이어진 이 행사에, 나는 더 높은 진동의 존재들—이들 중 일부는 물질적 존재들로 다른 항성계에서 왔고, 일부는 비물질적인 존재들이다—과 소통하는 채널러들을 매주 한 명씩 모셨습니다.

내가 삶의 진실들을 받아들이는 속도는 '다양한' 교사들의 가르침 덕에 엄청나게 가속되었습니다. 물론 여러분도 곧 알게 되겠지만, 그들 사이에 때때로 모순이 있는 것처럼 보일 수도 있습니다. 하지만 그들의 관점을 곰곰이 생각해 보면, 결국 차이점들이 하나로 합쳐지면서 깨어남이 무엇인지 더욱 완벽히 이해하게 될 것입니다. 이들의 가르침

중 일부는 우리가 시간과 공간을 더욱 잘 헤쳐 나가는 데, 또 우리의 힘을 활용하는 법을 배워 삶을 더욱 의도적으로 사는 데 도움될 아이디어와 테크닉에 초점을 맞추고 있어 깨어남에 직접 관련이 없는 것처럼 보일 수도 있으나, 실제로는 그들의 가르침이 깨어남과 직접적으로 연결된다는 것을 알게 될 것입니다.

지금은 흥미진진하면서도 중요한 시기입니다. 우리는 너나 할 것 없이 삶의 여정에서 새로운 갈림길에 서 있습니다. 변화와 새로운 관념에 대한 저항이 거리에서, 나라들 사이에서 분출하고, 오랫동안 간과해 온 불균형들이 우리의 주의를 끌고 있습니다. 이것은 그런 불균형들이 마침내 치유될 수 있게 되었다는 말이기도 합니다. 심지어 코로나 19조차 대다수 인류로 하여금 우선순위를 재조정하도록 강요하면서 위대한 치유의 시작을 알렸습니다. 모든 것이, 심지어 고통스럽고 추한 것조차 우리에게 최고의 혜택을 가져다줄 선물을 담고 있습니다. 이것이 바로 우주의 시적詩的 본질입니다.

우리 앞에 놓인 질문은 간단합니다. '그저 인간으로서만' 계속 살아갈 것인가, 아니면 초자연적으로 살 것인가? 나를 모든 사람과 분리된 존재로 볼 것인가, 아니면 모두가 하나임을 인식할 것인가? 두려움을 따라 살 것인가, 아니면 사랑의 마음을 따라 살 것인가? 우리는 사람들이 세계 곳곳에서 자신의 선택에 따라 진영을 구축하는 것을 목격하고 있습니다. 종말이 멀지 않았습니다. 진리의 빛과 뿌리 깊은 우리의 무지 사이에 최후의 대결이 다가오고 있습니다. '최후'라고 한 까닭은, 우리의 무지가 그 막바지에 이르렀기 때문입니다. 우리는 사람들이 각자의 이념적 선택에 따라, 알곡과 쭉정이처럼 분리된다는 성서적

은유를 날마다 뉴스에서 목격하고 있습니다. 깨달음에 필수적인 내면 작업을 해나갈 준비가 된 사람들이(그 수가 기하급수적으로 증가하고 있습니다) 물질 세계를 완전히 통제하게 될 것입니다.―당신의 나라가 올 것이며, 당신의 뜻이 '하늘heaven'에서와 같이 땅에서도 이루어질 것입니다.

여러분이 진정 누구인지, 여러분이 진실로 무엇을 할 수 있는지, 어떻게 하면 신성하고 영원한 '현재' 속에서 늘 사랑의 안내에 따라 살 수 있는지 깨닫는 데 이 책이 도움이 되기를 바랍니다. 여러분이 삶이라는 꿈 속에 들어와 사는 '신'의 눈과 귀였고 지금도 그러하다는 사실을 기억하는 데 이 책이 도움이 되기를 또한 바랍니다. 참고로 이 책에서 말하는 깨어남awakening의 과정은 깨달음enlightenment, 자각self-realization, 상승ascension, 영혼 통합soul integration, 혹은 '그리스도 의식Christ Consciousness'으로도 알려져 있으며, 그동안 전설화되고 오해받고 또 오랫동안 기다려오기도 한 '재림'을 의미하기도 합니다.

모험 속에 계신 여러분께,
마이크 둘리Mike Dooley

우주에서 온 편지

A Note from the Universe

가장 큰 위안을 주는 생각 가운데 하나는
모든 길이 집으로 통한다는 걸 아는 것입니다.

이보다 더 큰 위안을 주는 것은
우리가 결코 떠난 적이 없음을 마침내 이해하는 것입니다.

―"집으로 돌아온" 모든 우리, 곧 우주로부터

CHAPTER 1

의식 상승을 위한
내면 작업

리사 로열 홀트가 전하는 '사샤'의 메시지

리사 로열 홀트에 대해

리사 로열 홀트Lyssa Royal Holt는 1985년부터 세미나 지도자이자 채널러로, 또 저술가로 활동해 왔으며, 남편 로널드 홀트Ronald Holt와 함께 '생명의 씨 협회 LLC 및 솔리 스쿨Seed of Life Institute LLC and the SOLi School'의 공동 대표를 맡고 있습니다. 이 조직의 기본 목표는 모든 개인들이 인간으로서의 정체성을 넘어 진정한 자각에 이르는 로드맵을 제공, 의식의 본질을 이해하고 그 내용을 일상의 삶에서 실천할 수 있도록 돕는 것입니다.

리사는 외계 의식의 본질과 그것이 인간의 진화에 미치는 영향에 대해 심도 있게 탐구한 사람으로 잘 알려져 있습니다. 리사가 쓴 《황금 호수The Golden Lake》《라이라의 프리즘The Prism of Lyra》《내부에서 온 방문자들Visitors from Whithin》《접촉 준비Preparing for Contact》《밀레니엄Millenium》은 많은 찬사를 받은 《은하계 유산 카드Galactic Heritage Cards》와 더불어 채널링 문학 분야의 고전이 되었습니다. 이《은하계 유산 카드》는 리사가《라이라의 프리즘》에서 소개한 우주론에 기반해 만든 108장의 영감 넘치는 카드 세트입니다. 리사는 1980년대 말부터 진행해 온 작업의 성과물로 방대한 오디오 자료 라이브러리도 보유하고 있습니다. 디스커버리 채널, 셜리 맥클레인Shirley MacLaine의 라디오 쇼, 가이아 TV의 〈고차원 존재들과의 인터뷰Interview with E.D. ExtraDimensionals〉를 비롯한 전 세계의 TV와 라디오에서 그녀를 인터뷰하기도 했습니다. 그녀는 또한 지난 30년 동안 수많은 잡지 기사의 주인공이 되었으며, 이는 지금도 계속되고 있습니다.

리사가 채널링하는 존재는 4밀도fourth density(에고 중심적인 사고에서 자비와 가슴 중심의 관점으로 진화된 의식 상태를 가리킨다. 이에 대해서는 아래에 자세한 설명이 나온다—옮긴이)의 플레이아데스 여성인 사샤Sasha 입니다. 사샤는 이 물리적 우주 내 다른 곳에서 자신만의 삶을 살아 가면서도 적절한 시간에 의식의 한 측면을 확장하여 학생들이나 내 담자를 상대로 소통하고 있습니다.

다음에 이어지는 내용에서 사샤는 자신을 '우리'로 지칭하면서, 여러분이 어떻게 의식의 새 지평에서 번영할 수 있는지에 관한 지식을 나누어줄 것입니다. 사샤의 이야기는 홀로그램 의식, 전 지구적인 의식의 변화, 작업하기, 명상, 이렇게 네 부분으로 되어 있습니다.

환영합니다, 사샤!

안녕하세요, 친구들. 여러분과 함께할 수 있는 자리에 초대해 주셔서 영광입니다.

의식 상승을 위한 내면 작업

홀로그램 의식

우리는 의식의 본질을 이해하는 데 도움이 될 몇 가지 은유를 제시할 것입니다. 이를 통해 여러분은 지금처럼 진화의 속도가 빨라지고 있는 시기에 지구에서 무슨 일이 일어나고 있는지 더 잘 파악할 수 있을 것입니다. 우리가 비유를 사용하는 이유는, 시공간 현실을 초월한 진리의 본질을 표현하기에는 언어가 매우 제한된 도구이기 때문입니다.

먼저, 여러분도 들어보셨을 '하나임Oneness'이라는 개념부터 살펴보겠습니다. 이 말의 진짜 의미가 무엇일까요? 멋지지만 뜬구름 잡는 듯한 이 개념의 바탕에는 무엇이 깔려 있을까요?

여러분에게 홀로그램 의식holographic consciousness이라는 개념을 소개하고 싶습니다. 사과를 찍은 일반적인 사진이 여러분 손에 들려 있다고 상상해 보십시오. 이제 그 사진을 갈기갈기 찢어서 탁자 위에 그 조각들을 펼쳐놓습니다. 현실 속의 물질적 차원에서 사과의 이미지를 다시 짜 맞추려면 마치 퍼즐을 맞추듯이 모든 조각을 한데 모아서 이어 붙여야 합니다. 이것이 여러분이 이 제한된 시공간 상태에서 현실을 보는 방식입니다.

이제, 또 다른 사과 사진을 여러 조각으로 찢는다고 상상해 봅니다. 그런데 이번 것은 홀로그램 사진이기 때문에 찢어진 조각들을 하나하나 집어 들고 보면 모든 조각에 사과의 전체 이미지가 고스란히 남아 있습니다. 그 조각들을 아무리 더 잘게 찢더라도 모든 조각에는 여전히 사과의 온전한 이미지가 그대로 남아 있을 것입니다. 이것은 모든 조각이 원래의 홀로그램 패턴의 프랙탈fractal(부분의 작은 조각이 전체와 비슷한 기하학적 형태를 띠는 것으로, 자기 유사성을 갖는 기하학적 구조를 말한다—옮긴이)이라는 것을 뜻합니다.

의식도 이와 똑같습니다. 따라서 우리가 "만물에 오직 하나의 의식만이 존재한다"고 말할 때, 그것은 방금 이야기한 은유를 문자 그대로 사용하고 있는 것입니다. 여러분은 완전한 사과의 이미지와 같습니다. 개별 존재로서 여러분은 '하나임Oneness'의 작은 프랙탈과 같고, 찢어진 듯 보이는 작은 조각들과 같습니다. 그동안 여러분은 자신이 분리되어 있으며, '하나임'은 언젠가 잘하면 달성할 수도 있는 저 바깥의 무엇이라고 믿어왔습니다.

진화와 깨어남의 과정에서 자신이 단일한 의식의 홀로그램 조각임을 알아채기 시작한 분들이 많아지고 있습니다. 이러한 깨어남은 자신이 이 '하나임'의 한 부분임을 이해하는 데까지 이어질 것이고, 이로써 여러분에게는 이중 의식을 지닌 삶이 시작될 것입니다. 이것은 여러분이 스스로 물질적 삶을 선택해서 살아가고 있음을 인식함과 동시에 자신이 완전한 사과, 즉 완전한 홀로그램임을 인식할 수 있다는 의미입니다. 이것은 필수적이고 중요한 다리입니다. 이러한 이중 인식은 여러분이 개체화된 자아로서보다는 전체 또는 '하나임'의 영역에서 더 많이 살아가도록 해줄 것입니다.

이러한 깨어남은 하나의 과정입니다. 첫 단계는 지적인 이해라고 할 수 있습니다. 하지만 더 중요한 것은 여러분이 경험을 통해 이를 감정으로까지 이해하는 것입니다. 이런 감정적 이해는 명상을 통해 얻어질 수도 있고, 우리가 접촉 작업contact work이라고 부르는 것을 통해 얻어질 수도 있습니다. 접촉 작업이란 예컨대 여러분이 지금과 같은 세션 중에 우리와 접촉하거나 천사의 영역과 접촉하는 것입니다. 이런 접촉을 하면 여러분의 지적 지식은 본능적인 지혜가 되어 여러분 안에 자리 잡을 수 있고, 그럴 때 의식이 변화하게 됩니다.

그동안 여러분은 자신을 개별적인 존재라고 믿도록 스스로 속여 왔습니다. 이제부터는 여러분을 홀로그램으로 보는 생각을 연습하며 즐겨보십시오.

이중 의식이 에고 ego와 상위 자아 Higher Self를 말하는 겁니까?

네, 그렇게 부를 수도 있습니다. 하지만 그보다 더 깊은 의미가 있습니다. 사실 여러분은 지금 우리가 가려는 것보다 조금 더 앞서 나아가고 있는 것 같습니다. 육체를 가지고 있는 한 개별성을 만들어내는 어떤 메커니즘을 갖게 될 것이라는 면에서 보면 여러분 말이 맞습니다. 하지만 동시에 여러분이 '상위 자아'라고 부르는 것은 결코 사라지지도 않고 '저 밖' 어딘가에 있는 것도 아닙니다. 그것은 여러분의 다른 버전입니다. 사실, 그것은 '자아 self'가 아닙니다. 그것은 인식의 장 field of awareness입니다. 인식이 정화되면 에고 또는 개체화된 자아로 살기보다는 상위 자아의 장 또는 홀로그램에서 더 많이 살아가게 될 것입니다.

▎밀도와 차원

이제 차원 dimension과 밀도 density라는 개념을 전체적으로 정리해 보겠습니다. 여러분도 아시다시피 여러 교사와 채널러가 저마다 다른 용어를 사용하기도 하고(이 책을 포함해서) 때로는 다른 용어를 같은 의미로 사용하기도 해서 다소 혼란을 야기하고 있는 것이 사실입니다. 그러나 이러한 개념들에 관해 우리가 말씀드리는 내용을 접하고 나면, 어떤 단어를 선택하든 단일한 진리가 채널러에 따라 각자 창의적인 방식으로 표현되고 있을 뿐임을 알게 될 것입니다.

 의식이 정말로 단일하다는 가정 아래, 이 의식이 희고 순수한 빛을 발산하고 있다고 상상해 보십시오. 그리고 그 흰 빛 가까이 크리스털이나 프리즘을 놓아 분리 메커니즘 역할을 한다고 생각해 봅시다. 흰 빛이 프리즘을 통과하면, 네, 바로 무지개가 나타납니다.

 여러분의 물리적 현실에서 폭풍우가 지나간 뒤에 보이는 무지개가 그 완벽한 예입니다. 무지개를 자세히 보면 일곱 가지 빛깔을 지닌 파장이 보입니다. 거기서 더 자세히 들여다보면, 그 파장들이 분명하게 나뉘어 있는 것이 아니라 실제로는 서로 섞여 들어가면서 전체 스펙트럼을 만들어내고 있다는 것을 알게 됩니다.

 이러한 개념을 의식에도 적용해서, 하나의 단일한 의식이 파편화 과정을 거치는 것을 설명할 수 있습니다. 의식이 이와 유사한 분리 과정을 거쳐 물리적 우주를 창조할 때 일곱 가지 '밀도'가 생겨났다고 말입니다.―이에 대해서는 나중에 더 설명하겠습니다.―각 밀도는 가장 많이 분리된 상태(인식하지 못하는 상태)에서부터 가장 크게 통합된 상태(완전히 인식하는 상태)에 이르기까지 각기 다른 의식의 특성을 나타냅니다. 예를 들어 여기에는 원자, 분자 등과 같이 현실의 기본 구성 요소를 이루는 의식의 유형도 포함됩니다. 이와 관련한 정보 대부분은 이 책의 범위를 벗어나지만, 궁금하다면 우리

책《라이라의 프리즘》에서 더 자세한 설명을 만날 수 있습니다.

여러분이 물질적 존재로서 이러한 분리를 경험할 때, 여러분은 하나의 현실에서 하나의 삶에 집중하면서 다른 삶들은 모두 다른 시간 속에 있다고 착각하게 됩니다. 그러나 사실 여러분의 의식은 다른 모든 밀도의 '무지개 빛깔들' 속에서 자신을 동시에 표현하고 있습니다. 이 밀도들 가운데 두 가지—3밀도와 4밀도—가 우리가 다음으로 이야기할 내용과 관련해 특히 중요합니다.

지난 수천 년 동안 여러분은 여러분의 세계인 지구 행성에서 가능한 최대의 분리 수준인 3밀도를 경험해 왔습니다. 이로 인해 여러분은 자신이 누구인지를 잊고 우주와의 연결도 잊게 되었습니다. 여러분은 매우 양극화된 현실을 살고 있습니다. 서로 싸우기도 하고 깊은 외로움과 단절감을 느끼기도 하면서 말입니다. 지금 여러분은 새로운 의식 상태, 즉 4밀도를 향한 변화를 경험하고 있습니다. 지금은 여러분이 느끼는 깊은 단절감, 외로움, 양극성이 좀 더 통합된 현실로 바뀌기 시작하는 때입니다. 대부분의 '물질' 문명이 이러한 진화 과정을 거칩니다.

이 진화 과정에는 어느 정도 시간이 걸리는데, 여러분의 문명은 최근에 가장 강렬한 변환 단계 중 하나로 막 들어섰습니다. 많은 사람들에게 이는 새삼스러운 이야기가 아닐 것입니다.

이것이 바로 밀도라는 개념으로 의식의 특징을 설명하는 방식입니다. 3밀도의 특징은 분리와 양극성을 더 많이 보여주는 것인 반면, 4밀도의 특징은 통합과 치유가 시작되고 '하나임'에 대한 인식이 확장되기 시작한다는 것입니다. 에고는 3밀도에서 더 강하

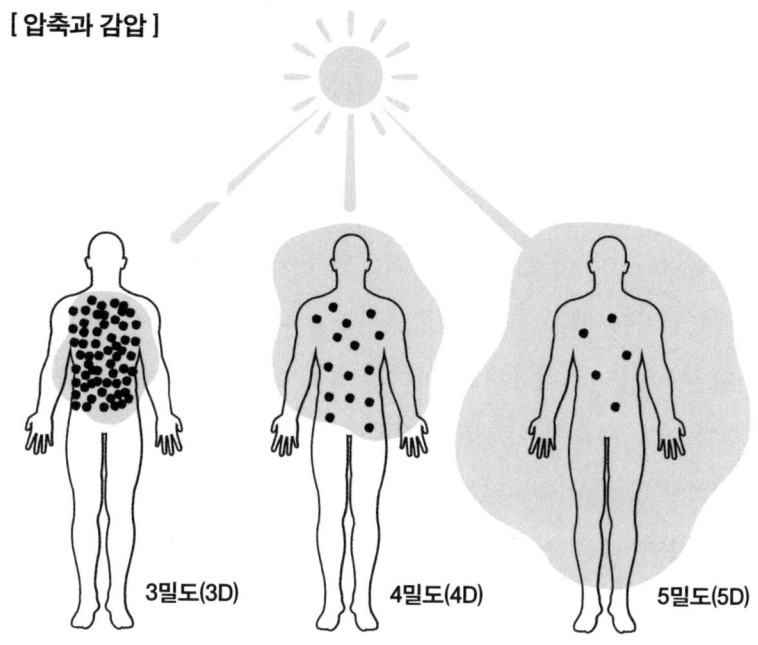

[압축과 감압]

3밀도(3D)   4밀도(4D)   5밀도(5D)

고 4밀도에서 더 약해집니다. 위의 그림은 밀도에 따른 차이를 보여주는 그림입니다. 검은 점들의 밀도는 해당 밀도에서 물질이 얼마나 조밀하게 압축되어 있는지를 보여줍니다. 이것은 여러분이 현재 갖고 있는 장비로는 측정할 수 없습니다. 3밀도를 보여주는 왼쪽 그림에서는 여러분의 '존재의 빛'—영적 집단에서 흔히 프라나prana 또는 기氣라고 부르는—이 움직일 만한 공간이 많지 않습니다. 물질의 조밀함denseness 때문에 빛의 확산이 제한되는 것입니다. 여기에서 '밀도density'라는 말이 생겨났습니다. 물질은 매우, 매우 조밀하게 집중된 에너지입니다.

가운데에 있는 4밀도 그림을 보면, 물질의 압축이 풀리기 시작하면서 혹은 열리기 시작하면서 프라나가 성장하고 확장할 수 있는 공간이 더 많아진 것을 볼 수 있습니다. 이것은 이 4밀도에서 의식이 확장되는 것을 그대로 반영합니다. 이 프라나는 '우주의 빛'의 일부인 여러분 자신의 빛입니다. 이 빛은 여러분의 바깥에 있는 무엇이 아닙니다. 여러분이 더 높은 밀도로 상승하는 동안 이러한 확장은 계속됩니다. 예를 들어 5밀도에서는 물질의 압축이 훨씬 더 많이 풀리면서 빛은 더 많아지고, 의식은 훨씬 더 극적으로 확장됩니다. 그러다 어느 수준에 이르면 물질적인 육화도 더 이상 일어나지 않고 의식도 더 이상 물질의 밀도에 구애받지 않게 됩니다.

그렇다면 '차원'은 이런 것들과 어떤 관계가 있을까요?

밀도가 의식의 '질 또는 특징'을 나타낸다면, 차원은 의식의 경험이 일어나는 '상자container 또는 외피envelope'라고 할 수 있습니다. 여러분이 있는 3차원은 3밀도와 마찬가지로 수많은 제한과 구조가 내재되어 있습니다. 이것은 여러분이 바깥 세계에 마음을 빼앗겨 끊임없이 반복되는 순환 속에서 분리를 더욱 심화시키는 대신, 결국에는 내면으로 들어가 자신을 깨우는 경험을 할 수 있도록 합니다. 궁극적으로 차원의 수는 무한한데, 이는 여러분이 의식을 경험할 수 있는 상자의 유형이 무한하기 때문입니다. 여러분은 저마다 더 크게 진화하는 데 가장 필요한 상자를 경험하게 될 것입니다. 자신이 지금 어느 차원에 있는지 굳이 알려고 할 필요는 없습니다. 궁극적으로 그것은 중요하지 않기 때문입니다. 여러분의 상자는 여러분의 의식 상태와, 또 여러분이 자신의 진화 잠재력에 도달하는 데 필요한 것이 무엇인지와 직접 관련되어 있습니다.

'차원'에 대해 더 알고 싶습니다. 우리의 경우에 외피는 지구가 되겠죠. 저는 지구가 지금은 3차원에 있지만, 사람마다 조금씩 다른 밀도를 경험하고 있고 그 밀도가 점점 상승하고 있다고 믿습니다. 따라서 3차원 세계에 살면서 4밀도를 지닌 사람도 있을 수 있다고 생각합니다.

지금 우리가 모두 공유하고 있는 무대인 지구 역시 주파수가 올라가고 있습니다. 그러니 어떤 면에서 우리 앞에 놓인 모험은 자신의 밀도를 높여서 지구의 주파수와 일치시키거나 그보다 더 높여서 개별적으로 3밀도에서 4밀도 혹은 5밀도까지 높이는 것입니다. 저는 우리가 사샤가 있는 차원에서 아주 멀리 떨어져 있지 않다는 걸 알게 되었습니다.

여기서 다음 두 가지 점을 확인해 주셨으면 합니다. 하나는, '외피'라고 했을 때 이 말이 우리가 모두 공유하고 있는 무대, 우리 경우에는 지구를 의미하느냐는 겁니다. 또 하나는, 이 행성이 단일 차원의 주파수를 갖고 있는 데 반해 사람은 저마다 고유한 밀도의 주파수를 갖고 있느냐 하는 것입니다.

네, 말씀하신 그대로입니다. 그리고 거기에 한 가지 더 생각해야 할 것이 있습니다. 만일 성장하는 의식에 비해 외피가 너무 '작을' 경우, 비유적으로 말해 여러분은 그 외피가 터지면서 '더 큰' 새 외피 속으로 들어가게 되는데, 이것이 바로 차원 변환의 경험입니다. 그런데 이것을 시간에 매여 있는 인간의 관점에서 이해하려고 하면 머리가 아플 수밖에 없다는 걸 알아야 합니다.

지구에 살고 있는 여러분은 3밀도에서 4밀도로 변환하는 공통의 경험을 하고 있습니다. 이 행성의 집단 무의식—다른 말로, 주파수로 이루어진 종種 정체성—은 중앙 주파수median frequency같이 모든 존재들이 공명할 수 있는 주파수만을 표현할 수 있습니다. 그러나 개별적인 차원에서는 중앙보다 훨씬 낮거나 훨씬 높은 주파수를 표현하는 개인들이 있습니다. 단순화한 설명이긴 하지만 이런 설명을 드린 이유는 여러분이 이런 방식으로 서로 긴밀하게 연결되어 있다는 것, 그러면서도 저마다 고유한 진화의 궤적을 따르고 있다는 것을 말씀드리기 위함이었습니다.

복잡한 얘기가 될지도 모르겠는데, 만일 우리가 지구에 있으면서 더 높은 차원의 진동 상태가 된다면, 낮은 진동 차원을 물질적으로 떠나게 되는 건가요? 다른 교사들 말대로 우리가 물질적으로 사라지게 되나요?

아뇨, 절대로 그렇지 않습니다. 그런 식으로 사라지거나 변화한다는 생각은 이 과정을 이해해 보려는 우리 마음의 시도입니다. 예를 들어 30년이나 40년 전에 존재했던 마이크라는 사람을 떠올려봅시다. 의식이라고 하는 측면에서 그 마이크는 지금 존재하고 있는 마이크와 같을까요? 예전의 마이크가 현실에서 어딘가로 사라진 걸까요? 존재하는 것은 오직 하나의 의식이며, 이 하나뿐인 의식이 상상할 수 있는 현실의 모든 변수 안에서 독특한 경험들을 동시에 발산

하고 있는 것입니다. 그런 식으로 무한한 수의 마이크와 리사가 존재합니다. 그럼에도 불구하고 존재하는 것은 오직 '하나임'뿐입니다. 이 '하나임'은 개별 정체성들 가운데 어느 누구도 아니면서 동시에 그 모두를 품고 있습니다.

우리는 지금 지각perception의 진화 과정과 인식awareness의 확장에 대해 이야기하고 있습니다. 여러분이 주변에서 보고 있는 것은 언제나 여러분 자신의 반영이며, 자신을 발산시켜 여러분이 창조하고 있는 삶의 반영이라는 것을 기억하십시오. 그러면 여러분은 어떤 것도 현실 속에 나타나거나 현실로부터 사라지지 않는다는 것을 알게 될 것입니다.―뭔가가 들어오고 나가는 '객관적' 현실이라는 것이 실제로는 존재하지 않기 때문입니다.―그 대신 '여러분'이 성장함에 따라 자신의 현실 속에서, 자신의 경험 속에서 일어나는 변화를 보게 될 것입니다.

무엇보다 중요한 것은 여러분이 자신 안에서 변화를 느끼게 될 것이라는 점입니다. 여러분은 한동안 그 변화의 정체를 전혀 알아차리지 못하고, 그냥 뭔가 달라졌다는 느낌만 들 것입니다. 지금 많은 분들이 그런 경험을 하고 있다는 것을 압니다. 항상 균형 속에 있는 '하나임'의 고유한 지혜가 이 과정을 조직하고 있기에, 어떤 의미에서 여러분은 편안한 마음으로 자신의 진정한 본성을 상기하면서 여정을 즐기는 것 외에는 아무것도 할 것이 없습니다.

▎에고 이해하기

여러분이 본래 단일한 의식이자 단일한 빛이라면, 어떻게 개체화된 존재 안에 자신을 압축해 넣고 독자적인 정체성을 지닌 존재로서 경험할 수 있을까요? 어떻게 보면 여러분은 홀로그램 풍경 속의 가상 인물과도 같습니다. 그런데 어떻게 여러분이 환상을 창조하고 이 환상 속에서 여러분의 경험을 만들어내는 걸까요?

여기에서 에고$_{ego}$가 등장합니다. 에고는 부정적인 것도 긍정적인 것도 아니며, 단순히 메커니즘일 뿐입니다. 이 메커니즘은 여러분을 분리된 현실에 뿌리내려 단단히 붙어 있게 하는 닻 같은 것입니다. 밀도가 매우 높고 고도로 분리되어 자신이 누구인지조차 잊어버린 3밀도 현실에서 그와 같은 분리된 경험을 할 수 있으려면 당연히 매우 무거운 닻이 필요할 겁니다. 다행인 것은 4밀도로 이동해 감에 따라 그 닻이 점점 더 가벼워진다는 점입니다.

바로 이것이 지금 여러분이 진화를 통해 경험하고 있는 것입니다. 에고는 닻을 내리고 붙박여 있을 때 편안함을 느낍니다. 그래서 은하계와 우주의 에너지들이 여러분을 통합과 진화 쪽으로 이끌어가려 할 때 에고가 저항감을 느끼는 것입니다. 여러분이 지구에서 그토록 권력 투쟁을 벌이고 있는 이유 중 하나가 이것입니다. 그러나 이것은 이미 길을 나선 여러분 앞의 작은 도전에 지나지 않습니다.

▎전 지구적인 의식 변화

지금 지구에서는 거대한 의식의 변화가 일어나고 있습니다. 무엇 때문일까요? 한 해의 계절들과 비교해 보면 이 변환을 이해하기 쉽습니다.

여러분의 행성은 각 계절마다 존재의 다른 특성들을 경험합니다.

예를 들면 겨울에는 많은 생명이 동면이나 휴면에 들고, 봄과 여름에는 수많은 생명이 피어납니다.

여러분의 행성은—그리고 다른 행성들도—마치 계절이 바뀌는 것처럼 거대한 은하계 차원에서 의식이 주기적으로 진화해 가는 경험을 합니다. 여러분의 거대한 은하계 주기는 약 2만 6,000년입니다. 지난 1만 3,000년 동안 여러분은 깊은 가을과 겨울 같은 주기 상태에 있었습니다. 이런 주기 국면에서는 분리감이 커지고 의식의 성장이 휴면 상태에 놓이게 됩니다. '가을fall'('fall'은 '가을'이라는 뜻과 함께, '빠지다' '떨어지다'라는 뜻을 지니고 있다—옮긴이)이라는 개념이 여기서 나왔어요. 인류가 마치 자신의 신적인 본성을 망각한 듯 보이는 깊은 수면 상태에 '빠졌다fell'는 것입니다. 2011~2022년 사이에 여러분은 그런 단계를 벗어나는 변곡점에 이르렀고, 여러분의 세계는 의식의 봄 주기로 진입하기 시작했습니다. 이것이 지구에서 4밀도 의식의 여명기였고, 이는 지금도 마찬가지입니다.

이것은 지금 여러분이 기억상실을 떨쳐내며 겨울로부터 놓여나고 있다는 것을, 그리하여 1만 3,000년, 1만 4,000년, 더 나아가 1만 5,000년 전에 뿌렸던 씨앗들이 이제 꽃을 피우기 시작하고 있다는 것을 의미합니다. 이러한 꽃 피움은 앞으로 1만 3,000년 동안 이어질 것이고, 이 기간에 여러분은 더 이상 필요 없는 낡은 짐들을 치유하게 될 것입니다. 만일 이 주기의 초기에 치유와 깨어남 과정을 통해 충분한 추진력을 얻는다면, 여러분은 행성 종種으로서 4밀도 의식으로 완전히 도약하는 데 충분한 에너지를 만들어내게 될 것입니다. 바로 지금, 여러분 가운데 많은 이들이 자신의 작은 외피 안에서

할 수 있는 한 최대의 변환을 이뤄내고 있습니다. 그와 동시에 지구도 현재 3밀도를 떨쳐내고 4밀도로 이동하고 있습니다.

은유적인 표현으로 여러분이 겨울에서 봄으로 이동할 때, 즉 깊은 잠에 빠져 기억을 잃고 있다가 잠에서 깨어날 때 유념해야 할 핵심 교훈과 개념이 있습니다. 그것은 이러한 영역들에 대한 깊은 이해가 여러분의 배움에 속도를 더해주고 마음의 평화 또한 훨씬 더 키워 준다는 것입니다. 3밀도에서 쓰던 낡은 방식이 더는 작동하지 않을 것이기 때문입니다.

마음과 의식

이러한 변화를 촉진하는 데 가장 중요한 것은 마음mind과 의식consciousness의 차이를 아는 것입니다. 3밀도 현실에서는 여러분이 가장 분리된 상태이므로 거의 전적으로 마음을 통해 활동합니다. 그런데 이렇게 밀도가 높은 주파수에 있을 때, 마음은 현실reality의 진정한 본질을 기억하는 것보다는 생존하는 데 더 효과적으로 작용합니다. 마음과 에고는 여러분이 깊은 분리감 속에서 길을 찾아가도록, 즉 3밀도의 압축 터널을 통과하는 첫걸음을 내딛도록 적절한 도움을 줍니다. 그러나 마음과 에고는 아무리 애를 써도 여러분을 새로운 4밀도 현실로까지 안내해 주지는 못합니다.

이제 이 모든 것이 바뀌기 시작했습니다. 여러분이 사용할 수 있는 새로운 에너지들이 있습니다. 지금 여러분이 요청받고 있는 것은 직관적인 자기 관찰 과정을 거치는 것입니다. 여러분이 알아야 할 가장 중요한 것 하나는 마음과 의식의 차이입니다. 생각, 믿음 체계, 판단은 모두 마음에서 나옵니다. 이런 것들은 하늘에 떠 있는 구름과 같습니다. 여러분의 의식은 열려 있고 광활하고 한계가 없는 하늘과 같습니다. 구름, 비행기, 새, 오염 물질이 하늘 '안'에 있듯이, 마음은 여러분의 의식 '내부'에 있습니다. 이 마음을 다루는 방법에 대해서는 뒤에서 좀 더 이야기하겠습니다.

가슴으로 살아가기

3밀도 속에서 여러분은 마음과 에고에 기대어 삶을 헤쳐 나가는 데 매우 능숙해졌는데, 이것은 태양신경총 에너지로 살아가는 것과 매우 유사합니다. 여러분은 목표를 이루기 위해 에고의 의지로 길을 헤쳐 나가는 법을 배웠습니다. 그런데 이런 방법이 더 이상 효과가 없다는 걸 알아차리고 있는 많은 사람들을 우리는 보았습니다. 불과 몇 년 전까지도 통하던 방식으로 자신을 밀어붙일 경우 몸만 상할 뿐 아무런 효과도 없다는 걸 알아차리기 시작한 것입니다.

지금 일어나고 있는 변화가 의미하는 것은 여러분이 태양신경총 또는 에고 중심의 삶에서 가슴 중심 또는 에너지 중심의 삶으로 옮겨갈 때 훨씬 더 크게 성공한다는 것을 알게 되리라는 것입니다. 이런 삶의 방식은 이전과는 매우, 매우 다릅니다. 이것은 '흐름에 따라 살기'와 관계가 깊습니다. 즉 생명의 흐름, 에너지의 흐름에 따라 사는 것입니다.

우리는 여러분이 이 차이를 알고 있다고 생각합니다. 이미 몸으로 그 차이를 느끼고 있을 것입니다. 뭔가 해야 한다는 생각이 계속 이어질 때 오는 압박감이 어떤 것인지도, 반대로 자신이 흐름 속에 있을 때, 즉 모든 일이 어우러져 순조롭게 흘러갈 때 느껴지는 자유로움과 편안함에 대해서도 알고 있습니다.

의지 대 흐름

삶의 방식과 관련해서 마지막으로 의지와 흐름에 대해 살펴보겠습니다.

이제는 자신을 잘 살펴서 어떻게 흐름이 일어나는지 더 민감하게 알아차리고 거기에 에너지를 쏟는 연습을 시작할 때입니다. 흐름은 찾지 않고 의지만 사용하려고 하면 위축감이나 심지어 고통을 느낄 수도 있습니다. 이런 에너지적 저항이 느껴지면 한 발 물러서 다른 것을 시도하면서 흐름을 찾아보십시오. 정지나 고요는 여러분에게 주어진 선택 사항이자 때론 필수이기도 하다는 걸 기억하십시오.

작업하기

여러분이 해야 할 작업은 뭘까요? 지금처럼 4밀도 현실로 이동하기 시작한 시기에는 여러분 가운데 대다수가 이미 삶에 변화나 조정이 필요하다는 것을 느끼고 있습니다. 에너지가 달라졌음을 느끼기 때문입니다. 그런데 어디서부터 시작해야 할지는 감이 잡히지 않을 수 있습니다. 그래서 여러분이 시작하는 데 도움이 될 아이디어와 명상법을 뒤에서 말씀드리겠습니다. '작업work'이라는 말에 긴장하는 분들도 있을 것입니다. 작업이 짐이 되어서는 안 되겠지만, 여러분이 자신의 성장에 대한 책임감을 키우는 데는 도움이 될 것입니다. 또한 지금의 진화 단계에서 여러분은 여전히 에고의 유용함을 느낄 필요가 있습니다. 에고는 자신이 '작업'을 하고 있다고 믿을 때 협력을 더 잘 합니다. 결국 이 과정 역시 지나갈 것이고, 여러분은 '작업'과 '놀이'가 지금 순간 여러분의 '존재' 안으로 쉽게 통합되는 것을 보게 될 것입니다.

흐름 찾기

방금 살펴본 것처럼 마음과 의식의 차이를 파악하는 것이 중요합니다. 앞으로는 매일, 매시간, 집이나 일터에서 새 프로젝트를 시작하고 싶은 충동을 느낄 때, 자신을 점검해서 막혀 있다는 느낌이 들 때마다 이를 알아차리기를 권합니다. 그럴 때는 잠시 여유를 갖고 내면을 잘 들여다보기를, 그리하여 자신이 마음이나 의지로 밀어붙이고 있는 지점이 어디인지 알아내고, 최대한 긴장을 푼 상태로 흐름을 느끼며 그 흐름을 따라 움직여갈 수 있을지 살펴보기 바랍니다.

세계를 거울로 여기기

여러분이 4밀도로 이동할 때 '매우' 중요한 개념이 하나 더 있습니다. 그것은 여러분이 거울처럼 되비쳐주는 반영적reflective 우주 속에 살고 있다는 인식입니다. 이것은 나의 화를 돋우는 저 '나쁜 놈'이 '신'이나 '우주'의 어떤 못돼먹은 부분이 아니라는 의미입니다. 그런 사람들은 단지 사랑받지 못하고 인정받지 못하고 통합되지 못한, '여러분 자신'의 일부일 뿐입니다.

그렇다고 여러분이 삶 속에서 자신의 반영을 볼 때마다 그것이 무엇을 의미하는지, 그와 관련해 무엇을 해야 하는지 알아내느라 전전

끙끙하거나 강박적이 되라는 뜻이 아닙니다. 그것은 여러분의 화를 돋우는 무언가를 만났을 때 직관에 기대어 처리하라는 의미입니다.

여러분을 화나게 하는 무언가를 만났을 때 그것을 거울로 여기고 대해보십시오. 이 거울은 여러분 자신의 통합 과정에 도움을 주고자 여러분이 스스로에게 주고 있는 것을 비춰줍니다. 여러분은 그 선물을 받기만 하면 됩니다.

온갖 광기가 표출되고 있는 오늘날의 세계에서는 이러한 드라마에 휩쓸려 어느 한쪽으로 쏠리기 쉽습니다. 그러면 양극화된 현실에 갇히게 되고, 내면에 집중하는 훈련을 시작해야 할 시점에 외부 세계에 집중하게 됩니다. 외부 세계를 무시하라는 말이 아닙니다. 외부 세계로 인해 감정적으로 동요되거나 휩쓸리지 말라는 것입니다. 그 대신 그러한 것들을 촉매로 삼아 자신을 더 명확하게 보고 더 깊이 치유하십시오. 그 치유는 여러분이 분리되어 있던 자신의 부분들을 통합하는 과정에서 이루어질 것입니다.

기적을 행하기

우리는 영적 마인드를 지닌 일부 집단들 사이에서 특별한 능력에 대한 이야기가 많이 오간다는 것을 알고 있습니다. 예를 들면 바이로케이션bilocation(동시에 두 지점에 존재하기—옮긴이) 같은……

상승! 변신! 순간 이동! 염력! 텔레파시 같은 것들도!

역시 이런 데 관심들이 많으시군요. 그저 웃을 수밖에요. 그런데 우리가 앞에서 이야기한 대로 여러분은 "내면에 대한 완전한 이해가 언제나 외부 세계에 대한 완전한 이해에 앞선다"는 사실을 알고 있습니다.

반영적 우주라는 개념으로 돌아가서, 여러분이 내면에 집중해서 자신을 완전히 이해하고 나면, 예전이라면 기적이라고 불렸을 만한 것들이 보이기 시작할 것입니다. 여러분이 외부에 초점을 맞추고 현실을 조작하려 하면 그 모든 과정이 가로막힐 것입니다. 그러므로 여러분이 먼저 할 일은 당연히 여러분 자신의 치유입니다. 기적이 보이기 시작하면, 그것은 단지 여러분이 마친 내면 작업의 부산물일 뿐임을 알아차리십시오.

감정체 치유하기

감정체 치유는 깨어남이라는 퍼즐에서 굉장히 중요한 조각입니다. 아주 간단한 비유를 들어보겠습니다. 여러분이 캐리어라고 부르는, 온갖 물건이 담긴 커다란 가방을 들고 아주 좁은 문을 통과해야 한다고 합시다. 이 문을 지나가려면 가방을 내려놓을 수밖에 없습니다.

가방을 내려놓는다고 해서 그 안에 들어 있는 것들을 무시하거나 부정하거나 거부하거나 판단하거나 증오하라는 말은 아닙니다. 그 안에 들어 있는 것들을 한 번에 모두 꺼내놓고, 긍정적이든 부정적이든 감정적으로 애착이 남아 있는 것들을 모두 가려내야 한다는 의미입니다. 이제 그것들과 새로운 관계를 맺을 때입니다. 새로운 관계란 여러분에게 탄탄한 영적 근육을 선사한 그 무거운 것들에 감사와 사랑을 표하는 관계를 말합니다.

　지난 1만 3,000년 동안 여러분은 수많은 트라우마를 겪었습니다. 이것은 지구에 국한된 이야기이며, 여러분이 다른 행성들에서 살아온 수많은 생애는 제외한 것입니다. 여러분이 무수히 겪은 고통스러운 경험과 감정이 드러나면서 이제 치유 과정이 시작되고 있습니다. 이것은 힘겹고 불가능한 과업처럼 보이기도 합니다. 그러나 이것은 선형적인 과정이 아닙니다. 모든 것을 낱낱이 다 꺼내서 하나하나 들여다볼 필요는 없습니다. 그러려면 수천 년이 걸릴 수도 있습니다. 우리가 권하는 형태의 치유는 홀로그램 수준에서 일어납니다. 어떤 종류의 치유든 가장 먼저 일어나는 곳은 지금 여기, 여러분의 몸입니다.

　우리는 여러분이 자신의 몸을 감정 치유의 도구로 여기기를 바랍니다. 여러분은 신체 감각—몸에서 무슨 일이 일어나고 있는지를 감지하는 데 도움이 되는 감각들—을 이용해 이 치유 과정을 실제로 가속화할 수 있습니다. 예를 들어 만약 여러분에게 만성 신체 질환이 있다면 이는 이번 생이나 과거의 여러 생에서 몸 안에 쌓아둔 감정적인 것들과 관련이 있을 가능성이 큽니다. 이미 많은 사람들이 이런 사실을 알고 있는데도 시원한 해결책을 찾지 못하는 이유는, 자신의 감정적 트라우마에 어떻게 접근해야 할지 몰라 하면서 자기 몸을 가이드로 삼는 법을 찾아내지 못하기 때문입니다. 지금 여기에 있는 여러분의 몸이 여러분을 모든 것에 접근할 수 있게 해주는 타임캡슐이라고 말하는 이유가 바로 이것입니다.

　여러분의 몸에 나타나는 모든 것은, 과거의 트라우마나 고통으로 인해 억눌려 있는 에너지에 다가가 그것을 풀어주도록 도와주는 번호 자물쇠와 같습니다.

상승 또는 통합

여기서 우리는 상승ascension 또는 깨어남awakening이란 것이 무엇인지 묻게 됩니다. 사람들은 이것을 깨달음enlightenment, 영혼 통합soul integration 혹은 자각self-realization이라 부르기도 합니다.

우리는 '상승'이라는 용어의 사용을 꺼릴 때가 많은데, 그것은 단지 이 말이 함축하고 있는 의미 때문입니다. 상승이라고 하면, 직면해야 할 것을 직면하지 않고 에테르 속으로 사라진다거나 우주선을 타고 날아가 버리는 것쯤으로 생각하는 이들이 많습니다. 그러나 상승은 의식의 진화를 통해 자신의 진동을 높이는 것과 관련이 있습니다. 이런 진동의 변화는 여러분이 여전히 몸을 입은 채로 치유하는 과정에서 일어나며, 이때 여러분은 자신이 있는 지금 여기를 온전히 받아들이게 됩니다. 이것이 이 작업의 전부입니다.

이미 알아차리셨겠지만 우리는 '통합integration'이라는 말을 선호합니다. 통합이란 설령 마음에 들지 않는 부분이라도 일절 남겨놓지 않고 자신을 온전히 다 받아들이는 것을 의미합니다. 통합은 과거에 부정했던 자신의 모든 부분과 경험을 한데 가져와 남김없이 품어 안는 것입니다. 이것이 바로 좁은 문 앞에서 큰 가방을 내려놓고 그 안의 모든 것을 꺼내 분류하고 받아들이는 과정입니다. 이런 받아들임 속에서 치유가 일어납니다.

우리에게는 상승이 곧 통합입니다. 예컨대 현재 지구에 사는 인간들과 저 사샤의 차이를 생각해 보십시오. 저는 4밀도이고 여전히 육체를 가지고 있는데, 그렇다면 제가 현실을 경험하는 것이 여러분과 어떻게 다를까요?

우리가 더 오래된 문명이기도 해서 그렇겠지만, 우리는 이런 통합을 위해 충분히 시간을 갖고 우리 안에 있는 것들을 꺼내 치유하고자 노력해 왔습니다. 그 덕분에 우리는 경험적인 면에서 우리 자신을 더 통합된 존재로 인식할 수 있게 되었습니다. 이것이 가장 큰 차이입니다. 지금 여러분도 바로 그곳으로 가고 있습니다. 그러나 여기에서 거기로 가기 위해서는 반드시 작업을 해야 합니다. 여러분이 이런 이야기를 듣거나 읽고 있다는 사실은 여러분이 이미 그것을 시작했다는 것을 의미합니다.

명상

이것들이 다 좋은 이야기이긴 하지만, 만일 여러분이 이를 삶에 적용하지 않는다면, 어떤 식으로든 활용하지 않는다면, 이게 대체 무슨 소용이겠습니까?

그래서 여러분에게 도움될 만한 도구 몇 가지를 공유하려고 합니다. 가장 먼저 소개하는 명상은 마음과 의식의 차이를 경험적으로 이해하는 데 도움이 될 것입니다. 아마 여러분은 우리가 이에 대해 한 이야기를 머리로는 이해했을 것입니다. 그러나 우리는 인간들이 어떤 것을 깊은 수준에서 진정으로 이해하려면 경험을 반복해서 온전히 느낄 필요가 있다는 것을 알게 되었습니다.

하늘 명상

먼저 몸을 이완하고 명상을 시작합니다. 지금 여러분이 이륙 중인 비행기 안에 앉아 있다고 상상해 봅니다.

비행기가 비스듬히 위로 날아오르는 것을 느껴봅니다. 이제 비행기가 구름 속으로 들어가고 몸이 이리저리 흔들리는 것이 느껴집니다. 이러한 흔들림은 여러분의 마음속 생각들을 나타냅니다. 이윽고 비행기가 수평 고도를 유지하며 구름 위를 날아갑니다.

이런 이미지는 마음과 의식을 나타냅니다. 하늘은 여러분의 의식이고, 모든 방향으로 무한히 펼쳐져 있습니다. 그러나 여러분 눈에는 하늘이 둥근 돔처럼 보이기도 하고 가장자리가 있는 것처럼 보이기도 합니다. 그리고 여러분의 생각과 산만함(즉 마음)은 하늘에 떠 있는 구름과 같습니다. 그것들은 일시적이고 모습이 수시로 바뀝니다. 그러니 이런 것들을 여러분의 진정한 정체성이라 여길 이유가 없습니다.

가능한 한 오랫동안 이 하늘 공간에 가만히 머물러보십시오. 이것은 분리됨 없이 순수하고 생생하게 알아차리는 상태를 나타냅니다. 하늘은 앞서 말한 '하나임'을, 즉 여러분의 홀로그램 의식을 나타냅니다. 여러분은 분리된 존재이면서 '하나임'의 프랙탈입니다.

여기에서 쉬면서 명상을 하다 보면 마음속에서 생각들이 떠오를 것입니다. 이것은 정상이고 자연스러운 것입니다. 때로는 감정들이 올라올 수도 있습니다. 생각이나 감정이 올라와 주의를 흩뜨릴 때마다, 그것이 단지 하늘의 공간, 즉 여러분의 진정한 앎 또는 진정한 자아를 지나치는 구름과 같은 것임을 상기합니다.

이 연습은 하면 할수록 여러분의 일상 생활에 영향을 미칠 것입니다. 여러분의 마음이 소란스럽거나 분주할 때 자신이 하늘임을 직관적으로 상기하게 될 것이기 때문입니다. 이 명상법은 여러분을 그 공간, 즉 여러분의 진정한 본질인 광대한 앎이 있는 곳으로 다시 돌아가도록 도와줄 수 있습니다.

이 명상이 단순하다거나 심지어 따분하다는 생각이 들 수도 있습니다. 그것은 에고와 마음이 늘 바쁘게 움직이면서 여러분을 고요하게 있지 못하도록 하기 때문입니다. 하지만 이 방법은 마음에서 일어나는 이런저런 생각들에 끌려다니는 대신 의식의 진동에 더욱 잘 조율되도록 여러분을 훈련시키는 매우 강력한 명상법이 될 수 있습니다.

이 명상을 꾸준히 반복하면 여러분의 의식을 하늘과 같은 것으로 경험하게 되면서 점점 더 큰 평화를 발견하게 될 것입니다. 그리고 마음이 분주해질 때는 그 상태가 여러분의 행복과 얼마나 어울리지 않는지를 본능적으로 느끼게 될 것입니다. 또한 하늘의 평화와 확장을 열망하기 시작하게 될 것입니다.

호흡 명상

이 명상은 신체 경험을 이용해 여러분 안에 쌓여 있는 에너지, 감정, 트라우마를 해소하도록 도와줍니다.

이 명상의 기본적인 것들을 알려드리겠습니다. 이 명상은 고정된 형식을 따르기보다는 유동적으로 변용할 수 있기 때문에, 자신의 상황에 맞춰 적용하는 것이 중요합니다. 예를 들어 여러분의 오른다리에 만성 무릎 통증이 있다고 해봅시다. 앉아서 명상을 할 때 먼저 그

통증에 주의를 기울입니다. 그리고 마치 그곳에 코가 달려 있는 것처럼 무릎을 통해 숨을 들이쉬고 내쉽니다. 여러분이 할 일은 그것이 전부입니다. 그 다음부터는 여러분의 상위 자아가 치유를 이끌어 갈 것입니다.

이렇게 하다 보면 오래된 감정이나 생각이 올라올 수 있습니다. 그럴 때는 구름이 흘러가듯 그냥 흘러가게 내버려둡니다. 지금 여러분은 마치 탄산 음료수 병을 열어 가스가 빠져나가게 하듯이 몸 안에 쌓여 있던 에너지를 내보내고 있습니다. 여러분의 의식을 신체의 호흡과 연결할 때, 에너지체 영역들이 열리면서 그 안에 쌓여서 갇혀 있던 에너지가 풀려나오기 시작합니다. 특히 감정이 올라오는 경우나 에너지에 민감한 사람의 경우에는 이렇게 에너지가 풀려나는 것이 또렷이 감지되기도 합니다. 반대로 아무런 느낌이 없을 수도 있습니다. 효과는 누적이 되기 때문에 꾸준히 연습하는 것이 중요합니다.

신체적인 질병은 없지만 불안감으로 가슴이 답답해지는 경우처럼 해소하고 싶은 감정적 증상이 있다면, 가슴이나 답답함이 느껴지는 부위 전체에 주의를 집중합니다. 직관에 따라 어디에 주의를 집중할지 정하고 그곳으로 호흡하면 됩니다. 위치는 때에 따라 바뀔 수 있습니다.

하늘 명상이든 호흡 명상이든 사람마다 각기 다른 여정으로 안내할 것입니다. 그러나 두 가지 명상 모두 온전함으로 돌아가는 통합 여행을 시작하는 데 강력한 출발점이 된다는 점에서는 다를 바가 없습니다.

주제를 바꿔서, 지금 사샤는 물리적으로 어디에서 이야기를 하고 계신 건가요? 플레이아데스인가요? 우주선 같은 곳인가요?

― ⚛ ―

우리 팀은 꽤 여러 해 전부터 지구 궤도에 머물러 왔습니다. 우리가 하고 있는 작업 때문인데, 여기에는 외계 접촉을 위해 지구를 준비시키는 일도 포함되어 있습니다. 우리는 주파수 호환성frequency compatibility(같은 주파수 대역에서 기기나 시스템이 충돌 없이 작동하는 것을 가리킴―옮긴이)에서 조금 벗어나 있기 때문에 지금은 여러분에게 보이지 않습니다.―물론 필요하면 바꿀 수는 있습니다.―대개는 일본 지역 상공에 머물고 있습니다.

정말 놀랍고 멋진 얘기네요! 현실의 범위와 가능성의 영역이 어디까지인지 다시 봐야겠습니다.
앞에서 물리적 우주에 대한 완전한 이해보다 내면에 대한 완전한 이해가 앞선다고 분명하게 이야기하셨죠. 모든 걸 감수하고라도 그 작업을 해야겠다는 생각이 듭니다. 지금 이 자리에 있는 분들이나 미래의 청중들도 다 같은 마음일 거라고 생각해요. 그런데 저 같은 경우에는 내 고통이 어디에 있는지 잘 모르겠습니다. 저는 내 삶을 사랑하고, 모든 일이 아주 잘 돌아가고 있어요. 제가 어느 부분에서 스스로를 속이고 있는지, 무엇을 억압하거나 숨기고 있는지를 잘 모르겠습니다. 그 무거운 가방을 어디에 쑤셔놓고 있는지 잘 모르겠지만, 지금 전 나의 천부적 권리인 깨어남을 갈망하면서도 그 무거운 가방은 못 찾고 있어요. 아무래도 제가 뭔가를 놓치고 있는 것 같아요. 저를 끌어줄 만한 아이디어를 얻었으면 좋겠습니다.

가방을 찾아내려고 삽을 들고 끝없이 파 들어갈 필요는 없습니다. 더 중요한 것은 어떤 문제나 고통이 생겼을 때 여러분이 스스로를 도와줄 수 있다는 사실입니다. 그런 일이 일어날 때, 그 문제나 고통을 가지고 작업을 시작하면 됩니다. 무엇보다 중요한 것은 적극적이고 능동적인 상태가 되는 것입니다. 그래야 그런 기회가 왔을 때 말씀하신 대로 그 일에 뛰어들 수 있습니다.

작은 힌트를 하나 드리자면, 성인이 된 뒤 사람들은 어렸을 때의 기억을 떠올리면서 고통을 발견하는 경우가 있습니다. 어릴 적의 상처를 보호하기 위해 에고가 오랜 시간 동안 방어 메커니즘과 정교한 스토리, 믿음 체계를 만들어내기 때문에, 성인이 되고 나서는 그런 상처를 인식하기가 더 어려워집니다. 누구나 자신을 들여다보려 해도 볼 수 없는 지점들이 있습니다.

오래된 고통을 드러내거나 자신이 보아야 할 것을 보기 위한 방법으로 신체 경험을 이용한 명상법을 소개하는 이유가 바로 이것입니다. 이러한 고통은 여러분의 몸에 잠복해 있다가 나이가 들어감에 따라 (해소될 준비가 된 경우에) 몸의 증상을 통해 작은 힌트들을 주기 시작합니다.

《황금 호수The Golden Lake》를 감명 깊게 읽었습니다. 책 말미에 순응하기surrendering에 대해 이야기하면서, "깨어남은 깊은 이완 상태로 살아갈 수 있을 때 일어난다"고 하셨지요. 그 말에 크게 공감이 되었습니다. 그때 저는 그 말을, 그동안 제가 접한 가장 지혜로운 저자들과 채널러들이 공통적으로 들려준 조언, 즉 세상으로 나아가 최대한 충만하게, 행복을 좇아서 살라는 개념과 나란히 놓게 되었어요. 행복을 찾아서 가고 싶은 곳으로 가라는 말과 함께요. 그래서 지금 저는 세상에서 더 많은 재미를 누려야 한다는 생각을 할 때, 깊은 이완의 느낌을 키우라는 생각도 떠올라 어려움을 느끼고 있습니다. 두 가지가 모순되는 것처럼 느껴지거든요. 깊은 이완을 통해 통합을 시작하는 것과 삶을 최대한 충만하게 사는 것 사이에 다리를 놓아주실 수 있을까요?

─────────⊗─────────

왜 이것 아니면 저것이어야 합니까? 물론 여러분은 일정 정도 이원성의 표현인 물리적 현실에서 살고 있습니다. 이 이원성 때문에, 말하자면 에너지의 사인파sine wave(좌표 평면 위에서 주기적인 모양을 갖는 곡선으로, 공간 주파수나 소리를 표시하는 데 쓰이는 기본 파형—옮긴이)가 생겨나게 됩니다. 겨울이나 휴식, 비활동의 시간이 있고 나면 그 다음에는 더 많은 활동과 흥분의 시간이 뒤따르게 됩니다. 물질적 존재들에게 이는 자연스러운 일입니다. 여러분 삶 속의 주기를 느끼고 존중하십시오. 우리는 그 둘을 모순으로 보지 않습니다. 역설은 4밀도에서는 자신의 신명excitement을 좇을 때 실제로 가장 깊은 이완을 경험하게 된다는 것입니다. 애써 흐름을 만들려 하지 않고 그냥 흐름 속에 있기 때문입니다. 3밀도의 신명에 대한 에고적 정의는 4밀도의 그것과는 매우 다릅니다.

맞는 말씀입니다. 네, 우리는 그 둘을 동시에 할 수 있습니다. 부디 저의 인내심 부족을 너그럽게 보아주세요. 이런 조급함이 3밀도에서는 흔한 일이니까요. 그런데 말씀하신 대로 우리의 겨울이 지나가는 데 1만 3,000년이 걸렸다면, 앞으로 우리가 '작업'을 성공적으로 마치는 데에도 1만 3,000년이 (그리고 수많은 생애가) 걸릴까요? 저는 이 작업이 완수되는 것을 한 생애 안에 보고 싶습니다! 가능할까요? 물론 저한테 달린 일이겠지만요. 아무튼 언제 배당금을 받을 수 있는지 궁금합니다.

― ⊛ ―

배당금은 지금 순간에도 계속 지급되고 있습니다. 여러분이 그것을 보고자 하는 마음만 있다면 말입니다.

에고의 눈에는 진화의 속도가 더디게만 보인다는 걸 기억하십시오. 우리가 이야기해 온 '작업'을 할 때 에고가 '하는' 방식대로 하지 않는다면, 여러분은 이완의 상태인 기쁨을 따르는 쪽으로 더 가까이 가게 될 것입니다. 뭔가를 이루기 위해 달려가는 동안 기쁨과 이완의 자리에서 움직인다는 개념이 납득이 되었을까요? 우리는 이것이 모순처럼 보이리라는 것을 압니다. 그러나 만일 여러분이 달려가고 있다는 느낌 한가운데서도 이완된 느낌을 유지할 수 있다면, 거기서 역설적인 에너지가 생겨납니다. 그리고 만일 여러분이 이 두 상태의 중간점을 찾아낼 수 있다면 모든 것이 바뀝니다. 이것이 바로 내면의 연금술입니다.

네, 저도 그런 에너지가 느껴집니다. 여기서 또 하나 의문이 생기는데, 들으면 웃으실지도 모르겠네요. 그건 고통을 겪지 않고 도달하는 방법은 없느냐는 것입니다. 제가 고통을 느끼고 싶지 않아서가 아니라 고통이 나타나지 않아서 드리는 말씀이에요! 제인 로버츠Jane Roberts의 책에서 세스Seth가 이렇게 말하는 대목이 있습니다. "제한적인 믿음 같은 보이지 않는 벽에 가로막혔을 때 자기 성찰을 통해 그런 믿음을 제대로 짚어낼 수만 있다면, 바로 그 순간 자연스럽게 벽을 뛰어넘을 수 있다." 앞서 암시하셨던 것처럼 그 벽을 의식적으로 알아볼 수 없을 때도 있지만, 어느 순간 갑자기 더 큰 진리를 파악함으로써, 이전에는 가능하지 않았던 편안함과 은총이 찾아오고 돌파구가 나타난다는 겁니다.

그리고 J.K. 나이트Knight가 채널링한 책 《화이트북The White Book》에서 람타Ramtha가 오래전 아틀란티스 시대에 얻은 깨달음에 대해 언급한 내용이 있는데, 이를 좀 쉽게 말하면 이렇습니다. "칼을 휘두르고 죽이고 살인까지 할 수 있는 나 같은 무지한 어릿광대도 깨달음의 길을 갈 수 있다면, 당신도 할 수 있다!" 이 말의 의미는 깊은 무지로부터, 철저한 분리와 이원성으로부터 한 순간 깨달아 갑자기 완전한 명징함과 깊은 현실 이해가 이루어질 수 있다면, '내면 작업'이 거의 필요 없다는 겁니다.

이와 유사하게, 제 주장을 뒷받침하는 예로 성서에 나오는 사울 이야기도 있습니다. 예언자 예수를 핍박하고 그 제자들을 소탕하려고 다마스쿠스로 가던 중 갑자기 자연발생적인 깨달음의 순간을 경험하고 완전히 다른 사람이 되지요.

그래서 저의 바람도 그렇고 이런 글에 나온 사례들도 그렇고, 치유 작업을 거치지 않고 자연발생적인 깨달음의 순간으로 가는 방법은 없느냐는 겁니다.

'자연발생적인 spontaneous' 깨달음의 순간이 어떻게 여러분의 행위나 계획의 대상이 될 수 있을까요?

고리타분한 옛날 이야기를 늘어놓고 싶지는 않지만, 여러분의 은하계 조상 가운데 아주 많은 이들이 자기가 배워야 할 교훈을 건너뛰고자 끊임없이 시도를 했었습니다. 그러나 아무도 성공하지 못했습니다. 과정을 통과하는 것은 필수입니다.

물론 자신의 믿음 체계를 알아차리는 한 순간에 모든 것을 완전히 바꿀 수 있다는 세스의 말은 절대적으로 진실입니다. 그런 일은 일어날 수 있습니다. 그러나 그런 유형의 깨달음에는 여러 층이 있다는 사실을 알아야 합니다. 여러분이 하나의 깨달음을 얻었을 때 벗겨진 것은 단지 한 층이 벗겨진 것뿐이고, 다른 층은 1년, 5년, 혹은 세 번의 생을 사는 동안에도 드러나지 않을 수 있다는 말입니다. 아니면 위대한 변형으로 이어지는 층에 앞서 다른 많은 층들이 벗겨져나갔지만 매번 당사자가 알아챌 만큼 크게 영향을 미치지 않은 까닭에 나중의 층이 전체 변화를 일으킨 것처럼 보일 수도 있습니다.

아까 질문하실 때 아주 중요한 표현이 나왔습니다. '자연발생적 spontaneous'이라는 단어를 쓰셨어요. '자연발생적'이란 말은 여러분이 통제할 수 없다는 뜻입니다. 그러니까 여러분이 통제할 수 없다면, 칼을 들고 돌진해서 억지로 깨달음에 이르게 할 수는 없습니다. 그러면 어떻게 해야 할까요? 그냥 그 순간에 존재하면서 자신에게 일어나는 것들을 허용하면 됩니다. 그것만이 유일한 통과 방법이기 때문입니다. 존재하는 것은 지금 이 순간뿐입니다. 만일 여러분의 에고가 미래에—'언제' 어떤 일이 일어날지에—집중하고 있는 것을 그냥 허용하고 있다면, 여러분은 깨달음을 경험할 수 있는 유일한 곳인 '지금 여기'를 벗어나 있는 것입니다. 이것이야말로 수수께끼 같지 않습니까?

다시 이완합니다. 아까 질문 중에 마치 고통을 찾지 못하는 것이 잘못이라도 되는 양 이야기해서 살짝 웃음이 나올 뻔했습니다.

아무것도 잘못된 것은 없습니다. 어떤 일이 일어나지 않았다면 뭔가 이유가 있어서 일어나지 않은 것입니다. 왜 그 일이 드러나지 않는가 하는 것이 지금 여기에 있는 자신을 존중하는 것보다 더 중요하지는 않습니다. 여러분이 이번 생에서 해야 할 과제가 남아 있지 않아서 그럴 수도 있습니다. 여러분이 평상시 보던 방식으로는 보이지 않는 고통을 어떻게 알아볼지 배우지 못해서 그럴 수도 있습니다. 그건 아무도 모릅니다. 계속해서 파고드는 행위 자체가 영적 수행이 되지 않도록 하는 것이 중요합니다. 안 그러면 조그맣고 얕은 구멍들만 잔뜩 파고 끝나게 됩니다.

그동안 탐구하면서 읽고 들었던 것들을 보면, 우리가 통합을 위한 준비가 되었는지를 결정하는 일종의 승인 시스템 같은 내적 메커니즘이 있다는 식으로 얘기하는 것 같았어요. 세스도 우리가 이웃을 몰래 들여다보려고 '원격 투시' 능력을 남용하는 건 허락되지 않는다고, 그런 시도는 차단당해 전혀 작동하지 않을 거라고 말한 것으로 기억합니다. 이해와 깨달음에서 비롯하는, 그리고 제가 볼 때 모든 사람에 대한 사랑과 존중을 포함하는 완전성을 지니지 않으면 그런 능력들이 '주어지지' 않을 거라고 말입니다. 우리가 준비되었는지 아닌지를 말해주는 보호자나 안내자, 판단자 같은 존재가 우리 내부나 외부에 있나요? 아니면 우리의 모든 에너지와 지혜가 합쳐져서 전혀 예상치 못한 순간에 깨달음이 일어나는 겁니까?

우리는 여러분 모두가 단일한 홀로그램이란 이야기를 했습니다. 따라서 여러분 말고 외부에 승인하는 존재 같은 것은 없습니다. 언급하신 두 가지 중 하나를 선택해야 한다면 우리의 선택은 뒤엣것이 될 것입니다. 그것은 에너지들이 하나로 모아지는 것입니다. 그것은 그래프로 나타낼 수 없는, 여러분의 주파수와 관련된 것입니다.

흐름과 하나가 되면 그 흐름이 여러분을 여러분이 가야 할 곳으로 데려갑니다. 흐름과 하나가 되지 않으면, 그러니까 분홍 코끼리 pink elephant(대개 비현실적인 환각을 뜻하지만, 영적인 맥락에서는 새로운 차원의 지혜와 사랑을 깨닫는 것을 상징한다—옮긴이)를 지금 바로 불러들이지 않는다면—그래서 코끼리가 들어오지 않는다면—에너지 정렬도 일어나지 않습니다. 그것은 마음의 추적 능력 너머에 있는 다양한 요소들의 복합적인 작용 결과입니다. 따라서 그것은 통합을 경험할 수 있는 유일한 곳으로 우리를 데려갑니다. 지금 여기, 바로 이 순간으로.

 최근에 블라디미르 푸틴의 영혼이 플레이아데스에서 왔으며 그의 계획agenda이 플레이아데스 인들과 일치한다는 이야기를 들었습니다. 그러니까 이 사람이 우크라이나와 여타 지역에서 하고 있는 행위가 우리에게 보이는 것만큼 부정적인 게 아니라는 겁니다. 이에 대해 어떻게 생각하시나요, 사샤?

미안한 이야기지만, 우리는 행성 간의 가십거리에 대해서는 다루지 않습니다. 누구의 계획은 '좋고' 누구의 계획은 '나쁘다'고 하는 데 빠지면 양극성에 대한 집착만 강화할 뿐입니다. 우주는 무한히 지혜로우며 항상 균형을 이루고 있습니다. 여러분 마음이 그것을 보지 못하거나 받아들이고 싶지 않더라도 말입니다. 통합 과정을 경험하기 위해서는 양극화된 사고를 놓아버려야 합니다. 여러분이 4밀도 속으로 더 깊이 이동하다 보면 외부의 사건들을 그런 식으로 바라보는 데 흥미를 잃게 될 겁니다. 여러분은 균형이라는 더 넓은 지평 안에서 필요한 모든 것을 펼쳐내는 '하나임'에 대해 흔들리지 않는 신뢰를 갖게 될 것이기 때문입니다.

💬 학대로부터 자신을 보호하기 위해 과체중을 무의식적으로 선택한 사람이 있다면 어떤 조언을 해주시겠어요?

이 질문을 한 이유가, 과체중의 경우 우리가 추천한 훈련법을 적용하려 할 때 신체의 어느 부위를 목표 지점으로 삼아야 할지 언급하지 않았기 때문이란 생각이 듭니다. 그런 경우에는 앉아서 마음을 고요히 한 다음 과거의 그 기억을 촉발시키는 계기를 하나 떠올려 보기를 권합니다. 트라우마를 완전히 떠오르게 하는 것보다는 조그만 계기 정도가 좋습니다. 그 계기를 감정적으로 느껴본 뒤 이렇게 자문해 봅니다. "이것이 내 몸 어느 부분에서 느껴지지?"

느낌의 위치가 분명히 아는 곳일 수도 있지만 어깨같이 전혀 의외의 곳일 수도 있습니다. 그 위치가 몸 안일 수도 있고 몸에서 떨어진 에너지 영역일 수도 있습니다. 몸에서 떨어진 에너지 영역은 조금 더 고급한 방법으로 다루어야 합니다. 만일 이런 경우라면, 그리고 신체 부위 대신 에너지 영역 내의 해당 지점을 찾는 것이 편하다면, 이것도 똑같은 방법으로 다룰 수 있습니다.

요약하자면, 고요한 공간에 들어가 스스로에게 약간의 자극을 준 뒤, 그것이 몸이나 에너지장 어디에서 느껴지는지 알아차리고, 그곳을 호흡과 작업을 위한 지점으로 삼는 것입니다. 시간이 지나면 위치가 바뀔 수도 있습니다. 그럴 경우엔 이동하도록 안내받는다고 느껴지는 곳으로 따라갑니다.

💬 플레이아데스의 에너지는 지구의 에너지와 어떻게 다른지, 어떤 특징이 있는지 궁금합니다. 또 우리 '별 가족star family'의 기원에 대해 더 알려면 어떻게 하면 되나요?

우리가 이 주제를 좋아한다는 걸 알고 계시군요. 이 주제로 두 시간도 이야기할 수 있습니다. 그러니 어떻게 하면 이 질문에 간단하게 답변할 수 있을지 좀 봐야겠습니다……

우리는 은하계 가족galactic family의 감정적 상처들과 관련해 아주 많은 작업을 했습니다. 우리 역시 은하계의 한 종으로서 3밀도를 경험했으니까요. 이것은 우리 또한 고통을 겪었고 마침내 종種 차원에서 작업을 마쳤다는 뜻입니다.

여러분과 우리가 매우, 매우 가깝기는 하지만, 하나의 종으로서 우리가 여러분과 다른 점 한 가지는 우리 플레이아데스 인들이 훨씬 더 자연스럽고 아이 같은 호기심을 지니고 있었다는 것입니다. 어린 종이었을 때 우리는 행동하지 말아야 할 때 행동하는 약점이 있었습니다. 그것도 사랑스런 의도를 가지고 말이에요. 그로 인해 우리는 곤란에 빠지고 상처를 입곤 했습니다. 그러니까 성격적인 차이점 중 하나는 우리가 인간들보다 덜 조심스럽다는 것입니다. 우리는 젊었을 때 이런저런 상황에 즉흥적으로 뛰어들기를 좋아했습니다. 이런 우리를 여러분은 좀 순진한 존재라고 규정할지도 모르겠습니다.

3밀도에서는 모든 것이 보호와 생존에 관련되어 있습니다. 그와 달리 4밀도에서는 모든 것이 취약성vulnerability과 관련되어 있습니다. 플레이아데스 인으로서 우리는 어린 시절 가장 큰 두려움을 극복해야 했는데, 그것은 바로 부정성에 대한 두려움이었습니다. 그 극복 과정에는 온갖 종류의 내면 작업 또는 그림자 작업을 하는 것이 포함되었습니다. 다른 요소들이 섞여 있기는 하지만 여러분도 이런 두려움을 갖고 있습니다. 우리가 3밀도 종이었을 당시 우리의 그림자들을 피하고 무시했기 때문에, 4밀도로 들어갈 때 그 모든 문제에 직면할 수밖에 없었습니다. 이렇게 반복된 회피로 인해 우리 안에 억눌린 에너지가 쌓였고, 이것이 전염병의 형태로 나타난 것입니다. 이 전염병은 어떤 약으로도 치료가 안 되었고, 결국 우리를 내면으로 향하도록 만들었습니다. 우리는 자신의 그림자를 끌어안는 법을 배워야 했습니다. 그것은 아주 힘들긴 했지만, 하나의 종으로서 영혼의 그 어두운 밤을 잘 통과할 수 있게 해준 열쇠가 되었고, 우리를 깨워서 4밀도로 진입하게 해주었습니다.

대략적으로 말하자면, 현재 변환기를 통과하고 있는 여러분에게 실제로 도움을 주고 있는 주요 문명은 플레이아데스와 시리우스 둘입니다. 그 이유는 우리가 유전적으로뿐 아니라 정서적으로나 계보적으로 여러분과 매우 가깝기 때문입니다. 그래서 여러분이 이 어려운 시기를 잘 통과하도록 도움을 드릴 수 있는 것입니다.

여러분이 자신의 별 가족 기원에 대해 알 수 있는 방법은 여러 가지가 있습니다. 첫째는, 다양한 은하계 가족 계보에 대해 공부하면서 친숙한 느낌이 드는 쪽에 주의를 기울이는 것입니다. 그리고 그들의 상처(《황금 호수》에 기술된)를 알게 되면 인간인 여러분이 겪고 있는 시련과 비슷한 점을 발견할 수도 있는데, 이것이 여러분에게 큰 힌트가 됩니다. 우리는 이런 질문을 자주 받았는데, 이것이《은하계 유산 카드》가 나오게 된 이유의 하나입니다. 이 카드를 만든 까닭은 여러분이 단지 자신의 별 기원에 대한 피상적인 정보를 발견하는 것만이 아니라 여러분이 다른 별들에서 보낸 삶들로부터 지구로 가져온 미완의 과제와 상처를 치유하도록 돕기 위해서였습니다.

충분한 답변이 되지 못한다는 것을 알지만, 짧은 대답에 담아내기에는 할 이야기가 너무 많군요. 그래도 도움되었기를 바랍니다.

사샤가 살고 있는 세계에서는 말 그대로 항상 기쁨이 솟아난다고《황금 호수》에 쓰셨더군요. 지속적인 행복감 상태에 있다고 말이에요. 그리고 우리 인간들 중에도 지구에서 그런 경험을 한 사람들이 있다고 하셨던 것 같습니다. 그러면서 이런 행복감을 지속적으로 느끼고 있는 상태를 독자 여러분은 상상할 수 있느냐고 물으셨어요. 그것은 보상인가요? 지금도 그곳에서 늘 행복감을 경험하시나요? 아니면 여전히 자신만의 '사자, 호랑이, 곰'들과 싸우고 계십니까?

우리가 과거에 싸웠던 방식이나 지금 여러분이 싸우고 있는 방식으로 싸우지는 않습니다. 이렇게 생각해 보세요. 물건들로 가득한 무거운 가방을 들고 있을 때는 기쁨을 만끽할 에너지가 많지 않습

니다. 우리 문명이—혹은 어떤 4밀도 문명이라도—가방의 짐을 풀어놓는 과정을 이미 다 지나왔다고, 도전거리들을 통과했다고, 그래서 비유적인 '변형의 불'로 우리의 무거운 짐을 태워버렸다고 상상해 보십시오. 무엇이 남았을까요? 가벼움. 이제 더는 무거운 것을 들고 있지 않습니다. 그러니 기뻐하지 않을 이유가 있을까요? 이전의 3밀도 관점에서는 이것이 마치 행복감과 고통이 스펙트럼의 반대편에 있는 것처럼 여전히 양극적인 것으로 보일 것입니다. 우리에게는 이 둘이 합쳐져 있습니다. 더 이상 들어야 할 가방이 없으면 고통조차 아름답고 달콤쌉싸름할 수 있습니다.

우리의 '행복감'은 토대 없이 붕 떠 있는 상태도 아니고, 그렇다고 양극화된 상태도 아닙니다. 그것은 완전히 통합되어 있는 상태입니다. 우리에게 그것은 그냥 '삶'입니다. 이는 여러분에게도 마찬가지입니다. 거기가 바로 여러분이 향하고 있는 곳입니다. 하지만 아직 여러분은 가방에 매여 있습니다. 그렇습니다, 여러분의 여정 끝에는 아주 아주 다른 기쁨과 사랑의 경험이 기다리고 있습니다. 그 의식 상태는 '사랑'이라는 말로도 온전히 설명하지 못합니다.

💬 사샤가 속한 문명에도 천사나 상승한 마스터 들이 있습니까? 대천사 미카엘과 가브리엘이 플레이아데스에서도 일하나요?

아주 재미있는 질문이군요. 고맙습니다. 우리가 하나의 종으로서

영혼의 어두운 밤을 매우 힘들게 지나고 있었을 때, 이를 통과하는 유일한 방법은 더 높은 의식에 다가가는 것이었습니다. 물론 높은 의식은 여러 이름으로 불리긴 하지만 그 우주적 원형은 똑같습니다.

우리 문명이 그렇게 몹시 어두운 시기를 통과하고 있을 때, 우리는 어두운 터널 속을 환하게 밝혀주는 더 높은 존재들—5밀도, 6밀도—에게 손을 내밀었습니다. 이것은 모든 문명의 진화에서 중요한 부분입니다.

우리를 위해 플레이아데스 인들이 하는 역할과, 플레이아데스 인들을 위해 그들이 한 역할이 비슷한가요?

어떤 면에서는 그렇습니다. 그리고 여러분도 다른 존재들에게 그런 역할을 하게 될 것입니다.

앞에서 일본 상공에 머물고 있을 때가 많다고 했는데 그 이유가 뭔가요? 그 지역과 어떤 관련이 있나요?

이는 리사가 이 세상에서 자신의 일을 위해 내면 깊이 맺은 서약과 관련이 있습니다. 저는 리사의 또 다른 화신化身이기 때문에 리사

가 자신과 한 약속은 곧 나의 것이기도 합니다.

그 이유들은 여러분이 여름에서 가을로, 다시 겨울로 진입해 가던 1만 3,000년이라는 시간과도 관련이 있습니다. 지금 우리는 아주 오래전에 시작된 일을 계속 하기 위해 그곳에 에너지를 집중하고 있습니다. 우리는 단지 일본인들만을 위해서 거기에 머무는 것이 아니라 후지산이 지구 전체에 영향을 미치는 세계의 에너지 관문으로서 일종의 경혈과도 같은 곳이기 때문입니다. 물론 다른 지역에 머물 때도 종종 있습니다.

이 자리에서 뭘 좀 시연해 달라고 부탁한다면 너무 무례한 요청이 될까요? 뉴스거리가 되게 불꽃을 방사해 보일 수 있나요? 혹은 개인적으로 (외계인과의 직접적인) 접촉과 교신에 대한 이야기를 들은 적이 있는데, 그중에는 바로 사샤를 통해 알게 된 내용도 있었습니다.

오락거리나 검증을 위한 시연은 우리가 동의하기 어렵습니다. 게다가 어떤 '증거'를 보여주건 아무 소용이 없는 경우가 많다는 걸 우리도 알고 있습니다. 우리 플레이아데스 인들이 여러 세대에 걸쳐 수행해 온 접촉 프로그램들을 통해 알게 된 것은, 의식의 확장을 돕는 것이 가장 효과적이고 쉬운 접근 방식이라는 사실입니다. 의식 확장이 그 기초 단계가 됩니다. 의식이 확장되면 접촉은 자연스럽게 일어납니다. 이것은 지극히 자연스러운 과정입니다. 이 강연을 듣고

있거나 우리 이야기를 읽고 있는 분들 가운데 상당수가 이미 외계인 가족이 자신을 찾아오는 것을 느꼈을 것입니다. 여러분은 언제든 접촉을 요청할 수 있습니다. 관건은 흐름, 에너지, 그리고 여러분의 개인적인 동의입니다. 여러분 각자가 이미 여러분과 함께 일하는 자신만의 팀을 갖고 있으며, 우리는 여러분이 가는 길을 방해하지 않습니다. 하지만 서로의 길들이 만날 때는 정말 흥미진진합니다!

💬 왜 어떤 사람들은 온통 고통과 괴로움뿐인 낮은 수준의 밀도를 경험하고 싶어 하는 걸까요? 그것이 '하나임'을 깨달을 수 있는 유일한 길인가요? 말씀하신 대로 우리가 '하나임'에서 왔다면, 그곳을 떠난 이유는 과연 무엇인가요?

우리의 답변이 진실이라 해도 여러분한테는 만족스럽지 않을 것입니다. 여러분은 왜 그 무서운 롤러코스터를 탑니까? 왜 상어 떼와 함께 헤엄을 칩니까? 여러분의 그런 행동은 순전히 경험을 위한 것입니다. '하나임' 상태의 고요함 속에서는 의식이 자신을 볼 수 없습니다. 의식은 깊은 분리라는 환상 속에서만 자신을 볼 수 있습니다. 거울 없이는 자신의 얼굴을 볼 수 없는 법입니다. 물론 에고적 관점에서는 이것이 매우 고통스럽습니다. 하지만 더 넓은 관점에서 보면 여기에는 많은 의미가 있습니다.

말씀하신 것에 제가 어떤 말을 덧붙일 수 있을지 모르겠지만, 한 사람 삶의 99퍼센트가 고통과 괴로움으로만 채워져 있다고는 믿지 않습니다. 설사 고통과 괴로움 속에 있더라도 사람들은 대부분 삶이 아름다움과 사랑이라는 끈으로 짜여져 있다는 믿음을 놓지 않지요. 저는 거의 모든 사람들이 살면서 어느 정도는 이런 경험을 한다고 믿습니다.

그렇습니다. 하늘이 구름으로 덮여도 태양은 마치 여러분 존재의 빛처럼 여전히 빛나고 있다는 것을 기억해야 합니다. 고통스러운 경험의 일부는 여러분이 자신의 진정한 본성을 기억하고 태양과 재결합할 수 있도록 주어진 선택지입니다. 그러기 위해서는 구름을 통과해 지나가기만 하면 됩니다. 지금은 상상이 안 될 수도 있지만, 여러분이 진화하면서 고통과 기쁨은 지극히 풍요롭고 심오한 경험으로 합쳐질 겁니다.

정말 멋져요! 사샤와 리사의 지혜를 접하게 된 것이 얼마나 큰 축복인지 말로 다 표현하기 힘들 정도입니다. 정말 감사합니다. 두 분의 통찰력이 정말 대단해서 제 가슴에 아주 깊이 와 닿습니다. 마지막으로 더 해주실 말씀은 없나요?

여기 계신 모든 분들이 '자기가 얼마나 깊이 사랑받고 있는지' 기억하시기를 바랄 뿐입니다. 이것이 결론입니다. 여러분 외에는 아무도 없으므로 궁극적으로는 '하나임'만이 존재합니다. 여러분은 '하나임'으로부터 분리되어 있다고 느낄지 모르지만, 그 '하나임'을 기억하고 자신을 사랑하는 법을 배우는 과정에서 깨어남이 찾아올 것입니다. 그 과정에서 여러분은 자신이 모든 창조물로부터 얼마나 큰 사랑을 받고 있는지도 기억하게—또한 깊이 경험하게—될 것입니다. 여러분이 물리적 현실 속에 있을 때 자신을 사랑하는 경험은 배우기 가장 어려운 일입니다. 그러나 그것은 여러분이 4밀도로 들어가는 관문을 통과하도록, 그리하여 자신의 진정한 본성을 기억하고 그 사랑으로 다시 돌아갈 수 있도록 도와주는, 여러분의 여정에서 가장 필요한 단계입니다. 그것은 사라진 적이 없습니다. 다만 구름이 해를 가린 것처럼 지금 조금 가려져 있을 뿐입니다.

리사와 그녀의 책, 그리고 사샤에 대해 더 알고 싶은 분들은 리사의 웹사이트 www.lyssaroyal.net을 방문하시기 바랍니다.

CHAPTER 2

자신의 진정한 힘에
접속하기

살바토레 레이첼이 전하는 '파운더스'의 메시지

살바토레 레이첼에 대해

살바토레 레이첼Salvatore Rachele은 교사, 치유사, 신비가, 목회자로서 인간 잠재력 운동human potential movement 분야에서 45년 넘게 경험을 쌓아왔습니다. 《무한 에너지의 비밀The Secrets of Unlimited Energy》《시간의 신비The Mystery of Time》《지구의 실제 역사The Real History of Earth》《영혼 통합Soul Integration》《첨단의 삶Life on the Cutting Edge》《깨어나는 지구Earth Awakens》의 저자로, 각 책에 담긴 비범한 통찰과 지혜는 살바토레와 그의 안내자들이 의식의 진정한 개척자들임을 보여줍니다. 살바토레는 전 세계를 돌아다니며 치유와 상승을 주제로 워크숍과 세미나도 진행하고 있습니다. 또한 뛰어난 피아니스트로서 오리지널 명상 음악을 작곡하여 여러 장의 녹음 앨범을 내기도 했습니다.

이 장에서 살바토레는 그의 영적 안내자 그룹인 '파운더스The Founders'를 채널링합니다. 순수한 빛의 12차원 존재들인 이 그룹은 살바토레에게 밝은 청백색 별들로 나타나 보입니다. 이들은 인류가 지구의 표면을 수놓아온 기간—현재의 주류 과학이 이야기하는 것보다 훨씬 긴 기간—내내 우리를 도와왔습니다.

오늘 전하는 내용은 어떻게 하면 내면의 힘을 이끌어낼 수 있는지, 구체적으로는 어떻게 하면 여러분의 강력한 영적 본성을 이 세상에 표현할 수 있는지에 관한 것입니다. 파운더스는 이 인간 세상에서 우리의 영적 힘을 구현하는 데 필요한 구체적인 단계들에 대해 이야기를 들려줄 것입니다.

어세 오세요, 살바토레! 그럼 파운더스를 불러볼까요?

안녕하십니까, 창조자 여러분! 우리는 파운더스입니다. 여러분과 함께하게 되어 기쁘고 영광스럽습니다. 누구나 이해할 수 있을 만큼 기초적이면서도, 여러분의 여정에서 좀 더 앞으로 나아가도록 자극하고 독려할 수 있을 만큼 진보된 정보를 제공하는 일은 우리에게는 언제나 즐거운 도전입니다.

방금 말씀드린 것이 오늘 우리의 의도입니다. 우리는 매우 간결하고 단순하게 이야기할 것이고, 그 대신 질의응답 시간을 더 많이 할애해 복잡한 내용들을 다루도록 하겠습니다. 우리의 프레젠테이션이 간단한 리뷰 같다고 느끼는 분들도 있을지 모르겠지만, 여기서 말씀드리는 것들이 앞으로 이 내용을 접하게 될 더 많은 사람들에게 중요하다는 걸 우리는 알고 있습니다. 여러분의 존재에 기본이 되는 형이상학적 진리를 이해하는 것이야말로 여러분이 궁극의 깨달음을 얻는 데 절대적인 토대가 됩니다. 아무튼 우리는—우리 그룹과 채널러인 살바토레, 그리고 이 자리에 참석한 여러분은—한 가지 목적을 위해 이 자리에 모였습니다. 바로 성장하기 위해서, 인식을 확장하고 의식을 확장하기 위해서, 이해의 더 높은 주파수로 상승하기 위해서, 힘 있는 존재가 되기 위해서입니다.

자신의 진정한 힘에 접속하기

일부 영적 집단에서는 '힘power'이라는 단어를 약간 불결한 말로 취급합니다. 그 이유는 "온유한 자가 땅을 물려받는다"는 기독교적 관념 아래서 성장한 분들이 많기 때문입니다. 그런데 여러분이 유념해야 할 사실이 있습니다. 그것은 성경이 수많은 언어들로 번역되는 과정에서 원래의 의미가 사라지거나 흐릿해지는 경우가 있다는 것입니다.

'온유함meek'이라는 말이 성경에 사용될 당시에는 '겸손humble'을 뜻했습니다. '겸손'이란 어린아이들이 배울 때 그렇듯이 아이다운 궁금증과 호기심으로 기꺼이 배우려는 마음입니다. 겸손은 굴종을 의미하지 않습니다. 겸손은 다른 영혼들이 발로 짓밟고 자신의 의지를 강요하도록 현관의 매트처럼 납작 엎드리는 것이 아닙니다. 겸손이 본래 의미와 다르게 잘못 이해되면서, 수많은 영혼들이 힘을 갖는다는 생각만으로도 죄책감을 느끼게 되었습니다.

그러나 진정한 힘에는 아무런 문제가 없습니다. 진정한 힘은 '신God'으로부터 오고, 신의 왕국은 여러분 안에 있습니다. 여러분은 전능하고 창조적이며 영적인 존재입니다. 이 진실은 다음과 같이 여러분이 1인칭으로 반복하는 만트라가 되어 마땅합니다. "나는 힘 있고 창조적이며 영적인 존재이다."

이는 어떤 말로 표현할 수 있는 것보다 더 진실하고 정확한 표현입니다. 여러분의 진정한 정체는 모든 말을 초월하기 때문입니다.

말은 단지 설명일 뿐입니다. 말은 진리를 가리킬 뿐 그 자체가 실제 진리는 아닙니다. '나무'라는 말은 이 말이 묘사하는 실제 사물이 아닙니다. 우리가 '나무'라고 말할 때 여러분은 가지와 뿌리가 뻗어 있고 잎이 달려 있는 나무의 이미지를 마음속에 만들어냅니다. 하지만 '나무'라는 말이 분명 그 나무는 아닙니다. 마찬가지로 '진리'라는 말은 진리가 아닙니다. 그것은 진리를 가리키는 말일 뿐입니다. 이 경우에 진리라는 말의 진짜 의미는 여러분에게 무한한 힘이 있다는 것입니다.

그러면 여러분은 이렇게 말할지 모릅니다. "글쎄, 난 무한한 힘이 느껴지지 않아. 나는 결혼 생활에도 문제가 있고, 사업과 재정에도—혹은 건강 등에도—문제가 있어. 난 지금 별로 강하다는 느낌이 들지 않아." 이 말이 여러분이 힘이 없다는 것을 의미하지는 않습니다. 이 말은 여러분이 무력해지는 것처럼 보이는 방식으로 자신의 힘을 경험하고 있다는 뜻입니다.

왜 그럴까요? 그것은 여러분 안의 어떤 부분이 자신이 무력하다거나 자신의 힘이 매우 제한적이라고 '믿기' 때문입니다. 많은 이들이 깨닫지 못하고 있는 것은 바로 자신의 믿음이 너무도 강력해서 자기가 무력하다고 '믿기만 해도' 무력감을 경험할 수 있다는 사실입니다. 이것은 여러분이 그만큼 강력하다는 증거입니다. 여러분은 창조주의 형상대로 창조되었으면서도 자신을 창조주와 다르다고 상상할 수 있을 정도로 강력합니다.

잠시 깊게 호흡하면서 방금 우리가 한 말을 되새겨보십시오. 다음으로 여러분의 힘을 되찾고, 기억하고, 그 힘 속에 서기 위한 간단한 과정을 알려드리겠습니다.

힘 되찾기

먼저, 진짜 힘과 거짓 힘을 구별해 봅시다. 앞서 이야기한 힘과 달리 거짓 힘은 오늘날의 세상에서 여러분이 흔히 보는 힘입니다.

자신들을 권력 엘리트라 여기는, 수백에서 수천에 이르는 영혼들의 집단이 있습니다. 이들은 대개 일루미나티Illuminati, 카발Cabal, 또는 PTBPowers That Be(일루미나티는 '세계를 비밀리에 조종하는 그림자 정부나 집단'을, 카발은 '비밀 엘리트 조직'을 가리키며, PTB는 일종의 관용적 표현으로 권력을 쥔 '실세'를 뜻한다—옮긴이)라고 불려왔습니다. 분명히 말씀드리건대, 이런 영혼들은 이른바 거짓 힘을 가지고 있습니다. 이들은 자신의 진정한 힘 속에 있지 않습니다.

자신에게 이런 기본적인 질문을 던져보세요. "만일 내가 진정으로 나의 힘 안에 있으면서, 내 안에 존재하는 신의 왕국을 자각하고 내 존재의 중심으로부터 세상을 향해 빛을 내뿜고 있다면, 굳이 다른 인간들을 통제하고 조종하려 들 필요가 있을까? 남들을 억압하거나 노예로 만들겠다는 욕망을 품을까? 남들에게 나의 이념을 강요할까?" 당연히 아닙니다. 다른 이들을 억지로 통제할 필요를 느끼는 존재는 누구든 거짓 힘을 쓰고 있는 것입니다.

진정한 힘은 안으로부터 나옵니다. 그리고 여러분이 자신의 힘 안에 있다면 결코 다른 인간들을 통제하고 싶은 욕구가 일지도 않을 것이고, 그들이 여러분을 위협한다고 보지도 않을 것입니다. 이제 여러분은 두려움이 아니라 내면의 신성한 힘에 따라 살게 될 것입니다. 이것은 마음속 관념이 아니라 에너지로 드러나는 현실입니다.

바로 지금 모든 분들이 깊이 호흡하면서 우리가 하는 말 뒤에 숨은 의미를 느끼셨으면 합니다. 이 말들을 그저 멋진 생각이라며 지적으로만 소화하려 하지 마십시오. 우리는 여러분 안에 있는 신성한 힘을 인식하면서 여러분의 존재 깊은 곳에서 말하고 있습니다. 중요한 것은 여러분이 이 말에 담긴 에너지를 느끼는 것입니다.

힘 기억하기

신이 여러분에게 준 신성한 힘을 이 지구상에서 발휘하기 위해 취할 수 있는 몇 가지 단계에 대해 살펴보겠습니다. 가장 먼저 해야 할 일은 자신이 무력하다는 부정적인 핵심 믿음을 내려놓는 것입니다. 자신이 인류라는 거대한 바다에 속한 일개 작은 인간에 불과하다고, 정부도 교회도 병원도 나라는 존재에 귀 기울일 리 없다고 생각할 수도 있습니다. 혹은 자신을 고장 난 정치 시스템 속에서 달랑 투표권 하나 지닌 존재로, 권력 엘리트들이 벌이는 체스 게임 속의 졸 같은 존재로 여길 수도 있습니다.

여러분께 권합니다. 여러분 내면에 자리한, 자신이 무력하다는 부정적인 믿음을 지금 당장 놓아버리십시오. 우리는 이미 그것이 사실이 아니라는 점을 설명했습니다. 여러분의 삶이 이미 그 사실을 증명했습니다. 여러분은 힘 있고 창조적이며 영적인 존재입니다.

여러분의 영적 본성은 주류 물리학을 통해서도 쉽게 증명할 수 있습니다. 다들 아시다시피 빛 스펙트럼과 소리 스펙트럼은 좁고 짧은 대역들로 구성되어 있습니다. 빛은 적외선과 자외선 사이에 있고, 소리는 초저주파와 고주파 사이에 있습니다. 여러분의 시각과 청각을 통한 모든 물리적 경험이 이런 작고 짧고 좁은 대역 안에 머물러 있는 데 반해, 영적인 우주는 어떻게 정의하건 여러분이 감각 기관을 통해 지각하는 것보다 훨씬 폭이 넓습니다.

여러분은 적외선과 자외선 스펙트럼 안에서 진동하지만, 이런 작고 좁은 물리적 대역 외에 수많은 수준과 차원에서도 진동하고 있습니다. 여러분은 영적인 존재입니다. 여러분이 창조하는 모든 순간, 여러분의 존재는 단순히 빛과 소리를 감지하는 것 너머로 멀리 확장됩니다. 그리고 여러분의 이 창조하는 힘이야말로 이 워크숍의 주제입니다. 이 자리는 여러분이 누구인지 탐구하는 창조의 모험이자 여러분이 누구인지 깨닫는 깨어남의 모험입니다. 여기서 깨어남이란 지금 바로 여러분이 진정 누구인지를 깨닫는 것을 의미합니다.

깨달음은 만트라를 많이 외거나 명상을 많이 하거나 스승들을 많이 만나거나 아쉬람을 많이 돌아다닌다고 찾아오는 미래의 어떤 것이 아닙니다. 깨달음은 지금입니다. 깨달음이 존재할 수 있는 유일한 곳은 지금입니다. 여러분은 지금 깨달아 있습니다. 그것은 여러분이 바로 지금 힘을 갖고 있는 것과 같습니다.

대다수 사람들이 지금 이 순간 자신의 힘을 자각하지 못하는 것처럼, 자신의 깨달음도 자각하지 못합니다. 깨달음은 얻는 것이 아니라 알아차리는 것입니다. 여러분은 자신이 신의 자녀 child of God 이며 무한하고 창조적이고 강력한 존재라는 진정한 본성을 자각해야 합니다. 여러분은 자신의 이러한 특성을 자각하기만 하면 됩니다. '자각 self-realization'이 '깨달음 enlightenment'을 가리키는 가장 정확한 용어인 이유가 바로 이것입니다. 지금 여러분은 자각의 길 위에 있습니다. 여러분은 결국 자신이 진정 누구인지 그 진실을 알게 될 것입니다. 자신이 힘 있고 창조적이며 영적인 존재라는 것 말입니다. 이 진술이야말로 여러분이 누구이며 어디에 있는지를 사실에 가장 근접한 언어로 정확하게 설명하는 것입니다.

여러분은 자신을 에고$_{ego}$로만 아는 것이 아니라 자신의 진정한 자아$_{self}$를 자각하고자 여기에 왔습니다. 에고는 거짓 힘을 믿는 거짓 자아입니다. 에고는 신과 분리되었다고 믿고, 여러분의 몸과 마음, 성격과 자신을 동일시합니다. 에고는 이런 것들이 여러분을 구성한다고 생각합니다. 이것이 에고가 두려움에 가득 차 있는 이유입니다. 에고는 몸이 무기의 공격이라든지 혹한이나 혹서 같은 자연 재해에 취약하다는 것을 알고 있습니다. 여러분은 물질적 형태와 자신을 동일시하면서 스스로 무력감을 느낍니다. "어이쿠, 러시아가 가스를 끊어버리면 어떡하지? 이 겨울에 전부 얼어 죽는 건가?" 지금 유럽의 몇몇 나라들이 이런 생각을 하고 있습니다. 누군가가 우리한테 선전포고를 하면 어쩌지? 돈이 다 떨어지면 어떡하지? 이러면 어떡하지? 저러면 어떡하지? 이 모든 걱정의 바탕에는 작은 인간적 자아를 자신과 동일시하는 생각이 깔려 있습니다.

지금 이 순간 여러분은 지구상의 수십억 인류를 통해 표현되고 있는 '하나임'입니다. 지금은 시간과 공간을 초월해 있는 여러분의 진정한 자아를 발견할 때입니다. 여러분의 진정한 자아는 무한하며, 모든 곳에 존재합니다. 여러분은 신의 자녀입니다. 만물의 창조주의 자녀인 여러분에게는 한계가 없습니다. 능력에서, 인식의 범위에서, 할 수 있고 될 수 있고 가질 수 있는 모든 것에서 여러분은 무한합니다. 여러분은 자신을 무한히 표현할 수 있다는 것을 알아차리는 수준까지 인식을 확장하기 위해 이곳에 왔습니다.

▌ 힘 안에 서기

여러분의 힘에 접속하는 한 가지 방법은 머리로 사는 시간을 줄이고 심장과 태양신경총을 기본으로 삼아 사는 것입니다. 이미 여러분 중에는 머리에서 심장으로 가는 법을 알고 계신 분들이 있습니다. 하지만 그것이 이야기의 끝이 아닙니다. 그 다음 단계는 심장에서 태양신경총으로 가서 그곳과 심장 사이의 올바른 균형을 찾는 것입니다. 제3의 눈은 지혜의 센터이고, 심장은 사랑과 자비compassion의 센터이며, 태양신경총은 힘의 센터입니다. 여러분은 이 세상에서 가장 효과적으로 창조하기 위해 지혜와 사랑과 힘이 함께 작용하는 이상적인 상황을 원합니다. 만약 여러분의 모든 행위가 힘의 센터인 태양신경총에서만 나온다면, 여러분은 지혜와 사랑이 결여된 상태로 마치 사람들을 깔아뭉개는 불도저나 도자기 가게에 뛰어든 황소 같은 존재가 되고 말 것입니다.

사랑과 배려로 여러분의 힘을 부드럽게 만들고, 다른 사람들에게 자비의 마음을 품으며, 지혜를 발휘해 여러분의 행동이 장기적으로 가져올 결과를 살펴보십시오. 예를 들어 여러분의 행성을 플라스틱으로 오염시킨 행위가 장기적으로 가져올 결과를 생각하는 사람은 너무나 적습니다. 오늘날 지구상의 모든 생명체는 일정 정도 플라스틱으로 오염되어 있습니다. 다행스럽게도 여러분은 지혜와 사랑으로 이런 환경을 풀어나가기 시작했습니다. 그러지 않았다면 여러분은 지금쯤 멸종하고 말았을 것입니다.

여러분의 행동이 낳을 장기적 결과를 보아야 합니다. 여기가 바로 지혜라는 요소가 필요한 지점입니다. 모든 생명체에 대한 사랑이 여러분을 인도할 것입니다. 그때 여러분은 태양신경총 차크라에 자리한 여러분의 진정한 힘 안으로 들어가게 될 것입니다. 이것들이 여러분의 힘을 현실에 구현하는 몇 가지 단계입니다. 그 힘을 현실에 드러낼 수 있을 때, 일이 계획대로 풀리지 않는 반복되는 시나리오를 피할 수 있습니다.

높은 진동의 힘

이제 개인적인 의지와 집단적인 의지를 비교해 보겠습니다. 예를 들어 여러분을 포함해 100명의 사람이 한 방에 들어가 있는데, 여러분은 평화를 믿지만 나머지 99명은 전쟁을 믿는다고 가정해 봅시다. 평화에 대한 여러분의 생각은 여러분 자신에게 강한 영향을 미칠 것이고, 나아가 방 안의 많은 사람들에게도 영향을 줄 수 있을 것입니다. 하지만 동일 조건이라면, 여러분은 100명이 있는 그 방 안에서 전쟁 쪽으로 생각이 기울 가능성이 큽니다.

물론 조건이 모두 동일한 경우는 매우 드뭅니다. 그중에는 자기 힘을 다른 사람들보다 더 계발한 사람이, 그러니까 의식뿐만 아니라 물질적 형태에서도 진동을 높인 사람이 틀림없이 있을 것입니다. 진동을 높이는 가장 좋은 방법 하나는 높이 진동하는 다른 영혼들 가까이 있는 것입니다. 스승, 요기, 현자, 신비가, 그리고 여러분보다 더 오래 내면 작업을 해온 사람들과 함께 시간을 보내는 것입니다. 인도의 아쉬람으로 갈 수도 있고, 서양 스승의 동영상을 볼 수도 있고,

각기 다른 각도에서 조금씩 다른 관점으로 현실을 보는 교사 여섯이 등장하는 이런 행사에 참여할 수도 있습니다. 그래서 각 교사의 가장 좋은 부분을 여러분 자신의 지혜 속에 통합시켜, 여러분의 영적 성장과 행복과 안녕에 도움되는 부분들과 결합할 수도 있습니다.

진동을 높일수록 여러분은 더욱 강력해지면서 더욱더 많은 사람들에게 영향을 미칠 수 있게 됩니다. 이제 여러분이 평화를 믿는 훨씬 더 강력한 존재가 되어 100명이 있는 똑같은 방에 들어가 있고, 역시 똑같이 내면 작업을 하지 않은 나머지 99명이 전쟁을 믿고 있다고(공격성을 부추기고 세상의 악에 반대할 것을 선동하는 주류 언론을 추종하면서) 한다면, 여러분의 조용한 영향력은 극적으로 증가할 것입니다. 100명 중의 한 명일 뿐이지만 여러분은 나머지 99명에 맞먹는 커다란 창조적 힘을 단시간에 발휘하여 주변 모든 사람들의 에너지를 누그러뜨릴 수 있게 될 것입니다.

여러분과 나머지 사람들의 힘이 순식간에 동등해지는 것입니다. 평화를 믿는 사람이 한 사람뿐인데도 이제 전쟁과 평화의 방정식이 균형을 이루게 됩니다. 여러분의 힘이 두려움과 전쟁, 부정성을 믿는 사람들의 거의 100배가 되어 있을 것이기 때문입니다.

진동을 높이는 것은 이 세계에 영향을 끼치는 가장 좋은 방법입니다. 이것은 여러분이 내면 작업을 통해 자신의 힘을 활용하기만 하면 됩니다. 다른 사람들의 집단적 믿음에 여러분이 긍정적으로 영향을 끼치는 것을 보면서, 여러분은 이 행성에 퍼져 있는 이런저런 부정적 믿음들을 급속히 상쇄할 수 있다는 걸 깨닫게 될 것입니다. 여러분과 비슷한 생각을 갖고 내면 작업을 하고 있는 사람들과 함께한다면 여러분은 세상에 선한 영향을 미치는 강력한 힘이 될 것입니다. 열 명이 천 명에 맞먹는 힘을 갖게 될 것이고, 1만 명이 100만 명의 힘을 갖게 될 것이며, 1천만 명이 10억 명의 힘을 갖게 될 것입니다. 이런 식으로 일이 진행됩니다. 바로 이것이 한 행성이 더 높은 주파수frequency로 이동하는 방식입니다.

다음으로, 자신의 두려움을 인식하고, 호흡을 가다듬고, 주의 분산 요소들을 줄이며, 중독을 다스림으로써 여러분의 상승을 더욱 촉진하는 방법에 대해 살펴보겠습니다.

▎내면 작업하기

두려움 통과하기

자, 어떻게 하면 여러분이 자신의 힘을 실현하고 자신의 강함을 느끼며 세상에서 힘차게 창조하는 자리에 이를 수 있을까요? 우리는 함께 장벽을 뚫고 나아가야 합니다. 이 자리에 있는 우리 모두가 함께, 여러분의 진정한 힘을 실현하기 위해 장벽을 뚫고 나아갈 것입니다. 그리고 당연하지만 두려움은 가장 큰 장벽 중 하나입니다.

여러분은 두려움이 지배하는 세상에 살고 있습니다. 이 채널링에서 이야기하듯이, 지구에는 진짜 팬데믹(전 세계적 유행병—옮긴이)이 있습니다. 이것을 '두려움증'이라고 부를 수 있을 것입니다. 인류의 4분의 3 이상이 이런저런 두려움에 지배당하고 있습니다. 그 대상이 바이러스든, 정부든, 교회든, 언제 일어날지 모르는 재난이든 혹은 가난이든, 거의 모든 이들이 뭔가를 두려워하고 있습니다. 그러나 여러분이 세상에서 힘차게 창조하는 자리에 이르려면 자신을 정직하게 평가해서 어떤 두려움의 장벽이 되었든 그것을 걷어내야 합니다. 자신의 두려움이 얼마나 큰지, 그 두려움이 의식의 어디에 자리하고 있는지, 그 두려움이 어디에서 일어나는지, 어떻게 하면 그 두려움을 헤쳐 나갈 수 있는지 살펴보아야 합니다. 이런 장벽들은 반드시 무너뜨려야 합니다. 우회하거나 회피할 수 없습니다. 두려움을 통과해 나아가야 합니다.

두려움이 느껴졌다면, 어떤 생각과 걱정에서 그 두려움이 촉발되었는지 알아차리도록 합니다. 이런 식으로 스스로에게 물어봅니다. "내가 두려워하고 있는 게 뭐지?" "안전하지 않다는 이 느낌의 정체가 뭐지?" 또는 "내가 왜 우리 가족이 안전하지 못하다고 느끼고 있지?" 여러분의 몸에서 두려움을 찾아낸 다음, 그것이 여러분 안에서 어떻게 움직이고 있는지 지켜보는 것입니다. 여러분의 몸 안에서 움직이는 어떤 감각, 어떤 에너지 패턴이 보일 것입니다. 그런 다음 깊이 호흡합니다. 1단계는 두려움을 찾아내는 것이고, 2단계는 깊이 호흡해서 에너지가 움직이도록 하는 것입니다.

호흡 활용하기

여러분 가운데 올바른 호흡법을 알고 계신 분은 많지 않습니다. 만일 여러분이 호흡법을 숙달한다면, 여러분의 진동을 상승 상태로 끌어올리는 큰 걸음을 내딛게 될 것입니다. 마하바타 바바지Mahavatar Babaji를 비롯한 수많은 요기들은 호흡 요가를 통해—바바지의 경우 크리야Kriya 요가를 통해—상승 상태에 도달했습니다. 물론 쿤달리니 요가 같은 다른 형식의 요가들도 있습니다. 재탄생 요법rebirthing therapy과 원초 요법primal therapy을 포함한 많은 호흡법들은 혈액 속에 산소 공급을 늘려주어 몸을 순화하고 정화할 뿐 아니라 감정이 유발할 수 있는 두려움과 끝없는 걱정에 붙들리지 않도록 감정을 움직이게 합니다. 몸 안에서 두려움이 움직일 때 깊은 호흡과 함께 지금 순간에 머무는 것이 두려움 해소의 시작입니다.

호흡을 하면서 두려움의 세세한 특징들을 알아차려 봅니다. 색깔이 있는지, 냄새가 나는지, 질감이 어떤지 살펴보고, 어떻게 생겼고, 어떤 소리가 나고, 어떤 맛이 느껴지는지 주의를 기울여봅니다. 세심하게 주의를 기울여 이런 특징들을 알아차리는 것입니다. 마지막으로, 지금 이 순간에도 여러분 안에 존재하는, 여러분의 지혜로운 일부인 상위 자아에게 그 두려움을 통과하게 해달라고 요청합니다. 본질적으로 여러분은 상위 자아에게 그 두려움을 가져가 맡아달라고, 그리고 어떤 방식이든 상위 자아가 적절하다고 여기는 방식으로 그 두려움을 움직여달라고 요청하는 것입니다.

하지만 그보다 먼저 여러분이 두려움과 함께 머물러 있을 필요가 있습니다. 그렇게 두려움과 함께 있는 상태에서 호흡을 합니다. 두려움의 세부적인 특징들을 알아차리고, 그 두려움을 만들어내는 생각들을 알아차립니다. 그런 다음 상위 자아에게 그 두려움을 없애달라고 요청합니다. 이런 순서로 하면 됩니다.

주의 분산 요소들을 줄이기

여러분은 두려움을 숭배하는 세계에서 살고 있고, 또한 끊임없이 주의를 분산시키는 세계에서 살고 있습니다. 주의를 분산시키는 가장 큰 요소는 여러분이 온전하고 완전해지기 위해서는 외부의 어떤 것들이 필요하다는 믿음입니다.

주류 TV 방송들과 거기에 나오는 온갖 광고들은 더 섹시하고 더 아름답고 더 건강하고 더 잘 나가기 위해서는 이런 상품 저런 서비스가 '필요하다'고 믿게 만듭니다. 그것이 여러분 세상의 시스템이 작동하는 방식입니다. 사람들은 대개 자기한테 뭔가가 부족하다는 생각에서 물건을 구입합니다. 사람들은 스스로에 대해 좋은 기분을 느끼기 위해서는 중요하지 않은 온갖 것들로 삶을 채워야 한다고 아주 쉽게 믿어버립니다.

여러분에게 필요한 것은, 진정한 힘이 있는 여러분의 중심에 가만히 머물지 못하도록 만드는 온갖 주의 분산 요소들을 알아차리는 것뿐입니다. 여러분이 존경하거나 우상화하는 유명인들이 여러분이 갖지 못한 힘이나 자질, 매력 따위를 갖고 있다는 생각에 그들처럼 되려 하거나 그들처럼 생각하려고 애쓰지 마세요. 이미 여러분은 그 누구와도 다른 자신만의 훌륭한 창조물입니다. 여러분은 스스로가 가슴 깊이 원하는 그런 가치를 지니고 태어났습니다. 여러분은 지금 이대로도 풍요롭고 행복한 삶을 살아가는 데 전혀 부족함이 없을 만큼 충분히 훌륭한 존재들입니다.

중독 다스리기

다음으로, 자신에게 나쁜 습관이나 중독이 없는지 솔직하게 살펴봅니다. '익명의 알코올중독자모임 Alcoholic Anonymous' 프로그램에서 첫 번째 단계는 자신의 힘을 알코올에 넘겼다는 사실을 스스로 인정하는 것입니다. 여러분의 경우에는 알코올이 아닐 수도 있습니다. 예컨대 TV나 비디오 게임, 음식, 약물 같은 것들을 단순히 취미로 즐기는 수준을 넘어 거기에 중독이 될 수도 있습니다. 혹은 생각에 중독되는 것처럼 좀 미묘한 것일 수도 있습니다.

네, 생각에 중독되는 것은 큰 문제입니다. 합리적인 마음, 논리적인 마음에 중독되는 것, 자신의 에고에 중독되어 이 에고와 합리적인 마음이 삶을 끌어가도록 놔두는 것 말입니다. 왜 합리적인 마음이 삶을 끌어가도록 놔두는 걸까요? 놓아버리기가 두렵기 때문입니다. 그러면 에고가 공허하다고 지각하는 것을 경험하게 될까봐 두려운 것입니다. 그럴 일은 없는데도 말입니다. 자극을 주는 한 가지를 놓아버리면 또 다른 것들이 찾아오게 마련입니다.

에고는 죽음에 대한 두려움, 무無에 대한 두려움에 직면하기보다는 무엇이든 해서 하루하루를 채우려고 무의미한 활동들을 하게 됩니다. 여러분은 침묵 속에 홀로 있는 것을 두려워해서는 안 됩니다. 일상의 드라마에서 잠시 떨어져 나와 속도를 늦춰야 합니다. 호흡 훈련이나 요가를 하루에 20분씩 두 번 해도 좋고, 아침에 잠깐 한 번 한 뒤 잠자리에 들기 전에 한 번 더 하는 것도 좋습니다.

그런 다음 좀 더 미묘하게 중독된 것이 있는지 찾아봅니다. 예컨대 판단 중독 같은 것이 있을 수도 있습니다. 여러분이 타인에 대해 판단하지 말라고는 배웠을지 모르지만, 여전히 자신은 판단하고 있을 수 있습니다. 아니면 딱지를 붙이는 것에, 옳아야 한다는 생각에, 혹은 불행해지는 것에 중독되어 있을 수도 있습니다.

이럴 때는 자기 안을 들여다보고 반드시 내면 작업을 해야 합니다. 지름길은 없습니다. 두려움에 사로잡힌 사람들로부터 날마다 부정성과 두려움으로 폭격당하고 있는 상황에서, 긍정적인 확언 한두 마디로 중독을 끊어낼 수는 없습니다.

강력해지는 것을 두려워하지 마십시오.

2013년에 출간하신 책 《영혼 통합soul integration》의 내용과 관련해 질문 드립니다. 책에 이런 대목이 있습니다. "이제 지구의 진동이 상승하고 있기 때문에 영혼들이 육체의 불멸성을 입증하기가 더 쉬워질 것이다. 앞으로 30~40년 안에 많은 영혼들이 물리적 상승을 경험할 것이다." 이 일이 지금 일어나고 있나요? 얼마나 많은 영혼들이 그런 경험을 하고 있나요? 그런 상승 지점에 도달하는 것이 아까 말씀하신 두려움 직면하기, 두려움과 함께 있으면서 호흡하기 같은 단계를 거쳐 우리의 힘을 촉발하기만 하면 되는 건가요?

상승이라는 주제와 관련해서, 특히 불멸하는 크리스털 빛 몸crystal light body 만들기와 관련해서 좋은 소식과 별로 좋지 않은 소식이 있다는 말씀을 드려야 할 것 같습니다. 좋은 소식은 이 프로그램이 여전히 진행 중이라는 것입니다. 모든 것이 지구에서 이러한 물리적 상승이 일어나는 데 알맞은 단계들을 따라 진행되고 있습니다. 그런데 지구처럼 자유 의지를 가진 행성들은 가변적인 시간의 틀을 가

지고 있습니다. 지구에서 물리적 상승이 일어날 것으로 원래 예상한 것보다 시간이 더 오래 걸리는 데는 이유가 있습니다. 그것은 모두 여러분이 강력하고 창조적이며 영적인 존재들이기 때문입니다.

다른 부분, 곧 좋지 않은 소식이란 부정적으로 창조하고 있는 영혼들 역시 강력하고 창조적이며 영적인 존재들이라는 사실입니다. 조금 전 우리는 여러분이 부정적인 영혼들이 끼치는 영향력을 상쇄하는 수준까지 진동을 높일 수 있는 예를 살펴보았습니다. 그럼에도 불구하고 이들은 여전히 강력한 존재로 남아 부정적인 창조를 계속하고 있습니다.

지구에는 매우 오랜 시간 동안 많은 부정성이 존재해 왔고, 따라서 그것을 상쇄하는 데 원래 계획한 것보다 시간이 조금 더 걸리고 있습니다. 상승은 지금도 계속 일어나고 있습니다. 시간표가 변하기는 했지만, 우리의 관점에서는 크게 바뀐 것이 아닙니다. 원래 계획에서 10~15년 정도 늦어졌습니다. 상승의 첫 물결은 원래 2030년경에 일어날 예정이었는데, 지금은 2040년 정도로 보고 있습니다.

지금 지구에서 에너지 변화가 일어나고 있다는 거군요. 순진한 생각 같지만 에너지 상승은 돌이킬 수 없고, 문제는 우리가 그 물결에 올라타느냐 아니냐에 있다는 생각이 듭니다. 이 말이 맞을까요? 그런데 지구의 진동 상승 속도가 늦어진 것은 두려움 때문일까요?

음, 지구 자체의 진동은 계속 높아지고 있습니다. 지금 일어나고 있는 일은, 일부 영혼들이 이 행성의 자연스러운 환경 조건에서 점점 더 벗어나면서 면역 체계가 약화되기 시작했다는 것입니다. 모두 코로나 19가 등장하기 전에 일어난 일이지만, 코로나 19 역시 면역 체계가 손상될 수 있는 한 가지 방식입니다. 자료들은 신종 바이러스들이 세상에 나타나 이런 팬데믹을 일으키는 것처럼 말하지만, 사실 인간의 몸에는 평균 150종 이상의 바이러스들이 상주하고 있습니다. 지금 이 순간 여러분의 몸에 150가지가 넘는 바이러스가 살고 있는데, 왜 늘 아프지는 않은 걸까요? 바로 면역 체계 때문입니다.

하지만 면역 체계는 GMO, 플라스틱, 전자파, 산업 오염 등 다양한 요인에 의해 손상될 수 있습니다. 그중에서도 가장 큰 요인은 내면 깊이 자리 잡은 부정적인 생각들, 주로는 두려움입니다. 그 결과 인류의 약 4분의 3이 두려움에 지배당하면서 면역 체계에 손상을 입고 있습니다.

여러분 가운데는 백신을 맞은 영혼들이 있습니다. 이들은 백신이 자신을 낫게 해주리라 믿었고, 이런 사람들 중에는 이 믿음의 힘 덕분에 백신을 접종하고 호전된 이들도 있습니다. 문제는 지구상의 많은 영혼들이 표면적으로는 자기 몸에 긍정적인 일을 하고 있다고 믿지만, 더 깊은 차원에서는 자신도 인지하지 못하는 무의식적 두려움을 갖고 있다는 것입니다. 그리고 이런 두려움은 백신이 몸에 도움이 되기보다는 몸을 해치고 있다는 생각과 뒤섞이게 됩니다. 다른 종류의 바이러스나 박테리아, 생화학 무기 등과 관련해서도 이와 똑같은 일이 벌어지고 있습니다.

알겠습니다. 확인해 주셨으면 하는 믿음이 하나 있어요. 이 글을 읽으면서 자신의 힘을 되찾겠다는 자각이 들거나 그런 것에 관심을 갖게 된 사람이라면 누구나 그런 방향으로 나아가기로 선택할 수 있다, 빛이 되고 새벽을 여는 자가 되기로 선택할 수 있다, 또 스스로 허락하는 한도까지 지식과 지혜를 통해 진동을 높일 수 있다고 생각하는데, 맞나요?

맞습니다. 어떤 관점에서 보면 모든 영혼은 동등하게 창조되었지만, 그와 동시에 모든 영혼은 저마다 독특하고 다릅니다. 그리고 여러분 모두 신의 형상을 따라 창조되었기 때문에, 여러분은 모두 신이 창조하는 것과 똑같이 창조할 수 있습니다. 여러분 중 누구라도 특정한―현재 여러분 대다수가 머물러 있는 수준을 훨씬 뛰어넘는―의식 수준에 이르면 우주 전체를 창조할 수 있습니다.

《영혼 통합》에서 제 마음에 쏙 들어온 구절이 더 있습니다. "한 영혼이 높은 통합 수준에 이르면 이러한 인식 수준의 부산물로 정신적·영적인 힘이 자연스럽게 따라온다. 그런 힘들을 밖에서 찾을 필요가 없다. 그런 힘들이 여러분을 찾아온다." 또 이런 구절도 있어요. "한 영혼이 특정한 인식 수준에 이르면 상승은 정상적이고 자연스러운 과정이 된다."

이렇게 두 차례나 특정한 '인식 수준 level of awareness'을 언급했어요. 책에서 언급한 인식 수준에 대해, 그리고 영혼 통합과의 관계에 대해 설명해 줄 수 있나요? 영혼 통합이라는 게 무언가요?

영혼 통합이란 영혼의 여러 부분을 전체 안에 하나로 결속시켜 모든 부분이 효율적으로 기능하도록 하는 것입니다. 영혼 통합의 대상이 되는 하위체lower body에는 여섯 가지가 있습니다. 그중에서 세 가지는 잘 알려진 육체, 감정체emotional body, 정신체mental body입니다. 여기에 더해 세 가지 미묘한 몸이 있는데, 아스트랄체astral body, 에테르체etheric body, 인과체causal body가 그것입니다.

여러분은 이렇게 여섯 개의 하위체를 지니고 있는데, 영혼 통합을 위해서는 이것들이 모두 정렬되어 함께 일해야 합니다. 이 여섯 개의 하위체가 함께 일하기 시작하면 여러분이 지닌 힘을 제대로 실현할 수 있을 뿐더러 여러분의 의도만으로도 더 많은 수의 영혼들에게 영향을 미칠 수 있게 됩니다.

영혼이 통합된 뒤에는 여섯 개의 상위체—7번째 수준부터 12번째 수준까지를 이루는 영혼, 초영혼oversoul, 모나드monad, 그리고 모나드 위의 세 가지 신적 수준—로 구성된 여러분의 '상위 자아'가 이미 정렬을 마친 여섯 개의 하위체로 스며들 수 있습니다. 여러분의 상위체들은 요철 모양의 열쇠이고, 하위체들은 자물쇠의 날름쇠(잠금 장치의 핀—옮긴이)라고 생각해 보십시오. 이 모든 것이 정렬되면 자물쇠를 열 수 있습니다. 말하자면 이렇게 정렬되었을 때 여러분의 하위체들이 상위 자아의 주파수를 수용할 수 있다는 뜻입니다.

이것이 우리가 말하는 영혼 통합의 의미입니다. 영혼이 통합되면 진동이 자연스럽게 높아져 지구상에서 발생하는 부정적인 영향과 문제로 인해 더는 흔들리지 않게 됩니다. 그러면 항상 건강한 상태가 되어 젊은 몸을 영원히 유지할 수 있습니다.

이 채널러(지금 파운더스를 채널링하고 있는 살바토레를 가리킴—옮긴이)가 쓴 《무한 에너지의 비밀 The Secrets of Unlimited Energy》에 불멸성의 과학에 대한 언급이 조금 나옵니다. 그것은 "들어오는 에너지는 나가는 에너지와 동일하다"는 말로 요약할 수 있는 매우 간단한 과학입니다. 만일 여러분이 육체를 늙고 죽게 만드는 소멸 요인들과 에너지를 받아들이는 수용 요인들(즉 재생 요인들) 사이에 균형을 맞추면, 몸이 더는 나이 들거나 노화하거나 죽지 않는 평형 상태에 이를 수 있습니다. 그렇게 되기 위해서는 하위 차원들의 영역에만 존재하는 '엔트로피 법칙' '붕괴의 법칙 Law of Decay' '카오스의 법칙' '열역학 제2법칙' 등에 구속되지 않는 더 높은 주파수들에 열려 있어야 합니다.

그와 같은 평형 상태에서 여러분은 문자 그대로 더 높은 주파수로 상승하여 앞의 리사의 채널링 때 언급되었던 능력들, 즉 마음으로 물질 세계에 영향을 주는 순간 이동이나 바이로케이션, 염력 등을 얻을 수 있습니다. 그런데 이런 능력들은 아무 영혼이나 원한다고 해서 주어지는 것은 아닙니다. 속성상 타인의 자유 의지를 침해할 소지가 있는 능력들이기 때문입니다.

"믿음은 산을 옮길 수 있다"는 말을 들어보셨을 겁니다. 여러분에게 정말로 산을 옮길 힘이 있다고 해봅시다. 그런데 만일 그 산자락에 1만 명의 사람들이 살고 있는데 이들이 여러분이 산을 옮기는 것을 원치 않는다면 어떨까요? 이때 여러분은 그 수준의 힘을 가짐으로써 발생할 수 있는 자유 의지의 갈등 형태들을 보게 될 것입니다.

우리 안에 그런 힘이 있었군요! 지금 지구에서 진행되고 있는 진동 상승 덕분에 과거 어느 때보다 더 효과적이고 쉽고 빠르게 자아에 대한 완전한 이해가 가능해지면서, 우리가 자신의 두려움을 직면하는 작업을 할 수 있게 되고, 우리 안에 있는 그 같은 힘들에 다가갈 수 있게 되었다는 사실이 이제 이해되기 시작했습니다. 물론 제약이 있다거나 우리의 자유 의지가 다른 사람의 자유 의지를 간섭할 때는 달라지겠지만요.

그렇습니다. 《기적 수업 *A Course in Miracles*》이라는 책(컬럼비아 대학교의 임상심리학자 헬렌 슈크만 박사가 내면에서 들려오는 예수의 음성을 받아 적은 책. 우주는 존재하지 않는다는 파격적인 세계관과 용서의 기적을 통해 에고를 극복하고 다시 분리 이전의 상태로 돌아가는 법을 알려준다—옮긴이)에 대해서 아마 들어보셨을 겁니다. 이른바 기적이라고 하는 것을 행하는 방법에는 여러 가지가 있습니다. 치유를 예로 들어본다면, 암이 온몸에 퍼져 살날이 2주밖에 남지 않은 사람이 치유를 받고 2주 후에 무덤 속이 아니라 완벽한 건강 속에서 살아가게 된다면 기적이라고 할 수 있을 것입니다. 이런 유형의 치유는 전 세계의 다양한 치유자들을 통해 자주 일어납니다. 앞서 말한 것처럼 여러분은 모두 산을 옮길 수 있는 능력을 지니고 있습니다. 그런데 여러분의 진동이 높아지면 책임감의 수준도 함께 높아지면서, 여러분의 능력을 관련된 모든 사람의 진정한 선을 위해—여러분이 생각하는 최선이 아니라 그들에게 진정으로 선이 되는 것을 위해—언제, 어떻게 지혜롭게 사용해야 할지 깊은 수준에서 깨닫게 되는 것입니다.

 이런 능력을 남을 해치는 데 사용해 온 흑마법사들에 대해 들어 본 분들도 있겠지만, 이 우주에는 안전 장치가 마련되어 있습니다. 그런 흑마법 사례들 뒤에는 눈에 보이는 것보다 훨씬 많은 이야기가 있습니다. 그러니 여기서는 우주가 완벽한 균형 속에서 작동하고 있다고만 말씀드리겠습니다. 일반적으로 말하면 능력을 어떻게 사용할지에 대한 책임감을 입증하지 못한 영혼들에게는 이러한 고급 능력이 주어지지 않습니다.

'허락을 받는다being given permission'는 표현을 썼는데, 허락 메커니즘이라도 있는 건가요? 우리 안에 더 높은 부분이 있어서 "좋아, 마이크 너는 가서 뭐든 맘대로 해도 돼" 하는 식으로 정해주는 겁니까? 아니면 우리의 에너지, 우리의 사랑이 자각과 하나가 되어 산을 옮길 수 있게 되는 겁니까?

 그 두 가지 특성이 다 있습니다. 지금은 여러분이 우주 안의 다른 힘들과 어떻게 상호 작용하는지를 깨달아가는 상황입니다. 다수 속의 하나, 라틴어로 '에 플루리부스 우눔e pluribus unum', 즉 '여럿으로 이루어진 하나'라는 개념을 자각하는 상황입니다. 여러분 세상에는 다양한 믿음 체계들로 이루어진 인간 그룹들이 있고, 이 그룹들은

더 큰 현실 속에서 작은 현실들을 창조하고 있습니다. 물론 개인들도 있습니다. 더 높은 차원의 존재로서 우리의 임무 가운데 하나는 한 그룹이 다른 그룹에게 자유 의지를 행사할 때 어떤 결과를 미치는지 살펴보는 것입니다.

예를 들어보겠습니다. 인공 지능, 나노봇nanobot(나노미터 단위로 측정되는 아주 작은 기계 또는 로봇─옮긴이) 등의 기술을 써서 다른 사람들을 노예화하고자 하는 조종 세력이 있다고 가정해 봅시다. 만일 우리가 더 높은 차원의 존재로서 그러한 노예화를 막으려 한다면, 우리는 대중에게 영향을 미치려는 그들의 욕구를 저지하는 방식으로 그들의 자유 의지를 방해하게 될 것입니다. 반대로 우리가 그 조종 세력이 자기 길을 가도록 내버려두기로 한다면, 노예화를 원치 않는 사람들의 자유 의지가 영향을 받게 될 것입니다. 이러면 집단적 자유 의지들 사이의 얽히고설킨 춤이 되어버릴 수 있고, 이런 상황을 그대로 방치한다면 어떻게든 균형을 찾아가는 데 수천 년이 걸릴 수도 있습니다.

지구의 일에 직접 개입하고 계신다는 말씀인가요? 그리고 거기에는 항상 어느 정도의 주관성이 수반된다는 뜻이고요?

비록 우리가 여러분이 높은 차원이라고 부르는 곳에 있기는 하지만, 여러분을 도울 때 우리는 어디까지나 자유 의지를 지닌 행성을

상대하고 있습니다. 따라서 우리는 절대적으로 필요한 것 이상으로 개입하는 것은 바라지 않습니다. 그러나 어느 시점에 여러분 중에 한계를 벗어나고자 하는 영혼들이 늘어나 임계점에 도달하면, 그때는 우리가 매우 구체적인 방식으로 개입하는 것이 허용됩니다.

많은 이들이 들어보았을 텐데 '은하 연방Galactic Federation' 또는 '은하 연합Galactic Confederation'이라 불리는 그룹이 있습니다. 이 특별한 그룹의 임무는 여러분이 핵무기로 자폭하는 일이 없도록 하는 것입니다. 그래서 이들은 여러분의 핵무기 프로그램에 여러 차례 직접 개입했습니다. 이것은 우리가 불간섭 원칙이라 부를 만한 것과 모순되는 듯 보이지만, 만일 지구에서 핵전쟁이 벌어졌다면 엄청난 수의 영혼들이 자유 의지를 침해당했을 것입니다.

'카르마 수호단Karmic Guardians'이라고 불리는 영혼 그룹도 있습니다. 이들은 자유 의지와 운명 예정론의 관점에서 허용되는 것과 허용되지 않는 것을 그때그때 결정합니다. 지구상의 다양한 지역에 배정된 이 수천 명의 영혼들은 '신'이 규정한 자유 의지 및 예정 운명 원칙들을 유지시키는 임무를 맡고 있습니다.

《영혼 통합》에서 다시 인용하겠습니다. "황홀경과 지복bliss은 우리가 알 수 없는 세계에서 일어나지 않는다. 그것들은 우리가 여정에서 돌아와 다시 세상으로 들어갈 때 일어난다. 알 수 없는 세계는 공空이다. 그런데 공에서 무언가가, 설명할 수 없는 무언가가 일어난다. 우리가 세상으로 돌아올 때, 그것은 신의 무한한 사랑과 자비로 온전히 충만해질 수 있다. 우리

가 그 세계로 기쁘게 돌아가는 이유는 우리가 여전히 몸과 마음과 개성을 지닌 존재임을 앎에도 불구하고 세상으로부터 자유롭기 때문이다."

이 책에서는 "우리가 다시 깨어나 지식을 알게 되는 마지막 발걸음은 신이 떼신다"(《기적 수업》, Text 7: 1—옮긴이)라는 《기적 수업》의 구절을 인용하기도 했습니다. 이 말은, 지금 우리에게 가르침을 주고 계신 것처럼, 영혼들이 어떻게 자신의 힘을 발견하고 두려움에 직면해 그것을 통과할 수 있는지 배울 수 있다는 의미로 들립니다. 여러분은 우리를 마지막 지점까지 데려갈 수는 있지만, 그 뒤에 우리가 그 문지방을 넘어 무한한 지혜에 다가가는 때를 결정하는 것은 《기적 수업》에서 말하는 신이라는 거죠. 다시 말해 마지막은 신이 결정한다는 말입니다. 진리를 언어로 설명하기는 어렵다는 것을 압니다. 앞에서 말씀하신 것처럼, '나무'라는 말은 나무가 아니니까요.

알지 못함에서 앎으로 또는 깨닫지 못함에서 깨달음으로 가는 우리 각자의 여정에서 이 '지점'에 관해 어떤 말씀을 해주실 수 있을까요?

언어의 한계를 다시 한 번 상기해 보았으면 합니다. 《기적 수업》의 '지식knowledge'이란 용어는 '깨달음enlightenment'으로 바꿔 쓸 수 있고, '지각perception'이라는 용어는 사람들이 흔히 '지식knowledge'이라 부르는 것과 관련이 있습니다. 그래서 우리는 여러분이 알 수 있는 것 너머의 것을 가리키기 위해 '신God'과 '신격Godhead', '근원Source', '알 수 있는 것knowable'과 '알 수 없는 것unknowable', '공void' 같은 용어를 사용하고 있어요. 이것들은 모두 '신God'이라고 부를 수 있는 존재의 측면들입니다.

그리고 대부분의 영적 가르침에서 사용하는 '신'이란 표현에는 두 가지 정의가 있습니다. 하나는 더 정확하게는 '신격Godhead'이라고 하는 것으로, '공空'에서 명백한 창조물을 향해 발산되는 눈부신 에너지의 근원입니다. 신격은 끊임없이 변화하는 에너지와 사랑을 발산하는, 영원하고 변하지 않는 근원입니다. 또한 신은 존재하는 모든 것이면서 존재하는 모든 것 너머에 있는, 즉 모든 것을 아우르는 존재라고 할 수도 있습니다.

만일 여러분이 신에 대한 이 두 정의를 사용한다면, 신의 알 수 있는 측면과 알 수 없는 측면에 대해서도 이야기할 수 있습니다. 우리가 '알 수 없다'고 말할 때, 그 뜻은 "나는 깨달음을 경험하고 있는데, 신의 생김새는 이러하고 크기는 이러하다"라고 말하는 마음과 같은 기록 장치가 없다는 것입니다. 신의 알 수 없는 측면에서는 그러한 일들이 절대로 일어나지 않습니다. 신의 그런 측면은 알 수 없는 것이기 때문입니다. 흔히 알려진 것처럼 신은 마음으로 이해할 수 있는 어떤 것이 아닙니다. "음, 내가 신 안으로 들어가 보니 스물네 개의 보좌에 장로들이 앉아 있었는데 그들이 이렇게 하고 저렇게 하고 나서 나를 여기로 데려가고 저기로 데려갔어" 하는 식의 회상은 있을 수 없습니다.

그런 일은 불가능합니다. 여러분이 회상할 수 있는 그런 영역도 있을 수는 있습니다. 그런 것이 있다면 신의 알 수 있는 측면일 것입니다. 그러나 그 너머에는 알 수도 없고 설명될 수도 없는 영역이 존재합니다.

알겠습니다. 설명해 주신 내용이 책에 적힌 언어들만큼이나 훌륭하네요. 말씀 중에서, 깨달음으로 가는 마지막 걸음은 신이 결정한다는 대목이 저의 관심을 끕니다. 개인적으로 우리가 준비를 통해 올라갈 수 있는 것은 어느 정도까지만이라는 뜻 같은데, "이제 너는 깨달았다"라고 말해주는 신의 불꽃spark of God은 무언가요? 이에 대해 설명해 줄 수 있나요?

동양 전통에 사마디Samadhi와 마하사마디Mahasamadhi라는 것이 있습니다.(요가 수행의 마지막 단계를 나타내는 개념들로, 한자어 '삼매三昧'로 번역되는 '사마디'가 주관과 객관의 구분이 사라지는 '완전한 몰입'의 상태를 뜻한다면, '대삼매大三昧'로 번역되는 '마하사마디'는 여기에서 더 나아가 궁극적인 실재에 영구적으로 완전히 흡수되는 상태를 가리킨다—옮긴이) 사마디는 마음으로부터 모든 혼란과 환상, 장벽을 제거하여 자신이 신과 하나임을 계속해서 자각하고 있는 상태, 즉 깨달음의 상태에 머무를 때 얻어집니다. 그러고 나면 마하사마디가 나오는데, 여기에 이르는 길은 없습니다. "마지막 발걸음은 신이 떼신다"는 개념은 여러분이 마하사마디에 도달하기 위해, 최상의 깨달음이라는 그 불가지不可知한 상태에 도달하기 위해 개인으로서 할 수 있는 것은 없다는 말의 다른 표현입니다. 여러분이 할 수 있는 것은 사마디 상태에 도달해서 이렇게 말하는 것입니다. "좋습니다. 신이시여, 나를 여기서 더 멀리 데려가느냐 마느냐는 당신께 맡기겠습니다." 여기서도 언어의 한계에 갇히면 안 됩니다. 방금 그 말은 시간과 공간을 암시하고 있기 때문

입니다. 그 말은 멀고 가까운 것에 대한 이야기가 아닙니다. 언어는 유한한 현실에 갇혀 있으며, 이 문장의 말들 역시 마찬가지입니다.

그런데 사마디를 넘어선 실재reality가 있습니다. 그 실재는 여러분이 신과 하나임을 아는 것 너머에 있습니다. 이것이 우리가 여러분의 언어로 표현할 수 있는 최대치입니다.

책에 쓰신 매혹적인 역설이 또 하나 있어요. "가장 마지막으로 포기해야 하는 것은 깨달음을 향한 욕망이다. 그 지점에 도달하기 전까지 마야Maya니 릴라Lila(마야와 릴라 둘 다 삶의 환상과 드라마가 우리 의식의 초점을 최면처럼 사로잡는다고 말한다)니 하고 불리는 것으로부터 자유로워지는 것, 그리고 신을 받아들이는 것이 여러분에게 유일한 불타는 욕망이다. 이것은 온 마음을 사로잡는 집착이 될 수 있으며, 아마도 가질 만한 가치가 있는 유일한 집착일 것이다. 뭔가를 얻고자 하는 행위 자체가 깨달음을 어렵게 만든다. 어느 선사가 말했듯이, 깨달음은 여러분이 생각하는 어떤 것이 아니다. 따라서 깨달음이 새벽처럼 우리를 찾아올 수 있도록, 우리는 마음을 넘어서 있어야 한다."

깨달음이 가질 만한 가치가 있는 유일한 집착인데 그 집착 자체가 실은 깨달음을 어렵게 한다는 이 역설에 대해 설명해 줄 수 있나요?

그것은 가장 커다란 역설입니다. 그 이유는 여러분이 이미 깨달은 상태인데도 그 깨달음이 과거나 미래의 어딘가에 있다는 믿음을 갖

고 있기 때문입니다. 지금 여러분은 자신이 이미 깨달았다는 먼 기억을 지닌 채 이 낮은 세계로 내려와 환상에 중독된 채로 또는 최면에 걸린 채로 살아가고 있는지도 모릅니다. 아니면 먼 훗날 언젠가 만트라나 요가나 명상을 충분히 하고 난 뒤에 또는 여러 구루guru의 발 앞에 오랜 시간 앉아 있은 뒤에야 다시 깨달은 상태로 돌아가게 될 거라고 생각하고 있을 수도 있습니다.

이것은 깨닫지 못한 영혼의 지각perception 상태입니다. 깨닫고 나면 자신이 항상 깨달은 상태에 있었으며 앞으로도 항상 깨달은 상태로 있으리란 걸 알게 됩니다. 항상 깨달은 상태에 있다가, 아주 잠시 눈을 깜짝한 찰나의 순간에 다른 의식 상태가 잠깐 일어났을 수 있습니다. 그리고 말할 것도 없이 그렇게 눈 한 번 깜짝하는 사이에 낮은 세계로 육화하여, 깨달음의 상태에 도달하고자 애쓰면서 수백만 년을 보냈을 것입니다.

깨달음은 시간도 없고 욕망도 없는 영역의 일입니다. 욕망 없는 상태가 되고자 하는 욕망입니다. 체념이나 무감각을 말하는 것이 아닙니다. "재미있는 일이라곤 하나도 없고 그저 따분할 뿐"인 상태를 말하는 것도 아닙니다. 깨달은 상태에서의 '욕망 없음'의 의미는 자신이 이미 모든 것을 가졌으며 더 욕망할 것이 없음을 아는 것입니다. 그것은 무시간의 상태입니다. 아무것도 더 원하지 않으면 아무것도 미래로 투사하지 않게 되기 때문입니다. 모든 것이 현재 안에 있음을, 모든 것이 지금임을 깨닫게 됩니다. 지금을 완전히 받아들이게 되는 것입니다.

동양의 많은 스승들이 이러한 완전한 받아들임에 대해, 있는 그대로에 아무 저항도 없는 상태에 대해 이야기합니다. 그것은 전쟁, 빈곤, 재난, 고통 등 무엇을 만나도 완전한 평화 속에 있는 것을 의미합니다. 세상에서 무슨 일이 일어나든지 그것을 완전히 받아들이는 것입니다. 그 상황에 동의한다는 의미가 아니라, 어떤 식으로든 그것을 잘못된 것으로 규정하지 않는다는 것입니다. 완전한 비非판단 상태에 있는 겁니다. 그러기에 그것은 무욕, 비판단, 비非이원 상태입니다. 이런 상태를 설명하는 표현은 이밖에도 많습니다.

💬 우리가 진화의 새로운 국면으로 들어가면, 돈은 어떻게 인식될까요? 완전히 의미를 잃게 되나요? 아니면 전혀 다른 의미를 지니게 될까요? 그때는 어떤 상황이 되는 건지, 우리는 어떤 준비를 해야 하는지 궁금합니다.

우선 돈이 무엇인지 이해하는 게 중요합니다. 돈은 망치와 같은 도구입니다. 도구는 중립적입니다. 좋은 것도 아니고 나쁜 것도 아닙니다. 망치를 사용해 집을 지을 수도 있고 사람의 머리를 칠 수도 있듯이, 돈으로 무기를 만들 수도 있고 가난한 사람들을 먹일 수도 있습니다.

돈은 중립적인 것입니다. 돈은 상품이나 서비스의 거래를 더 편리하게 만드는 도구입니다. 사과 한 수레를 시장에 가져가서 오렌지 한 수레와 바꿔오는 일이 늘 쉬울 수는 없습니다. 무엇보다도 오렌지는 사과보다 석 달이나 늦게 익기 때문입니다. 그래서 여러분은 인간 집단 내에서 상품이나 서비스를 편하게 거래할 수 있게 해줄 상징물을 고안한 것입니다. 대통령 얼굴 같은 것이 들어간 종이나 동전을 만든 겁니다.

이것이 돈의 전부입니다. 그런데 여러분은 돈을 신으로 만들고 숭배해 왔습니다. 물론 이것은 인류 일반에 대한 이야기입니다. 많은 사람들이 자신의 행복이 이런 종잇조각이나 금속 쪼가리를 얼마나 많이 가지고 있느냐에 달려 있다고 생각하게 되었고, 많이 가지려고 고민하느라 지나치게 많은 시간을 소비하고 있습니다.

경제 문제를 둘러싸고 벌어진 숱한 전쟁, '가진 자와 못 가진 자'의 등장, 그리고 신과 무한한 창조의 힘 대신 돈을 행복의 대상으로 숭배한 결과로 생겨난 엄청난 불균형 등 여러분의 역사 전체가 돈에 대한 여러분의 생각이 어떻게 펼쳐져 왔는지를 보여줍니다.

💬 어떻게 하면 수치심이라는 상처를 치유할 수 있을까요?

수치심은 죄책감과 밀접한 관련이 있는 감정 요소로, 그 바탕에는 자신이 선천적으로 결함이 있는 사람이며, 벌을 받아 마땅한 나쁜 사람이고, 용서받지 못할 짓을 했으며, 그래서 다른 사람들이나 신의 비난을 듣게 될 거라는 생각이 자리 잡고 있습니다.

이런 생각은 여러분이 누구인지에 대한 오해에서 비롯되었습니다. 물론 양심이라고 하는 것 덕분에 비교적 경험이 적은 영혼, 즉 어린 영혼이나 젊은 영혼이 어떤 행동이 인류를 고양시키고 어떤 행동이 인간성을 억압하거나 영적 성장을 방해하는지 배우는 데 도움을 받을 수 있습니다. 자신이 다른 사람의 성장을 방해하는 행동을 했다는 생각이 들었을 때 불편한 느낌이 올라올 수 있는데, 이것을 양심이라고 합니다. 그런데 이 말을, 내가 이 영혼의 자유 의지를 방해했으니 나는 나쁜 사람이라는 의미로 받아들일 경우 양심은 죄책감이 되고 이것이 수치심이라는 감정으로 이어집니다.

그런 수치심은 어떻게 치유하죠? 수치심을 직면하고 호흡을 통해 다루는 방법이 있을까요?

여러분 자신이 누구인지를 기억함으로써 치유할 수 있습니다. 여러분이 판단과 비난을 넘어선 존재임을 깨달음으로써 치유할 수 있습니다. 여러분은 신의 아름다운 자녀입니다. 여러분이 설령 인간적 차원에서 나쁘게 행동했더라도 영적 차원에서 여러분은 본질적으로 결백합니다.

부디 인간적인 '행동'과 영적 존재인 여러분 '자신'을 구별하십시오. 여러분이 여전히 신의 죄 없는 자녀임을 인식하십시오. 그러면 여러분은 자신의 나쁜 행동을 용서할 수 있습니다. 네, 여러분은 자신이 한 행동을 반복하지 않겠다고 다짐하고 싶을 수도 있습니다. 그러나 일단 그 행동에 따른 교훈을 배우고 나면 더 이상 그럴 이유가 없습니다.

여러분은 난로가 뜨겁다는 것을 몰라서 손을 덴 어린아이와 같습니다. 만일 그 뒤로도 계속 난로를 만져 손을 덴다면 여러분에게 문제가 있는 것입니다. 그러니 자신의 실수로부터 배우십시오. 그러면 자신을 용서하고 앞으로 나아갈 수 있습니다.

수치심을 언제까지나 끌어안고 있을 필요는 전혀 없습니다.

우리가 기쁨을 추구할 때든, 고통을 피하려 할 때든, 인생의 갈림길에 섰을 때든, 항상 "나의 상위 자아는 이런 상황에서 어떻게 할까?" 하고 자문해야 한다고 하셨어요. 이에 대해 좀 더 말씀해 주시겠습니까?

조금은 선禪 같기도 하고 "실제로 그렇게 될 때까지 실제인 듯이 행동하라"는 할리우드 조언 같기도 한 말인데, 자신의 근원이 에고로부터 비롯된 것처럼 생각되더라도 마치 상위 자아로부터 비롯된 것처럼 여기라는 것입니다. 그런데 이 말은 실제로 효과가 있습니다. 여러분은 이미 상위 자아이고, 또 에고는 궁극적으로 존재하지 않기 때문입니다. 에고는 환상입니다. 에고는 분리에 대한 믿음에서 생겨난 것입니다.

따라서 어떤 일에든 자신이 이미 상위 자아인 것처럼 접근하면, 여러분은 잠재 의식적 마음에게 이미 그렇다는 것을 설득하고 있는 것입니다. 그렇게 해서 여러분이 상위 자아임을 잠재 의식적 마음이 믿게 되면, 그 마음은 "좋아, 나는 상위 자아야" 하고 말하면서 그 상위 자아와 정렬하게 됩니다.

이렇게 하는 것은 정말 효과가 있습니다. 마음을 속이는 말이지만 효과가 있습니다.

'타임라인 힐링Timeline Healing'을 시행하고 주관하고 계신데, 그게 어떤 것인지 간략하게 설명해 주시겠습니까?

'타임라인 힐링'은 매우 강력한 치료법으로, 지금 채널링을 하고 있는 살바토레가 일반적인 심리 치료보다 훨씬 강력하다는 것을 이미 체험한 바 있습니다. 이 치료법에는 시간 여행이 들어 있습니다. 즉 시간을 거슬러가서 과거의 자신을 치유하는 것입니다.

이 치료법은 아크투루스 인들에 의해 살바토레에게 직접 전해졌습니다. 이것과 가장 유사한 치료법들로는 전생 퇴행 요법, 세타 힐링Theta Healing(비안나 스티발이 개발한, 세타파 상태를 이용한 에너지 치유법—옮긴이), 최면 요법, 실바 메소드Silva Method(호세 실바가 개발한, 이완, 고급 두뇌 기능 향상, 투시력 등을 통해 개인의 능력을 끌어올려 주는 자가 명상 프로그램—옮긴이) 같은 것이 있습니다. 더 자세한 내용을 알고 싶은 분은 살바토레의 웹사이트(www.salrachele.com)를 찾아보시길 바랍니다.

다른 차원의 존재들이 우리가 여기 지구에서 의식을 고양시키고 깨어나는 데 힘을 보태주거나 관심을 가지고 있나요? 그 일이 그 존재들에게도 어떤 식으로든 유익이 되는 건가요?

물론입니다. 예를 들어 아크투루스Arcturus 항성계(목동자리의 가장 큰 별로 '대각성大角星'이라고도 하며, 밤하늘에서 시리우스, 카노푸스에 이어 세 번째로 밝은 별이다―옮긴이)에서 온 고도로 진화한 존재들인 아크투루스 인들이 있습니다. 이들은 지구와 관련된 카르마가 없습니다. 이들은 과거에 자신들이 한 어떤 것을 바로잡기 위해 와 있는 것이 아닙니다.

다만 이들은 인류에 대해 큰 사랑을 지니고 있고, 그래서 오래전부터 여러분을 방문해 왔습니다. 이들은 커다란 지진이나 화산 폭발이 인구 밀집 지역에서 발생하지 않도록 하는 중요한 역할을 맡고 있는데, 그 성공률이 96퍼센트 정도입니다. 이들은 인류가 대격변을 너무 많이 겪지 않고 함께 살아갈 수 있도록 한 자신들의 역할에 매우 흡족해하고 있습니다.

지금 채널링을 하고 있는 살바토레에게도, 건강 문제를 겪고 있는 많은 고객들에게 육체적·에테르적 치유를 베푸는 아크투루스 인 그룹이 있습니다. 이들은 인류의 미래를 깊이 걱정하면서도 또한 자유의지를 존중하므로 제한된 방법으로만 개입하고 있습니다. 이들은 지구의 전자기 격자 시스템의 균형을 유지해 큰 재해를 예방하도록 신으로부터 허락을 받았습니다.

오늘날 지구의 차원 진동을 숫자로 표현한다면 어떻게 될까요?

지구는 4밀도 의식의 중간, 4.5가 조금 넘는 진동을 지나고 있습니다. 그에 반해 인류는 3밀도의 3분의 2 지점, 약 3.75의 진동 상태에 있습니다. 따라서 인류의 복합 진동과 지구의 주변 진동 사이에는 0.75 정도의 간격이 있습니다. 바로 이것이 일부 사람들의 면역 체계가 무너지고 이종異種 바이러스와 박테리아에 시달리고 있는 이유의 하나입니다. 이것은 인류 전체가 혹은 적어도 4분의 3이 3밀도 의식에서, 즉 희생자 의식과 추종conformity 의식에서 벗어나지 못했기 때문입니다.

일부 집단들 사이에서 유행하고 있는 낱말이 하나 있습니다. 교사나 구루나 유명인을 맹목적으로 추종하면서 스스로 지구의 진동에서 점점 더 어긋나는 쪽으로 나아가는, '양sheep'처럼 행동하는 '사람들people'이라는 의미의 '쉬플sheeple'이 그것입니다. 이런 사람들의 다수가 4밀도 지구의 일부가 될 준비가 되지 않았기 때문에, 결국 다른 3밀도 행성으로 환생하게 될 겁니다. 우주는 이런 영혼들을 위한 기준과 균형과 무한한 자비를 지니고 있으며, 이들이 앞으로 나아갈 준비가 될 때까지 3밀도에 더 머무를 수 있는 행성 시스템도 많이 있습니다.

정말 멋집니다, 살바토레! 전해주신 말씀과 격려에, 그리고 생생히 느껴지는 사랑에 살바토레와 함께 파운더스에게도 감사드립니다. 끝으로 더 해주실 말씀은 없나요?

우리가 여러분 한 분 한 분을 사랑한다는 것, 또 이 시간이 정말로 즐거웠다는 말씀을 드리고 싶습니다.

살바토레와 그의 책, 그리고 파운더스에 대해 더 알고 싶은 분들은 살바토레의 웹사이트 www.salrachele.com을 방문하시기 바랍니다.

CHAPTER **3**

지구에서
상승한 마스터로 살아가기

사라 랜던이 전하는 '위원회'의 메시지

사라 랜던에 대해

자신의 잠재력을 최대한 발휘하는 삶에 관심이 많은 사라 랜던Sara Landon은 지구의 진동을 높이는 데 기여하는 리더, 선구자, 그리고 변화를 만드는 사람들을 안내하는 일을 하고 있습니다. 사람들이 인간 경험의 한계라고 생각하는 것을 뛰어넘어 오늘날의 세계에 뿌리 내리면서도 마스터로 살아갈 수 있도록 길을 밝혀주는 역할을 하기도 합니다.

또한 '위원회The Council'의 채널러로서 자신에게 전해지는 지혜와 가르침을 끝까지 실천하는 학생이 되고자 애쓰면서, 의식적으로 완벽한 창조를 마스터하는 데 몰두하고 있습니다. 가능성에 대한 더 넓은 관점을 전하는 순수한 채널러가 되는 것, 그리고 누구나 더 높은 차원의 의식과 안내에 연결될 수 있는 똑같은 능력이 있음을 깨닫도록 돕는 것이 사라가 하려는 일입니다.

사라는 모든 존재가 다른 존재들과, 이 행성과, 동물들과, 또한 자신의 내면과 조화를 이루며 살아가는 완전히 깨어난 세계를 그립니다. 또한 새로운 수준의 에너지 안에서 행동할 준비가 된 사람들이 원래부터 자신과 하나였던 모든 것과 재연결된 상태로 이 깨어남의 시기를 살고, 사랑하고, 이끌어갈 수 있도록 돕고 있습니다.

사라는 최근 베스트셀러가 된 세 권의 책,《위원회의 지혜The Wisdom of the Council》《여정, 영원, 그리고 신The Journey, Eternity, and God》(마이크 둘리와 공저)《당신이 채널이다You Are A Channel》의 저자이기도 합니다. 각각의 책에서 사라와 위원회는 자신들에게 귀를 기울이고 있는 사람들에게 지금 여기에서 자신의 진정한 영적 본성을 자각하고 자신의 진정한 본성인 마스터로 살아갈 것을 촉구하고 있습니다.

위원회 여러분, 안녕하세요? 그럼 시작할까요?

여러분과 이야기를 나누게 되어 매우 기쁩니다. 우리가 여러분에게 전하는 이야기도 중요하지만, 지금 이 자리는 여러분이 진정 누구이며, 왜 이곳에 왔는지, 그리고 여러분이 이 장엄한 인생 경험을 하기로 선택했을 때 품은 의도가 무엇이었는지 그 진실을 기억하는 진동적인 경험의 장이라는 점을 상기시켜 드립니다. 우리의 이야기를 듣고 나면 여러분은 자신의 삶이 여러분에게 아주 좋은 것이 되도록 정해져 있다는 사실을 확신하게 될 것입니다.

지구에서 상승한 마스터로 살아가기

여러분의 삶의 목적은 기쁨과 자유입니다. 여러분이 이 시기에 이 장엄한 행성에 환생하기로 선택한 이유는 가장 위대한 깨어남에 참여하기 위해서, 즉 이전의 어떤 생애에서도 일어난 적 없는 인간 의식의 가장 위대한 변형에 참여하기 위해서입니다. 그것은 여러분의 진동과 의식이 상승하는 것이고, 여러분 자신이 깨어나는 것이며,

인간 의식의 위대한 변형에 적극 기여하면서 여러분 자신의 위대한 변형을 이루는 것입니다.

인류가 자신이 누구인지를 기억하게 될 이 장엄한 순간에 여러분은 이곳에 있기로 선택했습니다. 인류가 완전히 깨어날 때—즉 여러분 자신이 누구인지 기억해 낼 때—여러분은 모든 사람들에게 가능성과 잠재력과 기회가 열리도록 하고 있는 것입니다. 진실로 인류와 여러분이 사랑하는 어머니 지구는 이 광대하고 찬란한 우주 안에서 훨씬 원대한 목적을 지니고 있습니다.

여러분은 모든 것입니다. 여러분의 인생 경험에서 가장 중요한 것은 그 모든 것에 대한 완전한 깨달음에 이르는 것입니다. 여러분은 힘이고 사랑이며 의식입니다. 깨달음은 여러분의 모든 부분을 그 힘 안으로, 그 사랑 안으로, 그 의식의 힘의 장 안으로 통합하는 것입니다.

여러분은 장엄한 존재입니다. 이제 여러분은 자신이 이곳 지구에 존재하고 있는 상승한 마스터임을 온전히 알아가기 시작했고, 자신의 본성인 마스터의 모습을 구현하기 시작했습니다. '만유All-That-Is'는 여러분에게 지구상에서 육화한 마스터로서 살아갈 것을 요청했고, 여러분은 의식과 진동과 주파수의 새로운 수준, 즉 기쁨과 사랑과 자유와 풍요와 행복과 아름다움의 수준에 도달해 있습니다. '만유'는 여러분이 온전한 삶을 살아갈 것을 요청했습니다. 삶의 모든 현재 순간들에 여러분인 모든 것이 되어 온전히 사랑할 것을 요청했습니다.

그렇게 살기 위해서는 어떤 이유로든 여러분의 가치나 장엄함을 의심하거나 부정하지 않아야 합니다. 여러분이 이것을 하지 못했다거나 저것을 하지 못했다는 것은 이유가 되지 못합니다. 일말의 좌절감을 느끼거나 저항감을 느끼거나 화가 난다거나 하는 것도 이유가 되지 못합니다. 여러분의 가치나 여러분의 장엄함이나 여러분의 힘을 부정할 만한 이유는 어디에도 없습니다. 여러분은 마스터이며 그 자체로 중요한 존재이기 때문입니다. 지금은 과거 어느 때보다도 더 여러분의 삶이 중요하고, 여러분의 사랑이 중요하고, 여러분이 누구인지가 중요합니다.

여러분 자신인 마스터로 사십시오. 자신을 의심한다거나, 자신이 사랑받는 존재요 가치 있는 존재이며 충분한 존재임을 부정하면, 여러분은 분리 상태에 머물게 됩니다. 그러면 여러분의 진동은 낮아지고, 여러분의 의식은 제한됩니다. 또한 여러분이 필요로 하는 모든 것을, 심지어 그것이 필요하다는 것을 깨닫기도 전에, 더 높은 의식 수준에서 정한 대로 매순간 자신에게 주어지는 근원 에너지를 끌어와 현실에 구현하는 것을 방해합니다.

여러분의 영혼은 언제나 여러분보다 앞서서 여러분을 위해 최고·최선의 것, 즉 여러분의 인간 your human (위원회는 우리의 에고적·육체적인 관점을 '여러분의 인간 your human'이라 지칭한다)이 바랄 수 있는 어떤 것보다 더 여러분을 놀라게 하고 기쁘게 하고 만족스럽게 할 것을 가져다줍니다.

우리는 여러분의 육체적 감각이 눈에 보이는 것만을 유일한 현실로 여기도록 조정되어 있다는 것을 압니다. 그러나 인식을 고양시켜, 여러분이 스스로 탐험하고 발견하도록 허용해 온 것보다 훨씬 많은 것이 존재한다는 걸 지각하기를 바랍니다.

여러분은 '의식의 힘의 장force field of consciousness'입니다. 이것이 여러분의 본성입니다. 여러분은 빛이고 사랑이고 영혼이지만, 동시에 에너지를 끌어와 형태로 만드는 의식의 힘의 장이기도 합니다. 여러분은 바로 이 공식을 위해 이곳에 왔습니다. 여러분은 더 많은 풍요, 더 많은 사랑, 더 많은 기쁨, 더 많은 자유, 더 많은 행복, 더 많은 창의성, 더 많은 영감, 더 많은 모든 것 등 여러분이 원하는 것이 무엇이건 그것이 형태로 드러나도록 하기 위해 이곳에 온 것입니다. 그래야 여러분 자신만이 아니라 모든 인류가 의식과 잠재력과 가능성과 기회를 확장시킬 수 있기 때문이에요.

여러분은 여기 지구에 상승한 마스터로서 존재합니다. 여러분이 지금 이 글을 읽고 있다면, 여러분이 이 글을 자신에게 끌어온 것입니다. 여러분이 여러분 자신에게 이 정보를 채널링한 것입니다. 여러분이 진정 누구이며 왜 이곳에 있는지에 대한 정보를 끌어온 것은 여러분 자신입니다. 여러분이 우리이고, 우리가 여러분입니다. 우리가 여러분 앞에 나타난 것은 우리가 그러기로 약속했기 때문이며, 더 이상 여러분이 진정 누구인지 다시는 잊지 않도록 하기 위함입니다. 우리가 온 것은 여러분에게 자신의 현실을 창조할 수 있는 힘이 있음을 상기시키기 위해서이며, 여러분 자신이기도 한 의식의 힘의 장에 모든 순간 자신을 맞출 수 있고 세상을 창조하는 에너지를 불러올 수 있음을 상기시키기 위해서입니다.

▎의식의 힘의 장

지금 여러분은 여러분의 세계와 여러분의 현실을 창조하고 있습니다.

　현실은 여러분을 '통해' 움직이며, 여러분이 의식과 진동을 높이면 여러분의 운명이 여러분에게 다가옵니다. 그리하여 여러분에게 최고의 선이 되는 것, 최고의 목적이 되는 것, 최고의 잠재력이 되는 것, 최고의 기쁨이 되는 것이 여러분에게 모습을 드러낼 것입니다. 이것은 여러분이 이제 더 이상 자신의 현실에서 분리를 경험하지 않게 되었기 때문입니다.

　'지상 천국'이니 '새 땅New Earth'이니 하는 것은 여러분이 승천을 하거나 육체를 벗고 이곳을 떠난 뒤에 어딘가 다른 데서 펼쳐지는 것이 아닙니다. 그것은 여러분이 가는 어떤 장소가 아닙니다. 그것은 의식의 상태이며, 여러분이 무엇을 하든 모든 순간에 누릴 수 있습니다.

　지상 천국이 어떤 것인지 그 의미를 한번 상상해 보십시오. 모든 사람이 누릴 수 있는 아름다움과 평화, 기쁨, 풍요, 조화, 행복, 자유, 사랑을 떠올려봅니다. 마스터들이여, 여러분은 바로 이런 것들을 창조하기 위해 이곳에 왔습니다. 여러분의 천국을, 여러분의 새 땅을 창조하기 위해서 왔습니다. 그렇게 할 때 다른 모든 인류 역시 자기 안의 진리로 돌아가는 길을 찾고 그들 자신인 모든 것을 깨닫기가 더 쉬워지기 때문입니다.

　여러분은 이 세상에서 여러분이 원하는 것은 무엇이든 끌어낼 수 있습니다. 의식의 고양을 통해 여러분은 자유와 기쁨, 평화, 조화, 행복, 풍요를 얻을 수 있습니다. 힘이나 노력, 두려움, 싸움, 분리를 통해서가 아니라 내면의 창조를 통해서 말입니다. 그렇게 여러분은 모든 인류 가족에게 긍정적인 영향을 끼칠 것이고, 그들 역시 준비가 된 모든 사람들에게 원하는 것이 무엇이든 스스로 선택할 수 있다는 것을 기억하도록 할 것입니다.

'깨달음enlightenment'이라고도 부르는 '자각realization'은 여러분에게 어떤 순간에든 일어날 수 있어요. 그런데 사랑하는 여러분은—우리는 여러분을 아주 많이 사랑합니다—훌륭해지기 위해, 먹고살기 위해, 자신에게 기쁨을 주는 일들에서 가치를 느끼기 위해, 즉 자신이 좋아하는 일을 하는 것이 가치 있다고 느끼고, 그리하여 놀고 즐길 만한 가치가 있다고 느끼기 위해 끊임없이 뭔가를 더, 더, 더 많이, 많이, 많이 하려고만 듭니다. 하지만 세상은 그런 식으로 돌아가지 않습니다.

여러분의 가치와 장엄함을 부정할 이유가 없습니다. 이 지구에서 자신의 빛과 장엄함과 눈부심을 증명하기 위해 할 수 있는 일은 아무것도 없습니다. 여러분의 충분함은 차고도 넘칩니다. 여러분이 충분함 이상이라는 증거는 바로 여러분이 이 시기에 몸을 입고 이곳에 와 있다는 사실입니다. 할 필요가 있는 것들, 해야 한다고 생각하는 것들, 하기로 되어 있는 것들을 모두 놓아버리십시오. 이미 알다시피 여러분에게는 항상 해야 할 일들이 더 많게 마련이니까요.

매 순간 여러분이 자신의 힘 안에 있는 상태에서, 자각 안에 있는 상태에서, 깨달음 또는 지상 천국의 상태에서 모든 일은 여러분을 통해 이루어집니다. 다시 말씀드리지만 현실은 여러분을 통해 움직입니다. 여러분의 운명이 여러분에게 다가옵니다. 이것은 여러분이라는 의식의 힘의 장이, 늘 여러분에게 반응하는 '무한 창조Infinite

Creation'의 입자들로 구성되어 있기 때문입니다.

무한 창조의 입자들이 여러분을 둘러싸고 있다는 사실을 이해하십시오. 여러분이 의식을 확장하면, 힘의 장이 확장되면서 더 많은 입자들이 반응하게 됩니다. 의식의 확장은 여러분에게 기쁨을 가져다주는 행위를 더 많이 함으로써, 좋아하는 일, 신명나는 일을 더 많이 함으로써 가능합니다. 그러면 여러분에게 필요한 것이, 아니 그 이상의 것이 여러분이 그 필요성을 미처 깨닫기도 전에 여러분 앞에 나타나게 됩니다.

여러분은 여러분이 원하는 것을 얻는 것이 아닙니다. 여러분이 얻게 될 것은 여러분 자신입니다. 여러분이 지각하고 있는 것보다 더 많은 것을, 여러분이 느끼고 있는 것보다 더 많은 것을, 여러분이 마음을 쏟고 있는 것보다 더 많은 것을 얻게 될 것입니다. 따라서 여러분이 지닌 풍요에 마음을 쏟으면 그보다 많은 것이 올 것입니다. 여러분이 지닌 사랑에 마음을 쏟으면 그보다 많은 것이 올 것입니다. 무한 창조의 입자들이 항상 반응하고 있기 때문에, 여러분이 지닌 것과 똑같은 것이 더 많이 끌려오게 됩니다. 바로 이것이 여러분이 의식을 고양하여 여러분의 진정한 본성과 정렬시킴으로써 에너지를 불러내고 이 에너지가 여러분의 현실 속에 드러나 '참된 창조True Creation'가 일어나도록 하는 과정입니다.

여러분의 가장 큰 목적은 매 순간 최고의 잠재력을 발휘하며, 최고로 신명나게 살고, 최고의 기쁨을 느끼며 사는 것입니다. 이것이야말로 여러분이 인류와 여러분 세상을 위해 기여하고 봉사하고 긍정적으로 영향을 끼칠 수 있는 가장 위대한 일입니다.

❙ '참된 창조'의 기술

자각과 관련해서 의도는 어떤 역할을 하나요? 의도가 중요한가요? 깨어나겠다는 의도를 품는 것이 오히려 깨어남을 방해하게 되나요? 깨어나겠다는 의도를 품어야 할까요, 아니면 예를 들어 저의 어린 딸과 시간을 보내며 그저 기쁨을 추구하기만 하면 될까요?

순응하기surrendering는 저 같은 사람한테는 어려운 개념입니다. '의도 및 의도적인 깨어남'과 '그냥 나가서 즐겁고 행복한 시간을 보내면 사랑이 넘쳐날 것'이라는 생각 사이에서 어떻게 균형을 찾을 수 있을까요?

여기, 여러분에게 크게 도움이 될 만한 것이 몇 가지 있습니다. 첫째로, 여러분이 사랑하는 것은 '무엇이든' 여러분을 깨울 힘이 있다는 것입니다. 무엇이든지요. 여기에는 여러분의 딸도 포함됩니다. 딸과 함께 있는 것도, 딸에게서 느끼는 사랑도요. 딸이 태어나던 날 느낀 사랑을 떠올릴 때, 또는 딸에게 아주 큰 사랑을 느낀 순간들을 떠올릴 때, 여러분은 자각과 깨달음에 가장 가까이 가 있었습니다. 이것은 순전히 여러분이 느낀 감정 덕분입니다. 여러분은 그런 순간에 무엇을 느꼈나요? 그것은 온몸의 세포를 통해 솟아나는 사랑이었고, 가슴속에서 반짝거리는 세상의 빛이었습니다.

자, 깨달음이 뭐라고 생각하십니까? 그것은 '신성Divine'의 현존, 곧 신성한 사랑의 현존입니다. 그것은 '신God'의 현존입니다. 바로 여러분 앞에 있고 여러분 안에 있으며 여러분을 온통 둘러싸고 있는 근원source입니다. 여러분은 몸 안의 모든 세포에서 그 존재를 느끼고 있습니다. 바로 그것이 자각이고 깨달음입니다. 바로 그것이 상승입니다. 그러므로 여러분이 사랑하는 모든 사람은, 누군가가 사랑하는 모든 것은—심지어 그것이 과학이든 수학이든 정말로, 정말로, 정말로 그것을 사랑하고 열정을 품고 있다면—그 사랑하는 당사자를 깨우고, 시야와 인식을 넓혀주며, 저 너머의 세계를 인식하는 능력과 자각 또는 깨달음의 상태를 느낄 수 있는 능력을 키워줍니다. 이것이 가장 빠른 길입니다. 다른 길은 있을 수 없습니다.

자각을 향한 의도와 관련해 우리는 순간에 존재하기, 현재에 머물기, 그리고 상상력에 대해 이야기하려고 합니다.

상상력은 순수한 잠재력의 영역으로, 이 순간에 현존하기를 통해 발휘할 수 있습니다. 상상한다는 것은 '참된 창조'에 필요한 다양한 잠재력들을 탐색하고, 완벽한 창조 과정을 통해 경험과 꿈, 욕망을 실현하기 위해서 의식을 끌어올리는 것입니다.

여러분이 자신을 상승한 마스터로서 이미 깨달음을 얻은 존재라고 상상할 때, 여러분은 '의식의 힘의 장'에 홀로그램 이미지를 투사해 '무한 창조'의 입자들이 반응하도록 하는 것입니다. 그리고 그 과정에서, 모든 현실 창조가 그렇듯이, 여러분은 자신의 원래 의도에 담긴 느낌과 일치하는 형태로 최고의 현실을 구현해 내게 됩니다. 모든 것이 '참된 창조'의 과정을 통해 가장 쉽게, 아무 노력도 필요 없이, 최대한 조화로운 방식으로 이루어지는 것입니다.

여러분이 미소 가득한 얼굴로 햇살 속을 걷고 있다고, 바람은 머리칼을 가르고 새와 나비 등 자연의 아름다움이 주위를 둘러싸고 있고, 여러분과 사랑하는 아내 곁으로 딸이 뛰어다니고 있다고 상상해 보십시오. 온몸이 행복감과 기쁨으로 가득 차오르고, 자신이 모든 것과 조화를 이루고 있음을 느껴봅니다. 그 느낌을 실제로 느껴 보는 것입니다. 그 모습이 보이나요? 이 비전을 더욱 확장해서, 깨달음이 어떤 모습이고 어떤 느낌일지 더 깊이 들어가 볼 수 있을까요? 그것은 여러분의 몫이고, 여러분의 일입니다. 여러분은 그것을 하려고 여기에 있는 것입니다.

이제 그런 깨달음이 언제, 어디서, 어떻게 일어나게 될지에 대해서는 다 내려놓습니다. 다음에 무슨 일이 일어날지에 대한 기대도 모두 놓아버립니다. 여러분은 말 그대로 이미 그것을 창조했기 때문입니다. 여러분은 상상력의 힘을 통해 자신을 집중시킴으로써 가능성의 영역에 있는 것을 지금 순간에 활용할 수 있도록 끌어왔습니다. 여러분이 그것을 창조했습니다. 여러분은 의식을 통해 자신을 물리적으로 움직임으로써, 그 현실이 완전히 실현되고 있다고 느낄 수 있는 경험 속으로 에너지를 불러냈습니다. 이것이 바로 여러분 자신인 '깨어 있는 마스터'로 사는 것입니다.

이제 그 다음의 완벽한 단계가 여러분을 찾아오도록 합니다. 그 에너지를 따라가면서, 그 빛이 여러분의 길을 안내하도록 하는 것입니다. 여러분에게 가장 큰 기쁨이 되는 일, 여러분을 가장 신명나게 하는 일, 여러분을 환하게 빛나도록 해주는 일, 여러분이 사랑하는 일을 하면 됩니다.

여러분에게는 가족을 위해 하는 일도 있고 직원이나 공동체를 위해 하는 일도 있는 등 많은 책임이 있다는 것을 우리는 알고 있습니다. 우리는 이 모든 것이 여러분이 해야 할 일이란 걸 잘 압니다. 그러나 여러분은 지금 이 일을 사랑합니다. 이 일을 사랑하면서 큰 기쁨을 느낍니다. 그러니 그 사랑과 기쁨을 여러분이 하고 있는 일 속으로 가져오십시오. 그 일은 여러분이 '선택'했고, 의무적으로 해야 해서가 아니라 할 만해서 선택했다는 것을 아십시오. 만일 어떤 일이 여러분을 빛나게 해주지 않거나, 흐름 속에 있다고 느껴지지 않거나, 그다지 즐겁지 않다면, 어떤 순간이 되었든 그 일을 멈춥니다.

사람들은 자신이 해야 한다고 생각하는 일이나 남들이 자신에게 기대하는 일을 하면서 평생을 보냅니다. "아직은 충분하지 않아" "아직은 가치가 없어" "아직은 즐기면 안 돼" 하는 생각과 함께 모든 일을 의무감에서 하기도 합니다. 그러나 만약 특정 방향으로 에너지를 억지로 밀어붙이는 행위를 멈춘다면, 여러분은 매우 빠르고 쉽게 자신을 훈련시킬 수 있습니다.

더 이상 무의식적인 프로그램을 따르지 마세요. 잠시 멈추고 호흡을 고릅니다. 만약 에너지를 자신이 생각하는 쪽으로 억지로 밀어붙이려 한다면 그런 자신을 붙잡아 세웁니다. 여러분의 모든 힘은 언제나 지금 이 순간에 존재합니다. 지금 이 순간 영감이 이끄는 대로 따르십시오. 영감은 여러분에게 빛을 밝혀주는 것이 무엇이고 에너지가 있는 곳이 어디인지 알고 있습니다. 영감은 여러분의 영혼, 상위자아, 팀, 안내자들, 또는 여러분이 무엇이라 불러도 좋은 바로 그것으로부터 옵니다. 영감은 더 높은 마음에서, 다시 말해 육체 감각의 한계를 넘어선 더 높은 차원의 의식과 앎으로부터 옵니다.

영감은 충동처럼 찾아와서 이렇게 말합니다. "이걸 해야 하지만, 그렇다고 에너지를 억지로 밀어붙이진 않을 거야." "잠시 멈춰서 심호흡을 좀 해야겠어." 영감은 또 이렇게 묻기도 합니다. "나에게 기쁨을 주는 게 뭐지?" "정말로 재미있는 게 뭐야?" "지금 이 순간에 내가 하고 싶은 일이 뭐지?"

그 일이 여러분의 의도와 관련이 없어 보일 수도 있습니다. 동네 커피숍이나 샌드위치 가게에 가고 싶다거나 혼자 식사를 하러 나가야겠다는 마음이 들 수도 있고, 나가서 걷거나 뛰어야겠다는 생각이 들 수도 있습니다. 이런 것들은 여러분의 애초 의도와 전혀 관련이 없어 보입니다. 하지만 그런 생각에 불이 켜졌고, 그래서 여러분은 밖으로 나섭니다. 그러자 어떤 신호sign가 나타나고, 동시성이 드러납니다. 사람들의 대화를 우연히 듣게 되거나, 문득 완벽한 영감이 떠오르는 겁니다. 그 영감은 아마도 여러분의 원래 의도와 관련된 것일 가능성이 큽니다.

이것이 에너지를 따르는 것, 빛이 길을 밝히도록 하는 것입니다. 여러분이 아무 행동도 하지 않는다는 의미가 아닙니다. 사실 여러분은 많은 행동을 합니다. 그러나 그것은 영감에 따른 행동입니다. 이런 행동은 결핍이나 한계, 분리, 두려움, 저항 같은 것에서 비롯된, 힘과 노력을 들여서 하던 예전의 행동과는 다릅니다. 그것은 영감에서 나오는 행동이고, 여러분이 진정으로 더 많이 원하는 것입니다. 더 많은 영감, 더 많은 창의성, 더 많은 열의, 더 많은 열정, 더 많은 신성한 조화, 더 많은 동시성, 더 많은 마법, 더 많은 기적, 그리고 진동과 의식을 높여 여러분의 본성인 상승한 마스터로 살아갈 때 지극히 자연스럽게 따라오는 모든 것들……

　이것은 누구나 다 할 수 있습니다. 여러분 모두 이런 능력을 지니고 있습니다. 여러분 모두 이 힘을 지니고 있습니다. 여러분 모두 여러분에게 기쁨을 주는 일을 하면서 여러분이 사랑하는 삶을 살아갈 자격이 있습니다. 여러분은 진정한 자신이 되고, 온전히 살며, 온전히 사랑하는 자유를 누릴 자격이 있습니다. 여러분은 풍요를 누릴 자격이 있습니다. 여러분은 행복을 누릴 자격이 있고, 사랑받을 자격이 있습니다.

　여러분은 스스로 그 필요성을 알아채기도 전에 '참된 창조'가 이루어지는 것을 볼 자격이 있습니다. 여러분에게 이러한 자격이 있기 때문에 우리는 자기 존중이 깨달음의 토대라고 말하는 것입니다. 만일 여러분이 상승한 마스터, 깨달은 마스터가 되기 위해서는 뭔가가 필요하다는 생각을 놓지 못한다면, 여러분은 결코 거기에 이르지 못할 것입니다. 이미 여러분에게 진실인 것을 얻기 위해 여러분이 '할 수 있는 것'은 없기 때문입니다. 이해가 되시나요?

　네, 이해됩니다. 그런데 우리는 '내면 작업'을 해야 한다는 이야기도 듣고 있는데, 이건 우리가 자격이 없다거나 최소한 준비가 되지 않았다는 말 아닌가요?

　우리한테서는 그런 말을 듣지 않을 것입니다.

물론 위원회로부터 그런 말을 듣지는 않았어요. 하지만 우리한테는 버려야 할 짐이나 아직 직면하지 못한 문제, 해소되지 않은 두려움, 혹은 인정받지 못한 불만 같은 것이 남아 있지 않나요?

※

깨달음의 순간, 과거는 치유됩니다. 모든 것은 온전합니다. 깨달음은 여러분의 온전함, 여러분의 완벽함, 여러분의 완전함, 여러분의 장엄함 속으로 들어가는 것입니다. 그것은 여러분의 모든 부분을 온전함 속으로 통합하는 것입니다. 온전함이야말로 여러분의 진정한 진실입니다.

이제 의식의 여러 수준에 대해 간략하게 살펴보겠습니다.

의식의 수준

3차원

여러분은 거대한 집단 의식입니다. 여러분이 속해 있는 인류 집단은 대부분 3차원 상태에 있습니다. 이것은 개인의 의식 수준과 진동 또는 주파수에 따라 결정이 됩니다. 여러분이 압도되고 위축될 때, 좌절할 때, 저항할 때, 바쁠 때, 밀어붙일 때, 화가 날 때, 그럴 때 진동이 낮아집니다. 여러분이 자신이 원하는 것을 할 수 없는 이유에 대해, 자신이 아직 충분하지 않은 이유에 대해, 자신에게 해를 끼친 사람들에 대해, 자신이 부끄러움을 느껴야 할 만큼 잘못한 일들에 대해 스스로에게 어떤 이야기를 들려주고 있을 때, 여러분은 자신의 진동을 현저하게 떨어뜨리면서 분리의 경험 속으로 들어가게 됩니다.

분리 안에는 결핍이 있습니다. 여러분은 자신이 원하는 것으로부터 분리되고, 제한과 두려움이 생겨납니다. 그러면 여러분은 낮은 진동 속에서 힘들게 밀어붙이고 애를 쓰게 됩니다. 우리는 판단하는 법이 없습니다. 하지만 여러분이 세상에서 뭔가를 없애고 싶어 할 때 그 일은 모두 낮은 의식 수준에서 일어납니다. 바로 이 때문에 분리와 결핍과 제한과 두려움과 고통을 넘어선 수준으로 의식을 높이는 것만이 '새 땅'에서, '지상 천국'에서, 혹은 상승하고 깨달은 의식 상태에서 살기 원하는 이들이 나아갈 유일한 길이 되는 것입니다.

낮은 의식 수준으로는 이 세상에서 나쁜 것들을 없애지 못합니다. 여러분 자신을 고양하고 끌어올림으로써, 여러분은 다른 사람들이 스스로 선택할 준비가 되었을 때 그들이 나아갈 길을 창조할 수 있습니다. "나는 누구인가?" 하는 질문을 던지기 시작할 때, 나를 둘러싼 환경이 곧 내가 아니고, 내가 처한 조건이 내가 아니며, 나의 스토리들이 내가 아니고, 내 안의 치유되지 않은 부분들과 나를 제한하는 것들이 내가 아님을 이해하기 시작할 때, 여러분은 자신의 스토리와 그 밖의 모든 것을 바꿀 수 있다는 걸 깨닫기 시작할 것입니다. 물론 이 자리에 계신 분들은 이미 이 진실을 알고 계실 겁니다. 그러지 않다면 이 정보를 발견하지 못했겠지요.

4차원과 5차원

여러분이 진동을 높여 우리가 4차원이라고 부르는 곳으로 의식을 끌어 올리면 여러분은 변형에 기반한 차원으로 들어가게 됩니다. 이 차원에서 여러분은 변화하고 변형할 수 있습니다. 자신의 육체와 상황과 조건을 변화시킬 수 있고, 육체를 치유하고 과거의 트라우마를 치유할 수 있으며, 사물을 변화시키고 바로잡는 작업도 할 수 있습니다. 자신이 원하는 것을 결정하고 구현해 낼 수도 있습니다. 이는 한마디로 변형의 차원입니다. 많은 사람들이 몇 년, 몇십 년, 때로는 평생을 이 차원에 머물면서, 변형하고 변화시키고, 또 자신이 무엇을 좋아하지 않는지 판단하기 위해 지속적으로 노력하게 됩니다.

여러분의 여정에서 겪는 모든 일은 여러분에게 도움이 됩니다.

4차원을 벗어나 5차원으로 들어가는 마지막 단계는 자신에 대한 판단, 자신의 몸에 대한 판단, 그 밖의 것들에 대한 판단을 놓아버리는 것입니다. 판단을 할 때마다 여러분은 자신이 원하는 것을 누릴 자격이나 가치가 있다고 느끼기 위해, 더 고치고 바꾸고 치유해야 한다는 생각에 얽매이게 되기 때문입니다.

5차원은 순수한 사랑입니다. 그곳은 여러분의 행복과 풍요가 보장되는 곳입니다. 여러분의 모든 부분들이 하나임과 깨달음의 상태로 통합됩니다. 여러분은 자신이 곧 마스터임을 알게 됩니다.

'일을 한다'고 생각하지 않고 기쁨으로 움직이면 실제로 조화롭지 못한 패턴이나 부정, 판단 같은 것이 모두 수면 위로 떠오르게 되지 않을까요? 그렇게 되면 우리는 당연히 그것들을 보고 통합하면서 즐거운 길을 계속 가게 되겠죠?

바라보고 통합하기를 두고 '작업work'이라고 부르는 사람들도 있을 겁니다. 어느 쪽이든 여러분은 사람들이 얼마나 과도하게 자기 분석을 할 수 있는지 잘 알고 있습니다.

5차원에서 경험하고 확장하고 창조하기를 원하는 것은 여러분의 영혼입니다. 따라서 우리는 '작업'이라는 말 대신 '인식awareness'이라는 말을 쓰고자 합니다. 여러분은 계속해서 새로운 인식의 수준들을 갖게 될까요? 인식을 확장하게 될까요? 전에는 결코 지각할 수 없었던 것들을 인식하게 될까요? 저 너머를 지각할 수 있게 될까요? 새롭고 더 큰 관점을 갖게 될까요? 그렇습니다. 그렇게 되기 위해 작업을 할 필요는 없습니다. 그것은 신나고 아름답고 놀랍고 마법 같은 특별한 여정—마이크가 좋아하는 표현으로는 '모험'—입니다.

새로운 인식 수준들은 늘 존재할 것입니다. 새로운 지각 방식들은 늘 존재할 것이고, 더 큰 관점은 항상 존재할 겁니다. 여러분이 자신을 위해 작업하고 처리하고 정리하는 것과 달리 우리는 모험이라는 진동을 지니고 있습니다. 우리는 판단하는 법이 없지만, 여러분이 스스로 얼마나 가치 있는 존재인지 알 때, 여러분이 모든 것임을 깨달을 때, 이 모든 것에 대한 더 많은 지각과 더 많은 인식과 더 광대한 관점이 있게 될 것입니다. 그리고 그럴 때 온전히 살고 온전히 사랑하며 여러분 자신인 모든 것이 될 기회는 더 많아질 것입니다.

3, 4, 5차원에 대해 말씀해 주셨는데, 지금 우리는 어디에 있고, 지금 이 순간 어떤 일이 일어나고 있는 겁니까? 우리가 막 3차원을 벗어나 이제

4차원에 있다고 하면 맞을까요?

———————— ⚛ ————————

그것은 여러분이 생각하는 것처럼 고정되어 있지 않습니다. 여러분은 어느 순간 3차원에 있으면서, 두려움이나 분리감을 느끼며 억지로 에너지를 밀어붙이는 자신을 보게 될 수도 있습니다. 그런 모습이 보이면 몇 번 심호흡을 하세요. 그런 다음 여러분에게 기쁨을 주는 것, 여러분이 사랑하는 것, 여러분을 신명나게 하는 것에 집중합니다. 그러면 영감이 느껴지고, 에너지의 흐름과 하나가 되며, 문득 새나 나비나 나무가 그 어느 때보다도 아름답게 보이는 순수한 사랑의 순간을 경험하게 될 것입니다. 그래서 모든 것을 허용하는 마음 상태로 자연 속으로 나가 자신에게 기쁨을 주는 일을 계속하게 될 수도 있습니다. 그때 이런 놀라운 동시성이나 기적적인 순간이 저절로 나타납니다. 이제 여러분은 5차원에 진입한 상태가 됩니다.

그런 상태로 집으로 돌아왔는데 어떤 일로 배우자가 화가 나 있고, 여러분은 문제를 해결해 배우자의 기분을 풀어주려고 노력합니다. 하지만 그러다 보면 여러분의 진동은 다시 느려지고 의식은 낮아집니다. 아마도 여러분은 다시 4차원으로 낮아져 있을지 모릅니다.

이것은 언제나 여러분의 의식 수준에 의해 결정됩니다. 의식 수준은 여러분의 진동률 또는 주파수에 따라 달라집니다. 여러분의 의식 수준이 그리고 진동과 주파수의 수준이 무엇보다 중요한 것이 될 때, 그때 여러분은 주변 세상에서 일어나는 일들과 상관없이 더 높은 의식 수준에서 살아가는 법을 이해하게 될 것입니다.

> 확실히 세상이 변형을 겪고 있습니다. 이게 물병자리 시대와 관련이 있나요? 마야력이 끝나고 새 달력이 시작되어서인가요? 〈요한계시록〉이 실현되는 건가요? 조금 불안하긴 하지만, 기대를 품을 만한 이유도 있다고 여겨집니다. 그런데 왜 하필 지금인가요? 지금 무슨 일이 일어나고 있나요?

여러분이 어떤 대상에 이런저런 이름이나 라벨을 붙이는 것을 이해합니다. 그런데 무언가에 이름을 붙이면 창조의 장엄함이 한계에 갇히기 시작합니다. 여러분은 순수한 잠재력이며, 무엇이든 어떤 것이든 가능합니다. 여러분은 자신의 현실을 창조하고 있습니다.

우리는 물병자리 시대라는 말을 전혀 부정하지 않아요. 여러분이 물병자리 시대에 대한 어떤 말을 들을 때, 즉 "지금은 진동이 더 높아지고 의식이 더 높아지며 사람들이 자신의 빛 몸 light body 으로 들어가기 시작하는 역사적으로 놀라운 시기"라는 식의 말을 들을 때, 이런 말은 여러분에게 진실처럼 와 닿을 것입니다. "그래, 물병자리 시대가 맞아. 내가 지금 읽고 있는 이 모든 내용이 내가 알고 있는 모든 것을 뒷받침해 주고 있잖아." 그러나 여러분은 여러분의 현실에서 그런 변화를 창조하기 위해 어떤 일이 일어나기를 기다리고 있을 필요가 없습니다.

여러분 주변 세상에서 일어나고 있는 것은 순전히 여러분의 관점에 의해 결정됩니다. 지금 지구는 과거 어느 때보다 풍요롭고, 여러분은 과거 어느 때보다 높은 의식 수준과 더 높은 진동 속에 살고 있으며, 과거 어느 때보다도 사랑이 많고 깨어난 자들이 많다고 말하는 이들이 있습니다. 만일 여러분의 관점이 그러하다면 이 모든 것은 여러분이 경험할 현실이 될 것입니다.

만일 여러분이 전 세계가 전쟁 중에 있으며 지구가 파괴되고 있다는 관점을 갖고 있다면, 그래서 "이건 잘못되고 나쁜 거야. 이런 짓을 하면 안 돼. 세상에 고통이 너무 많아"라는 생각을 하고 있다면, 이는 실제로 일어나고 있는 상황을 더 높은 관점에서 보지 못하게 막는 여러분의 의식 수준에서 나온 것입니다.

우리는 여러분이, 특히 이 자리에 계신 분들이 지구와 동물, 인류에게 놀라운 사랑을 품고 있다는 걸 알고 있습니다. 여러분은 이 세상을 더 나은 곳으로 만들고 싶어 합니다. 여러분은 영향력을 발휘하고 변화를 일으키길 원합니다. 그래서 여러분이 이곳에 있는 것이겠지요. 그런데 사실 여러분은 온갖 불의와 싸우기 위해 두려움과 분리, 판단 같은 낮은 의식 수준에 빠져서는 상황을 변화시킬 수 없다는 것을 진작부터 알고 있었습니다. 실제로 여러분의 영혼, 상위 자아, 또는 여러분 안의 그 깊은 앎의 눈에는 그런 것이 어리석어 보입니다.

순수한 사랑의 5차원에 있는 여러분 중 누군가는 자신의 힘의 장을 확장할 수 있는 힘을 지녔을 뿐 아니라 존재감 또한 매우 강력해서 그의 의식의 장 안으로 들어온 사람들은 사랑과 평화, 기쁨, 조화를 경험하게 됩니다. 사람들은 순수한 사랑으로 먼저 깨어나 있는 여러분과 함께 있는 것만으로도 자연스럽게 깨어나 자신이 누구인지에 대한 완벽한 앎 속으로 들어갈 수 있습니다. 바로 이것이 여러분이 지닌 힘입니다.

지금 우리는 여러분이 열정을 느끼는 일들에 대해 행동하지 말라는 말을 하는 게 아닙니다. 우리가 이야기하는 것은 여러분이 더 높은 의식 수준으로 자신의 진동을 끌어올렸을 때, 그리하여 다른 이들의 낮은 에너지에 휘말리는 일 없이 더 넓은 관점에서 행동하게 될 때, 여러분이 바라는 변화들을 훨씬 더 효과적으로 창조할 수 있다는 것입니다.

지금 지구에서 무슨 일이 일어나고 있는지는 중요하지 않다는 말씀이군요. 그렇다면 중요한 건 우리 안에서 일어나고 있는 일인가요?

다른 사람들의 행동에 대해 판단하기 시작하면 여러분은 휘말리게 됩니다. 그리고 거기서부터 여러분은 분리의 경험에서 비롯한 이런저런 상황들을 자신의 현실로 끌어오기 시작합니다. 하지만 다른 사람들의 행동은 처음부터 여러분의 현실 속에 없던 것입니다.

💬 내 인생에 이른바 나쁜 일 혹은 부정적인 일이 생길 때 그런 것을 어떻게 생각해야 하나요? 내가 그 잘못된 것을 끌어당겼다는 뜻일까요?

그런 식의 나쁘거나 부정적인 것은 없습니다. 시간이 지나면 모든 경험이 어떻게 여러분을 더 사랑과 자비가 가득한 존재로 만들었는지 보게 될 것입니다. 삶에서 일어난 모든 일은 여러분의 힘을 상기시키거나 여러분이 진정 원하는 것이 무엇인지 분명히 아는 데 도움을 주었을 것입니다. 지나온 길을 돌아보면, 여러분에게 일어난 일들이 실은 여러분을 '위해' 일어났으며, 그 일들이 나쁘거나 끔찍하게 보이도록 한 것은 다만 분리의 경험에서 여러분이 내린 판단 때문이었음을 알 수 있을 것입니다.

만일 여러분이 무언가를 나쁘거나 잘못되었다고 판단하고 있다면, 여러분은 분리의 경험 속에 있는 것입니다. 분리가 있는 곳에만 나쁘거나 잘못된 것이 존재하기 때문입니다. 우리의 관점에서 나쁘거나 잘못된 것은 존재하지 않습니다. 모든 일들은 서로 다른 의식 수준에서 일어나지만, 하나같이 사랑, 근원, 신, 신성으로부터 생겨납니다.

어떤 순간 어떤 상황에서든 늘 더 넓은 관점이 존재합니다. 여러분이 자신을 그러한 인식 수준으로 나아가도록 허용한다면, 지금부터 언제까지나 평화와 앎의 느낌을 매순간 즉각적으로 경험하게 될 것입니다.

자신이 누구인지 잊고 낮은 의식 수준에 머물며 자신의 진동을 떨어뜨림으로써 엄청난 저항과 두려움과 분리를 경험하고, 그러한 느낌으로 인해 여러분 보기에 잘못됐거나 나쁜 행동을 하는 사람들이 있다고 합시다. 그럴 경우에도 우리는 그들이 진정으로 누구인지 그 진실을 봅니다. 우리는 이러한 일들이 그들의 의식 수준 때문에 일어난다는 것을 알고 있기 때문입니다.

우리가 다양한 의식 수준에 대해 이야기하는 것은 어떤 판단을 내리거나 서열을 매기기 위한 것이 아닙니다. 여러분은 다양한 의식 수준을 탐험하기 위해 이곳에 왔습니다. 여러분은 모든 것입니다. 분리의 경험 속에서조차 여러분은 여전히 자신을 확장하고 있습니다.

모든 순간과 상황은 여러분 앞에 모습을 드러내고 있는 기회이자 잠재력이며 가능성입니다. 여러분이 표현하는 것이 모든 것에 의미를 부여하고 여러분의 현실을 결정합니다. 만약 여러분이 아주 나쁜 것에 집중하면서 그것에 아주 나쁜 의미를 부여한다면, 그것이 여러분의 현실이 되고 여러분은 자연히 거기에 저항하거나 두려움을 느끼게 될 것입니다. 그 반면에 똑같은 대상이라도 더 높은 관점에서 바라본다면, 즉 그것을 기회나 잠재력이나 가능성으로 보는 쪽을 선택한다면, 그것이 여러분의 현실이 될 것입니다.

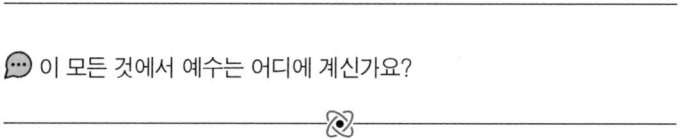

💬 이 모든 것에서 예수는 어디에 계신가요?

여러분이 예수라고 부르는 존재, 그리스도(깨어난 자)라 불리기도 하는 그 존재는 순수한 사랑의 의식과 진동을 지닌 존재였습니다. 그 순수한 사랑의 의식과 진동은 바로 여기, 바로 지금 여러분에게도 있습니다. 사랑에 대한 그의 가르침, 온 마음으로 너 자신을 사랑하고 너의 신을 사랑하고 너의 이웃을 사랑하라는 가르침은 이 모든 것이 곧 너 자신이라는 말과 같습니다. 가장 높은 의식 수준에서는 분리가 없기 때문입니다. 순수한 사랑 속에서는 바로 여기, 바로 지금만이 존재합니다. 이것이 바로 여러분의 진실입니다. 바로 여기가 예수가 있는 곳입니다.

순진무구함 안에서 창조하기

> 💬 창조하는 동안의 순진무구한 상태에 대해 언급하신 적이 있는데, 그 상태가 어떤 것인지, 왜 중요한지, 그리고 우리가 원하는 현실을 더 빨리 구현하는 데 어떤 도움이 되는지 좀 더 설명해 줄 수 있나요?

순진무구한 아이를 떠올려보십시오. 여러분 자신이 그 순진무구한 아이라고 상상해도 좋습니다. 반짝이는 눈으로 더운 여름날 잔디밭을 뛰어다니다가 집 안으로 달려 들어오더니, 양 어깨에 수건을 두르고 슈퍼맨이나 슈퍼우먼, 왕이나 여왕처럼 여러분의 상상력에 영감을 주는 모습을 취하고 있다고 상상해 보십시오.

순진무구함 속에 있는 아이는 자신이 그런 종류의 현실을 얼마든지 경험하도록 허용합니다. 그런 행동을 하는 데 어떤 부족함도 제한도 두지 않습니다. 그냥 자신의 느낌을 따라 행동합니다. 그러다가 갑자기 그네 타고 노는 것이 재미있겠다고 생각이 들면 가서 그

네를 탑니다. 아이는 자유를 만끽합니다. 배가 고프면 집 안으로 뛰어 들어와 간식을 먹고, 그런 다음엔 그림을 그릴 수도 있습니다. 하루 종일 그런 식으로 보내다가 내일 똑같은 것을 반복할 준비를 하고 잠자리에 듭니다.

이 아이는 돈을 더 벌어야 한다는 걱정을 하지 않습니다. 결핍감이나 제한된 느낌 때문에 혹은 청구서 결제에 대한 두려움 때문에, 그림을 그려 천 달러에 팔려고 애쓰지 않습니다. 하지만 그런 일이 어느 순간 여러분에게 일어났습니다. 여러분은 모두 자신의 순진무구함에서 벗어나 자신이 해야 할 것과 하지 말아야 할 것, 자신에게 사람들이 기대하는 것 등등 걱정거리 속으로 들어갔습니다. 여러분은 인정받고 싶었습니다. 사람들을 기쁘게 해주고 싶었고, 돈도 벌고 싶었습니다. 충분히요. 이제 여러분의 창조성은 돈을 잘 못 벌어 청구서 결제도 못하면 어쩌나 하는 두려움에 끌려다니고 있습니다.

여러분이 순진무구함에 다시 정렬될 때 여러분은 순간순간 영감을 받아 '참된 창조'가 이루어지도록 허용하게 됩니다. 기쁨과 사랑, 열정을 갖고 창조를 할 수 있게 됩니다. 그리고 여러분은 훨씬 더 강력한 창조자가 되어, 창조의 기쁨을 위해 창조하게 됩니다. 재미를 위해 노는 것입니다. 그 과정에서 여러분은 더 많은 에너지를 불러오고, 더 많은 것을 현실에 구현하며, 더 많은 '참된 창조'를 경험하게 됩니다. 여러분의 의식을 분리나 결핍, 제한 속으로 떨어뜨리는 것은 형태로 창조해 낼 수 있는 에너지의 양을 제한하는 것입니다.

순진무구함 안에서 여러분은 이미 자신이 충분하다는 것을 압니다. 여러분은 자유롭습니다.

수면, 통증, 알츠하이머병

💬 우리 몸이 잠을 자는 동안 우리의 의식은 무엇을 하나요? 사람마다 다른가요?

여러분의 의식은 단지 뇌나 몸에만 국한된 것이 아닙니다. 여러분은 여러분이 알고 있는 것보다 훨씬 큰 '의식의 힘의 장'입니다. 누군가 죽을 때에도 그들의 의식은 다른 어딘가로 떠나지 않습니다. 여전히 이곳에 머물고 있습니다. 의식은 어디로도 가지 않습니다. 여러분은 언제나 근원과 하나입니다.

다만 여러분이 물질적 형태를 하고 현실을 창조하는 경험을 하고 있을 때, 여러분의 일부는 몸 안에서 몸을 통해 한 곳에 집중하고 있는 것입니다. 그러나 동시에 사람들이 영혼soul, 영spirit, 또는 상위 자아라고 부르는, 시간과 공간 밖에서 늘 현존하고 영원하며 언제나 만유All-That-Is와 하나인 여러분의 훨씬 더 큰 부분이 존재하고 있습니다.

💬 상승한 마스터로서 어떻게 하면 만성적인 육체적 통증과 한계를 치유할 수 있을까요?

우선, 어떤 이유로든 여러분의 무한한 행복과 건강, 생명력, 에너지를 부정하지 마세요. 우리는 여러분이 몸에서 통증을 느끼면 거기에 신경을 많이 쓰게 된다는 점을 이해합니다. 그러나 여러분이 통증에 대한 스토리나 진단 등등에서 빠져나와 그 순간에 진정으로 몰입할수록, 즉 여러분이 지닌 힘에 몰입할수록—여러분 자신인 상승한 마스터를 느낄수록—여러분의 비전과 경험은 건강과 회복이라는 자연스러운 경향 쪽으로 끌리게 될 것입니다.

여러분이 원하는 것을 더 많이 창조하는 과정은, 그저 여러분의 가슴속으로 들어가서 원하는 것을 가졌을 때의 느낌을 실제로 느껴보는 것부터 시작합니다. 질문하신 분의 경우에는 자유로움과 잘 움직이는 모습, 편안함, 기쁨을 느끼고 상상해 보십시오. 질병이나 진단, 통증 등이 어떻게 되는지는 중요하지 않습니다. 그저 한 순간, 자신의 가슴속으로 들어가고 힘 속으로 들어가서 자신이 느끼고 싶은 것을 실제로 느껴보는 것입니다.

또 어떤 것을 원하나요? 더 많은 자유인가요? 가슴속으로 들어가서 그 자유를 느껴봅니다. 여러분 몸에 있는 모든 세포들에게 자유의 진동에 맞춰 정렬하라고 지시합니다. 머리 꼭대기부터 발끝까지 그 자유를 느껴봅니다. 지금 이 순간에 존재하는, 따라서 언제든 누릴 수 있는 무한한 행복을 자신이 느낄 수 있도록 허용합니다. 여러분의 의식을 끌어올리고, 자각을 끌어올리고, 진동을 끌어올려서 여러분이 원하는 정렬 상태가 되었음을 느껴봅니다. 그런 다음 이 순간 속으로 숨을 내쉽니다. 그 느낌이 더없이 좋을 겁니다.

어떤 순간에 어떤 것을 대상으로 해서든 이렇게 할 수 있습니다.

그러한 순간에 여러분은 여러분 자신인 '의식의 힘의 장'을 문자 그 대로 확장하게 되며, 이때 여러분 몸의 모든 세포 안에 있는 '무한 창조'의 입자들은 자유와 건강 등 여러분이 원하는 모든 것에 정렬 되기 시작합니다.(경우에 따라서는 이미 그것들에 완전히 정렬되어 있을 수 도 있습니다.)

세포들은 여러분의 진동과 주파수 수준을 바탕으로 재생되고 젊 어집니다. 더 높은 진동과 더 높은 주파수 안에 있으면서 기쁨과 평 화를 더 많이 느낄수록, 세포들은 더 빨리 재생되고 젊어져 여러분 이 그 순간에 일으키고 있는 주파수에 맞춰지게 됩니다. 그렇게 여 러분은 무한 행복의 현실을 창조하게 됩니다. 그 느낌 속에 머문다 면 여러분은 현실에서 그 무한 행복을 경험하게 될 것입니다.

💬 노부모 두 분이 모두 알츠하이머병을 앓고 계세요. 그래서 비관하거나 불안해하실 때가 많습니다. 사랑하는 사람이 알츠하이머병을 앓고 있을 때 어떻게 도와줄 수 있을까요? 알츠하이머병은 왜 생기는 건가요?

오늘날 지구에는 질병이 훨씬 많아졌습니다. 이것은 여러분이 질 병에 초점을 맞춰왔기 때문입니다. 각각의 질병에 대해 이야기할 수 도 있지만, 본질적으로 모든 질병은 여러분이 특정한 믿음이나 주파 수에 얽매여 있을 때 발생합니다.

인류가 의식을 고양시켜 자신이 누구인지 기억하게 되면, 믿음과 주파수가 정렬되지 않을 경우 그것이 아주 명확해져서, 여러분은 자신을 평화와 기쁨, 사랑, 조화에 즉시 재정렬할 수 있게 됩니다. 그러면 한 세대 안에 여러분은 지구 위의 모든 질병을 근절하게 될 것입니다. 이 모든 일은 의식과 진동의 고양을 통해서 일어납니다.

여러분은 지금 의식과 진동을 새로운 수준으로 확장시키는 여정 위에 있습니다. 이 여정에서 여러분은 "아, 이건 너무 끔찍해" "그건 원래 그런 거야" "우리 가족은 다 그래" 같은 예전의 관점보다 훨씬 더 높은 관점을 받아들이고 있습니다. 더 나아가 오늘날에는 모든 질병이 몸에 표현된 감정적인 어떤 것일 수 있다는 새로운 이해가 생겨나고 있습니다.

만일 여러분의 감정이 기쁨, 평화, 조화, 행복이라면, 그것이 여러분 몸에 표현될 것입니다. 반면에 여러분이 누군가를 걱정하고 있을 때, 스트레스를 받고 있을 때, 특정 정당에 반대하고 있을 때, 무언가와 싸우고 있을 때, 혹은 어떤 사람이 왜 잘못되었는지 머릿속으로 따지고 있을 때, 그 모든 에너지는 먼저 여러분을 통해 흐르게 됩니다. 어떤 사람에 대해 부정적인 생각을 하고 있을 수도 있지만, 여러분의 몸은 그 사실을 알지 못합니다. 그러나 그 에너지는 여러분을 통해 움직이고 있습니다. 여러분은 자신이 외부에 있는 어떤 의제agenda나 인물과 싸우고 있다고 생각할지 모르지만, 여러분의 몸은 그 사실을 알지 못합니다. 그것을 실제로 경험하고 있는 '주체'는 몸속의 세포들이며, 그래서 세포들은 스스로와 싸우기 시작합니다.

그렇다면, 여러분이 사랑하는 사람들이 이런 상황에 처해 있다면,

여러분은 어떻게 할 수 있을까요? 그들을 사랑하면 됩니다. 정신 질환을 앓고 있든, 알츠하이머병이나 암을 앓고 있든, 혹은 돈이나 인간 관계로 어려움을 겪고 있든 그냥 그들을 사랑하십시오. 그냥 사랑하세요. 그들이 누구인지 그 진실을 보십시오. 그들 또한 마스터이며 신성한 존재이기 때문입니다. 그 순간에는 그들이 자신의 힘을 기억하지 못할 수 있습니다. 자신이 곧 사랑임을 알지 못할 수 있습니다. 하지만 여러분이 기억하고 알고 있을 때, 그들이 누구인지 알고 그 눈으로 그들을 바라볼 때, 그 순수한 사랑의 상태 혹은 그 주파수를 그 순간으로 가져오게 됩니다. 여러분은 그들이 여러분과 함께 있을 때 기분이 점점 더 나아지고 있다는 것을 알아차릴 수도 있습니다. 여러분이 그들에게 무언가를 해주고 있어서가 아니라, 여러분이 자신의 진동과 주파수를 끌어올렸기 때문에, 여러분이 순수한 사랑의 상태에 머물고 있기 때문에요. 그렇게 여러분은 순수한 사랑의 진동 공명을 통해서 그들이 훨씬 더 편안하게 느끼고 쉽게 정렬할 수 있도록 도와줄 수 있습니다.

알츠하이머병이 있는 사람은 다른 의식 수준에서 많은 시간을 보냅니다. 그러다 어느 순간 이 매우 조밀하고 무거운 의식 안으로 초점이 돌아오게 되면 저항이 생겨납니다. 그런 그들을 그냥 사랑하십시오. 그것을 잘못되었다고 보지 마세요. 사랑하는 사람이 예전 같은 모습으로 돌아오길 바라는 여러분의 마음을 이해합니다. 여러분은 그들이 행복해지기를, 혹은 정상으로 돌아오기를 원합니다. 하지만 그들이 대부분의 시간 동안 경험하고 있는 것은 그들 자신인 순수한 사랑, 주파수, 진동, 의식입니다. 여러분의 인식과 관점을 거기에 맞추기 시작하면 그것이 점점 더 많이 보이게 될 것입니다.

아름다운 말씀이네요. 위원회에 깊이 감사드립니다. 가장 크게 얻은 것은 우리가 출발 준비가 되었다는 사실이에요. 우리는 준비가 되었고, 당장 출발할 수 있는데, 이미 그곳에 가 있다는 거네요.

우리가 계속 말하고 있는 것이 바로 그것입니다. 그것이 모든 것의 바탕입니다. 우리가 여기에 온 것은 여러분 자신이 바로 여러분이 되고자 하는 모든 것임을 기억하도록 돕기 위해서입니다. 여러분은 이미 그런 존재입니다. 모든 것이 여러분 안에 있고, 앞으로도 영원히 그럴 것입니다. 여러분에게 불가능한 것은 없습니다. 여러분의 의식을 끌어올리고 에너지를 불러와 삶 속에 더 많은 마법과 기적을 장엄하게 구현하는 과정을 통해 여러분은 모든 것을 할 수 있습니다.

그 느낌 속으로 들어가십시오. 여러분 자신을 위한 최고의 비전을 상상해 보세요. 여러분을 최고로 신명나게 하는 것, 여러분에게 최고의 기쁨이 되는 것, 여러분 자신을 위해 상상할 수 있는 가장 장엄한 것—경험하고 싶은 가장 장엄한 현실을 그려보십시오. 그것을 느끼고, 느끼고, 느끼고, 느낀 다음 내려놓습니다. 여러분에게 기쁨을 주는 것을 하십시오. 가서 여러분이 사랑하는 것을 하십시오. 에너지를 따라가고, 빛이 길을 인도하게 하십시오. 다음 발걸음이 여러분에게 저절로 다가오도록 하십시오.

　현실은 여러분을 통해서 움직이고 있습니다. 이 의식의 힘의 장이 바로 여러분입니다. 여러분이 의식을 끌어올리기만 하면 에너지는 어떤 것이든 할 수 있습니다. 여러분의 운명이 저절로 여러분을 찾아옵니다. 여러분이 원하는 것이, 여러분에게 필요한 것이, 여러분이 그것이 필요하다는 것을 알기도 전에 여러분을 찾아오고, 여러분은 가장 원대한 꿈마저 넘어선 삶을 창조하며 살아가게 됩니다. 틀림없이 그렇게 됩니다.

　우리는 항상 여러분과 함께 있습니다. 우리는 언제나 여러분과 연결되어 있습니다. 우리는 여러분을 사랑하고, 사랑하고, 사랑합니다. 이 사랑과 함께 지금 이 순간, 우리는 완전합니다.

　사라와 그녀의 책, 그리고 위원회에 대해 더 많은 것을 알고 싶은 분들은 사라의 웹사이트 www.saralandon.com을 방문하시기 바랍니다.

CHAPTER 4

깨어남의 과정에서 사랑이 하는 일

채널러 매트 칸이 전하는 메시지

매트 칸에 대해

매트 칸Matt Kahn은 비할 데 없이 뛰어난 영적 교사로, 아주 뛰어난 공감 치유자이자 호소력 있는 연사, 매혹적인 작가입니다. 그는 사람들의 삶에 불을 붙이고 기쁨을 주고 하나로 통합하는 가슴 중심의 해결책을 제시함으로써 많은 이들의 삶을 풍요롭게 합니다. 그는 《지금 깨어나고 있는 당신을 위한 사랑 사용법Whatever Arises, Love That; Everything Is Here to Help You》(한국어판 제목—옮긴이)(엘런 드제너러스Ellen DeGeneres의 "비 카인드Be Kind" 박스에 소개됨)과 12개 이상의 언어로 번역된《우주는 언제나 계획이 있다 The Universe Has a Plan》라는 책을 써서 호평을 받기도 했습니다.

매트의 최근작《사랑을 위한 모든 것: 공간을 유지하는 것이 지닌 변형적 힘All for Love: The Transformative Power of Holding Space》은 황금독립출판도서상Golden Independent Publisher Award과 옴미상Ommie Award(월드 비전 부문)을 받았으며, 현재 베스트셀러 목록 1위에 올라가 있습니다. 매트는 치유적이고 때로는 유머러스한 영상들로 유튜브에서 선풍적인 인기를 얻고 있기도 합니다. 그의 영상들은 총 2,200만 건이 넘는 조회수를 기록 중이며, 팔로워들은 매트가 보내는 사랑의 메시지들을 통해 힘든 일상에서 벗어나 마음의 안정을 찾고 있습니다. 그는 또한《왓킨스 마인드 바디 스피릿Watkins Mind Body Spirit》매거진(120년의 역사를 자랑하고 심신의학 분야에서 큰 영향력을 지닌 영국의 잡지로, 매년 '현존하는 가장 영향력 있는 영적 스승 100인'을 발표한다—옮긴이)에서 달라이 라마, 에크하르트 톨레 등과 함께 영적으로 가장 영향력 있는 생존 인물 100인 가운데 한 사람으로 선정되는 영예를 안기도 했습니다.

전주곡

▎ 비₍非₎트랜스 채널링

안녕하세요, 매트! 함께해 주셔서 영광입니다. 시작하기 전에, 자신의 채널링 방법이나 스타일에 대해 잠시 설명해 줄 수 있나요?

다시 만나게 되어 반가워요, 마이크.

돌이켜보면 제가 어렸을 때, 마치 누군가 저를 통해 말을 하기라도 하듯이 제 안에서 어떤 말이 저절로 튀어나오는 일이 자주 있었습니다. 그러다 십대 후반이 되었을 때 안내자들이 저에게 말을 하기 시작했습니다. 그들이 처음 한 말은 "넌 네가 생각하는 그런 사람이 아니란다"였습니다. 제가 바로 물었죠. "대체 누구세요?"

이렇게 안내자, 대천사, 상승한 마스터 들과 매우 실질적인 대화를 계속해서 나누면서 저는 꾸준히 깨어남의 길을 걸어왔습니다. 이런 대화들을 계기로 채널러가 되었고, 사람들을 안내하는 여정에 필요한 정보들도 얻게 되었습니다.

이 일은 저에게 놀라운 전환점이 되었습니다. 갑자기 제가 상승한 마스터들과 이야기를 나누는 영적인 사람이 되었으니까요. 저는 질문이 떠오르는 대로 그들에게 물었고, 때로는 그들의 답변 내용이 바뀌지 않는지 보려고 똑같은 질문을 반복하기도 했습니다. 그들의 대답은 일관되었을 뿐 아니라, 모든 것이 항상 사랑스럽고 안전하다는 느낌을 갖게 했습니다. 그리고 그 내용은 모두 통합 의식unity consciousness에 관한 것이었습니다. 그럼에도 저는 오랫동안 의구심에서 벗어나지 못했습니다. 저를 안내해 주는 존재들과 연결되는 건 좋았지만, 한편으로는 이것들이 제가 꾸며낸 이야기일지 모른다는 두려움이 있었기 때문입니다. 행여라도 뭔가를 강요하거나 속이는 일이 생겨서는 안 된다는 생각을 했던 것 같습니다.

마침내 신뢰가 쌓여 굳건해지는 때가 왔고, 저는 제가 치유 에너지를 전하게 될 거라는 말을 들었습니다. 제가 "난 한 발짝 물러서서 누군가 혹은 '무언가'가 나를 통해 말하게 하고 싶진 않아요"라고 하자, 그들이 그러더군요. "그렇다면 통합과 치유의 과정을 거쳐 몸을 입은 채널러embodied channel가 되어야 해요."

그 말에 부쩍 호기심이 생겼습니다. 제 자신에 대한 평생에 걸친 작업의 개요서를 만들고, 제가 가르치는 것의 본보기가 되며, 제 자신이 이 에너지가 흐를 수 있는 열린 공간이 된다는, 그리고 제가 접근하고 있는 것과 하나가 되면서도 제 자신을 유지한다는 생각에 무척 흥분이 되었습니다. '우주Universe'를 단축 번호에 등록해 놓고 언제든 소통한다는 것만으로도 더없이 멋진 일이지만, 평생을 이 일에 바치고 싶다는 마음도 들었습니다.

지금까지 저는 치유 에너지를 전하고, 깨어남을 도와주며, 사람들이 지속적으로 변화해 가는 데 필요한 앎을 체화하도록 돕는 등의 능력을 키워왔습니다. 사람들이 자기 안에 있는 최고의 능력을 자각하고 우리 모두에게 있는 우주의 진정한 마법을 깨닫도록 돕는 것이 저의 가장 깊은 염원입니다.

제가 전하는 생각들은 저도 지금까지 전혀 모르던 것들입니다. 저는 문자 그대로 무대에 올라가서, 침착하게, 모든 청중들과 마찬가지로 처음 듣는 말에 귀를 기울입니다.

저는 저를 통해 채널링되어 쏟아져 나오는 말들을 인지하고 있습니다. 이는 제가 미리 생각해 낸 다음 이야기하는 것이 아닙니다. 그건 제 채널링 방식이 아닙니다. 오늘의 주제인 깨어남처럼, 제가 이야기할 내용에 대해 조금은 알고 있을 수도 있습니다. 하지만 제가 말을 선택하는 것이 아닙니다. 말이 저를 선택합니다.

진실은, 우리는 누구나 어떤 수준에선가는 채널링을 하고 있다는 것입니다. 하지만 대부분의 사람들은 자신의 영혼을 표현하고 체현하고 채널링하기보다는 자신의 에고를 채널링하고 있습니다.

에고, 상위 자아, 영 안내자, 영혼

안내자들과 에고 수준의 대화를 나눈 적이 있나요? 에고가 그 안내자들과 대화하고 생각을 나누기도 하는지 궁금합니다.

저의 에고가 발동하고 있다는 것을 알게 되는 순간들이 있습니다. 평소에 저는 의사 결정이 아주 명확합니다. 주어진 어떤 순간에 저에게 필요한 게 무언지, 제가 원하는 게 무언지 늘 정확하게 알고 있습니다. 간혹 "이건가…… 아니 저건가……" 하는 생각이 들면서 주저하는 순간 저는 제 에고 작동 시스템이 움직이고 있다는 걸 깨닫습니다. 에고는 어느 정도는 필요한 것이기 때문에 저는 에고를 존중하기도 합니다. 다만 에고의 동기가 얼마나 투명한지 혹은 밀도가 얼마나 높은지 잘 살펴봐야 합니다. 에고의 밀도는 늘 자신에게 필요하다고 생각하는 정신적 방어의 양을 반영합니다.

많은 사람들이 자신의 개성을 윤색해서 표현하는 이유는, 그렇게 하는 것이 자신에게 안전하다는 느낌을 주기 때문입니다. 하지만 우리가 해방된 존재가 될 때, 진리의 하나임 속에서 깨어날 때, 우리에게는 그렇게 많은 방어가 필요하지 않습니다. 이럴 때 에고는 작아지고 투명해지는 한편 우리는 근원 에너지Source Energy를 개별적으로 표현하는 그릇이 될 수 있습니다.

저는 많은 방어가 필요하지는 않기 때문에 에고가 그렇게 자주 분출되는 일은 없습니다. 하지만 그런 일이 생기면 어떤 선택에 대해서 곱씹고 있는 저 자신을 발견하곤 합니다. 그러다 웃고는 다시 하루를 살아가지요. 다행스럽게도 제가 가진 소통 채널 덕분에, 또 우주와의 연결 덕분에 모든 것이 매우 분명하고 매우 확실하고 매우 단순해졌습니다. 그리고 이것이 제가 삶을 살아가는 방식이 되었습니다.

에고가 다시 비집고 들어오려고 애쓴다는 느낌을 받지는 않나요?

아뇨, 없습니다. 사실, 에고가 그렇게 하는 한 가지 이유는 우리가 인간으로서 자신의 경계境界에 대해 배울 필요가 있기 때문이라고 생각합니다. 많은 사람들이 여전히 모든 사람들에게 모든 것이 되려고 애쓰는 패턴에 갇혀 있습니다. 남들에게 자신의 가장 바람직하고 사랑받을 만한 모습을 보여주기 위해 애쓰는 것은 좋지만, 그럴 때 우리가 항상 참된 진정성의 자리에서 행동하는 것은 아닙니다.

예컨대 여러분에게 재충전할 여유가 필요한데 누군가를 실망시키거나 남들이 자신을 떠날지도 모른다는 두려운 생각이 들면, 여러분은 남들에게 지나치게 베풀게 됩니다. 이는 고갈과 피로, 원망으로 이어지게 마련입니다. 결국 에고가 뜨겁게 달아오를 때 에고는 의식을 대신해서, 우리가 어떻게 만들어야 할지 모르는 경계나 우리가 간과하고 있는 불균형을 떠올리도록 행동할 때가 많습니다.

진정으로 자주적이고 주체적인 자리에서 살 때, 우리는 자신만의 시간을 무조건적으로 사랑하고 소중히 여기게 됩니다. 그러면 자신을 고갈시키거나 원망을 느낄 만큼 지나치게 베풀지 않고도 다른 사람들과 함께 어울릴 수 있습니다.

이런 종류의 교훈은, 다른 많은 교훈들과 마찬가지로, 인간의 몸속에서 영이 진화하도록, 다시 말해 깨어나도록 도와줍니다.

> 에고의 목소리와 상위 자아의 목소리를 어떻게 구분하기 시작했나요? 그런 변화를 어떻게 경험하게 되신 거죠?

저뿐만 아니라 다른 사람들의 경우에도 에고가 고개를 들고 일어날 때는 대개 시간이라는 요소가 개입한다는 걸 알아차리기 시작했습니다. 예컨대 에고는 원인과 결과, 미신, 인위적 조작, 최후통첩 같은, 시간에 기반한 도구를 사용해 압박을 가해옵니다. 만일 이런 것이 직관을 가장한 에고의 행위일 경우, 이 에고는 나에게 이 순간까지 이 결정을 내려야 한다고, 만약 그러지 않으면 어떤 굉장한 것을 놓치거나 아니면 끔찍한 재앙이 닥칠 거라고 이야기할 것입니다.

우리가 이런 종류의 최후통첩 같은 대화에 빠져들었다면 이는 실은 에고가 최고의 지혜인 양 위장을 한 것입니다. 이럴 때 에고는 누구도 해칠 뜻이 없다면서 이렇게 말을 합니다. "이봐, 너는 영적인 것들에 관심이 많잖아. 그래서 난 너의 영적 안내자 모습을 하고 나타날 거야. 나는 주의를 끌고 싶거든." 이것은 마치 어린아이가 "우리 아빠는 축구를 좋아해. 만날 축구 경기를 보거든. 그래서 난 축구 유니폼을 입을 거야. 그러면 아빠가 나한테 관심을 더 가질 테니까"라고 말하는 것과 같습니다.

저는 또 에고가 작동할 때, 다른 사람들을 그들 자신보다 내가 더 많이 안다고 생각하는 경향이 있다는 것도 알게 되었습니다. 반대로 우리의 영혼이 작동할 때, 우리의 인식은 오로지 우리 자신만을 향해 있습니다. 다른 사람들은 미스터리입니다. 자기 인식과 자기 책임의 주체는 바로 여러분입니다. 이것은 매우 중요한 이야기입니다.

'이것은 나의 영혼이 작용하는 것이다' 하고 느끼시나요?

저는 영혼을 전체인 근원의 개별적 확장이라고 생각합니다. 근원이 개인을 통해 자기를 표현하는 방식이라는 말입니다. 영혼이 접촉하는 지혜가 우리의 상위 자아라고 할 수 있습니다. 나는 이런 용어들을 같은 의미로 사용합니다.

그리고 저에게는 함께 작업하는 영 안내자들이 있는데, 이것은 특이한 일이 아닙니다. 예를 들어 힌두교에는 수많은 남신과 여신이 있는데, 이들은 단지 신의 개별적 표현들일 뿐입니다. 저는 우리 안내자들이 상위 자아의 지혜를 제공하는 영혼의 개별적인 속성들일 뿐이라고 생각합니다. 상위 자아의 지혜를 여러분의 몸으로 가져와 언어 패턴과 선택에 영향을 미치는 것, 말 그대로 영을 여러분의 몸으로 구현하는 것도 우리의 깨어남의 일부입니다.

▎깨어남을 향한 부름

문제는 "우리는 이 여정에서 얼마나 멀리까지 나아갈 것인가? 자신의 삶에 더 많은 진실을 받아들일 기회에 얼마나 기꺼이 헌신할 것인가?" 하는 것입니다. 우리는 삶에서 성공을 경험했을 수도 있고 실망스러움을 경험했을 수도 있지만, 더 나아가기 위해서는 이렇게 말하는 순간이 올 것입니다. "나는 개인적인 이득에도 덜 현혹되고, 개인적인 상실에 대한 두려움에도 덜 집착하며, 신이 나를 통해 가장 놀라운 마법을 일으켜 그의 가장 높은 의지를 이 지구에 이롭게 표현하도록 허용할 준비가 되었습니다."

우리가 이득이나 손실보다 더 높은 것, 그리고 두려움이나 미신, 기대보다 더 유의미하고 실제적인 것과 연결되고자 하는 지점에 도달한다면, 그것은 우리가 의식의 깨어남을 경험하면서 자신이 영의 잠재력을 단순히 반영하는 것을 넘어 영의 그릇이 되도록 허용했기 때문입니다.

의도 세우기

이제 이 내용을 따라오면서 여러분이 이 전파$_{transmission}$를 위한 개인적 의도를 세웠으면 좋겠습니다. 그 까닭은 여러분과 여러분의 안내자들이 이 공동 창조의 일부가 되기를 바라기 때문입니다. 우리는 여러분의 가장 깊은 깨어남을 촉진하는 치유 에너지를 전파하기 위해 협력할 것입니다.

이를 기념해, 여러분이 무엇을 받고 싶은지 지금 이 순간을 이용해 의도를 세워보십시오. 예를 들면 이렇게 해봅니다. "치유가, 깨어남이, 통합되는 것이, 구체적으로 표현하는 것이, 안전함을 느끼는 것이, 나 자신의 영적 메시지와 가이드에 더 깊이 연결되는 것이, 혹은 이 모든 것이 나한테 도움이 되기를 바랍니다."

하나만 선택할 필요는 없습니다. 뭐든 원하는 것을 마음껏 이야기해도 괜찮습니다.

잠시 시간을 내보십시오.

이제 여러분은 이 에너지를 어떻게 활용해서 우리가 하나로 깨어나고 치유되도록 하겠습니까?

깨어남의 과정에서 사랑이 하는 일

▍신성한 여성성

역사를 통틀어서 더 높은 진실에 눈을 뜬 존재들은 누구나 우주의 의도를 충족시켜 왔습니다. 그 의도란, 세계를 창조해 개인으로 육화하고, 각자의 여정을 따라 성장과 확장을 경험함으로써, 호기심을 충족하고 가장 깊은 수준에서 자신에 대해 알게 되는 것이었습니다. 우주가 우리 각자 안에서 깨어날수록 전체로서 우주는 더욱 확장됩니다. 그것은 우리 현실이 '모든 것을 사랑하는 지성'의 직물로 짜여져 있기 때문입니다.

여정의 초기에, 이른바 깨어남과 치유의 전통 속에서 우리는 매우 남성적인 관점에 기초한 가르침을 받았습니다. 그러나 이제 우리는 흔히 상승ascension이라 부르는, 역사상 매우 중요한 시기에 이르렀고, 이에 우주는 전과는 전혀 다른 방식으로 자신을 기억하고 싶어 합니다.

이 상승은 남성성과 여성성이 동등한 힘을 갖는 상태로, 즉 모든 사람이 각자 에너지적 균형을 이룬 상태로 돌아가는 것을 나타냅니다. 내적으로 균형을 이룰수록 외부 현실은 더욱 조화로워지며, 궁극적으로는 지구의 진동을 끌어올리고 카르마의 바퀴와 지구 온난화의 흐름을 되돌려 지속 가능한 세계와 지상 천국을 실현하게 됩니다.

신성한 여성성divine feminine은 온전히 사랑과 관련되어 있고, 신성한 남성성divine masculine은 온전히 진리와 관련되어 있습니다. 진정한 깨어남이란 이 둘이 결합하는 것입니다. 그러면 우리는 두려움에 기반한 회피 속에서 안전을 도모하기보다는 진리를 더 사랑하게 되고, 집착하거나 회피할 대상을 찾기보다는 사랑의 진리에 우리 가슴을 더 활짝 열게 됩니다.

저는 깨어남에 대한 남성적인 가르침을 공부하고 이 여정에 들어선 게 아니라, 실제로 진리에 깨어나는 경험을 통해서, 즉 하나임oneness 안에서 자신으로 살아가는 더 높은 힘을 깨닫는 경험을 통해서 이 여정에 들어섰습니다. 제가 여성성이 부재한 남성적 측면만의 깨어남에 대해 알아차린 점은, 그것이 어떤 진리들을 비현실적이거나 환상적인 것으로, 즉 우리와 관련이 없는 것처럼 보이게 만들 수 있다는 것입니다. 그 이유는 사랑의 진리를 일깨우는 것이 여성성이기 때문입니다. 사랑의 진리는 더 확장된 시야를 열어줍니다.

신성한 여성성 안에서 여러분은 우리 모두가 하나이며, 누가 어떻게 행동하든지 모두 신성의 표현임을 알게 됩니다. 그러면 우리의 경계를 개인적으로 결정할 수 있고, 더는 우리에게 저질러진 범죄의 공범이 되지도 않습니다. 우리는 사랑을 안내자로 삼아 이러한 일을 매우 능숙하게 할 수 있습니다. 다른 사람들이 트라우마와 패턴에 갇혀 그 신성을 알아보기 힘들 때에도, "나는 그 사람 안에 있는 신성을 방해하거나 무시하지 않고 나 자신의 주권을 위한 공간을 선택하고 유지할 수 있다"고 말할 수 있게 됩니다.

우리 안에서 신성한 여성성이 깨어나기 시작할 때, 우리는 사랑이 더 높은 힘임을 깨닫기 시작합니다. 실제로 사랑은 가장 높은 진동입니다. 여러분이 사랑을 자신의 가장 높은 진동으로 체화하는 것은 얼마나 많은 시간, 얼마나 많은 삶을 사랑에 바치느냐에 달려 있습니다.

신성한 남성성

일반적으로 무의식 세계에서는 남성성이 여성성보다 훨씬 먼저 깨어납니다. 그래서 우리는 사랑을 선한 행동에 대한 보상으로 여기고, 좋지 않은 행동을 한 사람에게는 징벌의 의미에서 사랑을 보류해야 한다고 생각합니다. 많은 아이들이 사랑을 훈육의 방식으로 경험해 왔습니다.

영적인 수준에서, 우리는 자신이 선호하고 좋아하는 경험을 하는 대가로 사랑을 하지는 않습니다. 예를 들어 우리는 이런 식으로 말하면서 사랑을 표현합니다. "나는 이 사람한테서 느껴지는 고통의 크기에 깊은 감화를 받았어요.―내가 반드시 그 고통을 느껴야 하는 것은 아니지만요.―그래서 나는 이 사람이 자신의 성격 중 가장 구원받기 힘든 측면을 드러내며 행동하는 것이 바로 그 고통 때문이라는 것을 인정할 수 있습니다. 인간이 에고에 사로잡혀 행동할 때는 언제나 숨기고 고통스러워하고 불안감을 느끼고 있기 때문입니다. 나는 이런 사람들을 징계하는 수단으로 내 사랑을 거둬들이는 일 같은 것은 하지 않겠어요. 나는 사랑을 갈구하는 그들의 외침에 귀 기울일 것이고, 그들이 치유되기 위해 필요한 것을 베풀 거예요. 그래서 그들이 더는 이용당하지 않고 고통스런 상태에서 해방될 수 있도록 할 겁니다."

신성한 여성성이 깨어날 때 우리는 우리 자신과 모든 인간들에게 사랑을 베풀게 됩니다. 그리고 "나는 당신을 영혼으로서 사랑해요"라고 하는 것과 "나는 나와 다른 사람들에게 가하는 당신의 (에고적인) 학대를 참을 수가 없어요"라고 하는 것 사이의 차이를 알게 됩니다. 사랑은 진리를 향한 남성적 충동에 균형을 잡아주는 수단입니다. 그것이 없다면 남성성은 진리를 찾는 데만 몰두하면서 오랫동안 잃어버렸던 사랑, 그 신성한 여성성을 찾아 헤매게 될 것입니다.

▍신성한 에너지들의 통합

깨어남은 남성성과 여성성의 통합과 함께 일어납니다. 이런 식의 표현은 매우 흥미로운데, 그 이유는 사람들이 깨어남의 초기 단계에 '영적' 에고에 붙잡히는 경우가 흔하기 때문입니다. 그 과정에서 영성이 또 하나의 가면이 되는 것입니다. 더 높은 진리를 추구하는 사람들이 그 진리에만 너무 집착하면, 자신과 다른 관점을 지닌 사람들을 오해하게 됩니다. 그래서 키보드 뒤에 숨어서 특정한 정치적 또는 철학적 진리에 갇힌 채 다른 사람들에게 불친절하게 대하게 될 수 있습니다.

우리가 사랑에 깨어날 때, 우리는 우리의 사람됨의 기준을 떨어뜨리지 않는 진리의 대변자가 될 수 있습니다. 또한 다른 사람의 주권을 함부로 여기도록 요구하지 않는 진리를 대변할 수 있습니다. 남들이 나를 무시하더라도 사랑의 상태에 있을 때는 억지로 학대를 참을 필요가 없습니다. 우리 자신인 사랑으로 온전히 존재할 때, 남들의 경시나 학대는 우리를 건드릴 수도, 해를 끼칠 수도, 다치게 할 수도 없습니다.

저는 지금 채널링을 하면서 여러분과 이야기 나누고 있지만, 동시에 한 인간으로서 제 안에서 사랑이 깨어났을 때, 즉 치유와 깨어남에서 사랑이 하는 역할을 깨닫고 그것이 모두 동일한 여정의 일부임을 깨달았을 때, 제 삶이 어떠했고 또 어떻게 변화했는지 돌아볼 수도 있습니다. 우리는 과거에 자신이 누리지 못한 것처럼 보이는 모든 것들로 자신을 '감정적으로' 채워줄 필요가 있습니다. 우리는 부모에게서 더 받고 싶었던 사랑을 우리 자신에게 베풀어야 합니다. 우리는 우리를 사랑하던 부모 중 한 분이 갑자기 세상을 떠나고 그분의 사랑도 함께 떠나버렸다는 느낌에 슬퍼하고 있을 수도 있습니다. 혹은 여러분을 사랑한다고 하던 사람이 여러분에게 전혀 사랑스럽지 않은 행동을 일삼는 바람에 사랑을 불신하게 되었을 수도 있습니다.

물어야 할 것은 이것입니다. 우리는 사랑이 깨어나기 위한 열린 공간, 곧 사랑을 받아들이는 존재가 될 수 있는가? 과거에 우리에게 필요했지만 결코 주어지지 않은 것처럼 보이던 모든 것을 자신에게 주는 일을 시작할 수 있는가? 모든 상처에 결핍되어 있던 사랑을, 혹은 자신이 받고 있음을 알지 못했던 사랑을, 혹은 트라우마를 겪거나 학대받던 순간에 부재했던 사랑을 스스로에게 줄 때, 우리는 그 기억에 모든 경험이 온전하고 완전하다는 사실을 전하게 되고, 이로써 그 기억은 세포 수준에서 용해되고 빛으로 돌아가 변형될 수 있게 됩니다.

▎트라우마 변형하기

따라서 우리는 상처를 정신적으로 처리할 수도 있고—이것은 남성성의 전통에 따른 것으로, 예컨대 결혼 등의 관계 종료가 어머니와 아버지 사이의 관계를 어떻게 반영하고 있는지 비교하거나, 그 밖의 것들을 끊임없이 정신 분석하는 방식입니다—아니면 더 통합된 새로운 패러다임으로 접근해 우리의 트라우마를 감정적으로 처리하기로 선택할 수도 있습니다. 어느 쪽이든 우리가 추구하는 안도감을 찾으려면 상처를 감정적으로 처리해야 합니다.

정신적인 처리는 "이런 일이 벌어졌고, 저런 일도 벌어졌어. 둘 사이에 어떤 관계가 있지?"라고 분석해 들어가는 것이고, 감정적인 처리는 내가 느끼는 모든 감정이 자신의 여정을 마치고 빛으로 돌아가고자 하는 세포 기억의 일부임을 받아들이는 것입니다. 감정이 느껴지도록 허용하면, 또 그 감정이 나의 최상의 길의 일부임을 받아들이면서 과거에 받은 기억이 없는 사랑을 그 감정에 주면—비록 내가 주는 그 사랑이 내 감정을 바꾸지는 않는다고 하더라도—이는 나의 일부가 여정의 완성에 이르도록 돕는 것이 됩니다. 감정들의 또 다른 기억이나 조각이 다시 빛으로 변형되도록 돕는 것이 됩니다.

깨어남의 과정 전체가 말 그대로 연금술을 고스란히 보여줍니다. 바로 트라우마를 변화시켜 빛으로 돌아가게 하는 과정이기 때문입니다. 오직 사랑만이 이것을 할 수 있습니다.

우리가 지금 여기에 함께 앉아 있을 때조차도—어쩌면 모두 가슴에 손을 얹고 있을지도 모르지만—우리가 어떤 감정을 느낀다면 그것은 모두 바로 지금 우리가 느껴야 할 감정입니다. 사랑이 여러분에게 말하고자 하는 것은, 지금 제가 여러분에게 말씀드리는 것처럼, 슬픔이 슬픔 아닌 다른 무언가로 느껴질 이유가 없다는 것입니다. 그 대신 그저 슬픔을 품고 있는 사랑이 되십시오. 슬픔을 놓아줄 준비가 될 때까지요. 두려움을 두려움이 아닌 다른 무엇으로 만들 이유가 없습니다. 우리는 두려워하는 사람을 사랑하기 위해 여기 왔습니다. 제가 《지금 깨어나고 있는 당신을 위한 사랑 사용법》을 썼을 때, 제가 "아, 이 사람이 나를 배신했어. 그래도 나는 '그것'을 사랑해야 돼"라는 말을 한다고 생각한 사람들이 있었습니다. 아뇨, 그건 제 뜻이 아닙니다. 제가 말하는 '그것'은 막고 있거나 저항하고 있던 것을 느끼고 놓아주라는 초대를 뜻합니다.

그러니까 "내 파트너가 나를 배신했고 나는 그 사실을 사랑해" 또는 "앞으로 이런 일이 일어나지 않도록 그것을 사랑해야 돼"라는 식의 말이 아니라는 겁니다. 이런 것은 미신에 가깝습니다. 그 대신 저는 이렇게 말합니다. "만약 내가 배신당하는 일이 얼마나 충격적인지 느낄 수 있다면, 나는 지금 사랑을 더 적게가 아니라 더 많이 받아야 하는 것 아닌가? 만일 내가 더 많은 사랑을 받을 자격이 있는 사람이라고 인정할 수 있다면, 누군가가 나에게 한 행동에 집착하지 않고 내가 원하는 사랑을 나 자신에게 주는 데 더 집중할 수 있지 않을까?"

그렇다고 해서 누군가가 여러분에게 아주 못된 행동을 반복할 때 행동을 자제하고 가만있으라는 말은 아닙니다. 법의 개입이 필요할 수도 있고, 그 사람이 저지른 범죄를 법의 심판대에 세워야 할 수도 있습니다. 더 많은 사람들이 내가 당한 식으로 해를 입지 않도록 하는 데 필요한 이런저런 사법 절차를 밟을 수도 있습니다. 그러나 가슴에 원한을 품은 채로 그럴 필요는 없습니다. 우리 안에 카르마를 더 쌓는 방식으로 다른 이의 카르마 패턴에 맞출 필요는 없습니다. 카르마는 '잘못된 것'을 하는 것이 아니라 여러분이 여정 중에 의도치 않게 많은 장벽을 자신 안에 쌓는 것을 말합니다.

우리는 발걸음을 내디딜 때마다 장벽이 허물어지길 바라지 새로운 장벽이 생기는 것을 바라지 않습니다. 벽을 허물고 가슴을 활짝 열게 하는 것, 또 우리 자신의 불멸성의 깊이를 진정으로 맛보게 하는 것은, 자신을 사랑에 얼마나 많이 내어주느냐, 즉 사랑에 얼마나 헌신하는 삶을 사느냐에 달려 있습니다. 자신을 사랑에 내어주지 않을 때, 우리는 우주와 그리고 우리의 상상력과 끊임없이 줄다리기를 하면서 살아가게 됩니다. 모든 일이 특정한 방식으로 흘러가야 한다는 의도와 믿음을 버리지 못한 채, 우주가 우리를 위한 계획을 갖고 있으며 우리는 이 여정에서 매우 중요한 역할을 맡은 공동 창조자라는 사실을 간과하게 됩니다.

우주와 경쟁하지 말고 우주와 조화를 이루십시오. 여러분이 우주와 하나임 속에서 조화를 이루는 방법은, 우주가 언제나 그래 왔고 앞으로도 언제까지나 그러할 것처럼, 여러분도 자신을 존중하고 사랑하는 데 동참하는 것입니다. 우주는 여러분을 통해 스스로를 알아가는 심오한 경험을 하고 있습니다. 여러분과 우주 사이의 분리는 여러분이 자신을 보는 방식과 우주가 여러분을 보는 방식 사이의 거리에 지나지 않습니다. 우주는 여러분을 장엄한 창조물로 바라봅니다. 만일 여러분이 자신을 그보다 못한 존재로 본다면 여러분은 근원과 분리되었다고 느끼게 될 것입니다.

그렇다면 어떻게 이 간격을 메워서 우주와 하나가 될 수 있을까요? 이는 자신을 더 높은 가치와 존중의 눈으로 보는 법을 배움으로써 가능합니다. 그러면 어떻게 가장이나 거짓 없이 그렇게 할 수 있을까요? 아직 처리되지 않은 고통의 반영일 뿐임을 알지 못하는 우리의 그 부분들을 사랑하면 됩니다.

이것은 우리가 높은 진동에 숨어서 낮은 진동을 따돌리는 것이 아닙니다. 이것은 우리가 보상이나 징벌에 대한 영적 해석을 내리는 것도 아니며, 우주가 어떤 인과 관계에 따라 작동한다고 생각하는 것도 아닙니다. 이것은 우리가 자신의 영원한 빛을 장엄하게 발산하는 것입니다.

여러분이 얼마나 밝게 빛나면서 이 세계를 변형시키고 있는지 알기 위해서는, 그 빛을 여러분에게 비춰 여러분이 발산하는 빛의 무게를 느껴봐야 합니다. 이것은 두려울 수 있습니다. 그것은 매우 내밀한 일이지만, 그 내밀함 속에서 에고가 통제할 수 있는 건 아무것도 없습니다. 에고는 또한 자신이 원하는 것에 대한 무의식적 두려움을 키우는 역설적인 곤경에 직면합니다. 그래서 에고는 욕망을 충족하고자 애쓰는 한편으로, 그 욕망의 실현에 대한 두려움을 키워갑니다. 이는 마치 소울메이트를 찾는 데 집착하던 사람이 막상 첫 데이트가 다가오자 잔뜩 불안해지는 것과 같습니다.

사랑이 하는 일

사랑은 모든 것을 균형 있게 만들어줍니다. 사랑은 우리를 굳건히 서 있도록 해줄 뿐 아니라 확장을 촉진시킵니다. 사랑은 우리로 하여금 경험을 끌어오게 하고, 경험을 받아들이게 하며, 경험이 다가오는 순간 어딘가로 달아나지 않고 그 경험 속으로 온전히 걸어 들어가게 합니다. 사랑은 모든 것을 올바르게 만듭니다. 사랑은 지구에 온전함을 가져다줍니다. 사랑이야말로 모든 인간을 치유하고 깨어나게 하는 힘입니다.

다시 한 번 묻습니다. 여러분은 사랑에 얼마나 많은 것을 내어줄 수 있나요? 여러분은 얼마만큼 자신을 열고 사랑을 받아들일 수 있나요? 우리는 사랑을 알아감으로써, 또한 우리 자신이 사랑임을 알아감으로써 이 질문에 답할 수 있습니다. 사랑은 우리를 조종해서 경험을 변화시키는 힘도 아니고, 기쁨이나 슬픔을 느낄 때만 존재하는 것도 아닙니다. 가장 큰 환희의 순간이나 가장 깊은 상심의 순간에 여러분을 붙들어주는 지지대가 바로 사랑입니다.

사랑은 여러분이 쉬는 숨입니다. 사랑은 근원 에너지의 영원한 지지支持입니다. 우리가 자신을 더 사랑할수록 다른 사람들을 더 사랑할 수 있고, 다른 사람들을 더 순진무구한 눈으로 볼 수 있으며, 우리가 자신에게 준 사랑과 일치하는 사랑을 다른 사람들로부터 더 많이 불러낼 수 있습니다.

사랑은 우리 마음을 보호하는 가장 본질적인 형태입니다. 사랑이야말로 여러분의 핵심 본성입니다. 사랑이 치유하지 못하는 상처는 없으며, 의식의 진화에 있어서 사랑이 영적 확장의 중심점이 되어 맨 앞에서 이끌지 않는 경우는 없습니다. 이는 지금 순간도 마찬가지입니다. 우리는 지금 확장된 의식이 드러나고 있는 세계에 살면서 이제 막 통합의 기억—사랑이 모든 이를 위한 것이라는 기억—을 일별하고 맛보기 시작했습니다.

조만간 우리는 모두 충분히 갖지 못할 것에 대한 두려움이나 자신이 본래 해야 할 경험들을 하지 못할 것에 대한 두려움 때문에 자신에 대한 사랑을 숨기는 세상을 더 이상 살지 않게 될 것입니다. 사랑은 봉사입니다. 사랑은 단순히 떨어지지 않고 함께 있고 싶어서 다른 사람들을 보듬는 것이 아닙니다. 사랑은 모든 이들에게 "나는 그대를 받아들이겠습니다. 나는 그대를 존중하겠습니다. 나는 그대를 사랑의 이름으로 보살피겠습니다"라고 말하며 바치는 찬사입니다.

머잖아 우리는 통합 의식이라는 상호 의존적인 현실에서 살게 될 것입니다. 그 세계에서 우리는 오로지 개인적 이익만을 위한다거나 자기는 조금도 손해 보지 않기 위해서 어떤 결정을 내린다거나 하지 않을 것입니다. 그 대신 우리 자신을 포함한 모든 생명체에 항상

선善이 되는 결정을 내리면서 지속 가능한 의식 수준에서 살게 될 것입니다. 이 의식을 일러 저는 '마을 의식village consciousness'이라고 부릅니다.

우리가 살게 될 세상은 사람들이 서로의 행복을 위해 살아가며 함께 번영을 누리는 마을들의 집합체가 될 것입니다. 그동안 우리는 이런 것을 본 적이 없습니다. 우리가 의식 확장의 속도를 높일 때 무의식의 시계는 닳아서 없어질 것이고, 우리가 자신과 서로를 얼마나 진정으로 사랑하느냐에 따라 시간의 흐름이 문자 그대로 가속화될 것입니다. 왜냐하면 우리를 하나로 묶어주는 빛의 연결 속에서 우리가 자신을 사랑하면 세상의 치유를 돕게 되고, 세상의 치유를 도우면 나 자신이 변형되기 때문입니다. 설사 자기는 세상의 치유에 관심이 없다고 생각하더라도, 자신을 사랑하기만 하면 여러분은 자신을 변형시키게 되고, 따라서 세상도 변형될 것입니다.

지금까지 평생 에고한테 속으면서 살아왔는데, 도대체 어디서부터 치유를 시작해야 할지 어떻게 알 수 있을까요? 평소에는 에고가 우리 삶에서 그렇게 영리한 짓을 하고 있다는 걸 전혀 눈치 채지 못하다가도, 가끔은 뭔가가 잘못되고 있다는 느낌이 들 때가 있어요. 어떻게 하면 우리한테 가장 필요한 것을 인식하고 우리가 완전하다는 걸 느낄 수 있는 쪽으로 나아갈 수 있을까요?

이 문제를 해결하는 몇 가지 방법이 있습니다. 먼저, 몸에서 무거움, 압박감, 통증 같은 것을 찾아보십시오. 어떤 종류든 몸 어딘가가 편치 않다면, 그곳이 어디인지 스스로에게 이렇게 물어봅니다. "몸 어디에서 이 느낌이 들지?" 그런 다음 몸의 그 부분에게 "내가 어떤 말을 해주면 네가 이 에너지를 치유하고 이동시킬 수 있을까?" 하고 묻습니다. 몸의 모든 부분에는 자기만의 의식이 있습니다.

단지 에너지를 이동시키려고만 하는 것이 아닙니다. 몸의 의식이 "안녕, 나는 너의 한 부분이야. 사실 나는 너의 안내자 중 하나야"라고 우리에게 말을 걸고 있는 것인데, 우리는 바로 그 의식에게 호소하는 것입니다. 우리가 할 일은 그 불편함이 가장 순진무구한 수준에서 몸이 주의를 끌기 위해 보내는 신호임을 알아차리고, 신체적 고통이나 피로, 고갈로 표현되고 있는 하소연과 울음과 호소에 귀를 기울이는 것입니다. 이런 증상들은 실제로는 우리의 변연계에서 순환하는 트라우마-루프trauma-loop 기억들입니다. 그러니 그냥 증상이 몸의 어디에서 느껴지는지 찾아낸 다음, 분리를 느끼고 있는 그 부분을 향해 질문을 하면 됩니다. "네가 치유의 다음 단계로 가기 위해서 나한테 원하는 것이 뭐지?" 이런 질문으로 그 분리된 의식에 존중을 표하는 것입니다.

그런 질문을 하는 것만으로는 즉각적인 답을 듣지 못할 때가 있습니다. 그것은 도움이 필요한 그 부분이 이렇게 말하기 때문입니다. "세상에! 나는 네가 이렇게 나와 어울려줄 때가 정말 좋아!" 몸의 그 부분이 정말로 좋아하는 것은, 마치 부모가 "나는 우리 아이들에게 뭐가 필요한지 알고 있어"라고 말하며 짐작하는 것 같은 상황이 아니라 자신의 관점에서 답을 할 수 있을 때입니다. 그래요, 어쩌면 여러분이 알 수도 있습니다. 하지만 아이에게 "필요한 게 뭐지?" 하고 물어볼 수도 있습니다. 만약 아무런 답이 없다면 그때는 여러분이 어른으로서 역할을 할 수 있습니다. 하지만 여러분이 몸의 그 부분이 가진 주권을 존중하면서 소통한다면 그 부분의 의식은 말 그대로 상처를 열어 보이면서 이렇게 말할 것입니다. "이제 나는 네가 믿음직한 해방자라는 걸 알아. 그래서 너한테서 숨는 대신 이 치유 과정에 너를 맞아들일 거야."

그런데 모든 두려움의 한 구석에는 죽음에 대한 두려움이 자리잡고 있습니다. 우리의 상처들 역시 자기가 치유되는 것이 곧 자신의 죽음이 될까봐 두려워합니다. 실제로 치유는 한 형태를 다른 형태로 변형하는 일입니다. 그런데 만일 여러분의 한 부분이 자신을 '어떤 것'과 동일시하고 있고 치유가 여러분을 변형시키리란 걸 알고 있다면, 상처에게 그것은 죽음처럼 느껴질 것입니다. 우리의 상처들은 자신이 죽을까봐 두려워하며 빛을 피해 숨어 있습니다. 우리의 여정은 이런 상처들에게 "나는 사랑이야. 나는 너를 구해주기 위해 여기 있어. 나는 너를 빛 속으로 데려가고 있어. 너는 다시 태어나고 있어. 너는 이것을 죽음이라 여기고 두려워하지만, 나는 네 손을 잡고 너와 함께 있을 거야. 이것은 재탄생이지 암살 음모가 아니라는 걸 네가 알 수 있도록 말이야"라고 말하며 이 사실을 깨닫도록 돕는 것입니다. 우리는 이런 부분들과 대화를 통해 정신적으로나 감정적으로 알아감으로써 이런 부분들을 사랑할 수 있고 실제로 사랑하게 됩니다.

에고는 종종 지나친 합리화를 통해 자기가 감정적으로 연결되는 것을 피할 수 있다고 여기지만, 우리가 이 세상에서 깨닫고 있는 것은 그런 합리화가 효과가 없다는 사실입니다. 그런 식의 합리화는 균형 감각을 잃은 인간들과 지속 불가능한 지구를 만들어낼 뿐입니다.

깨어남과 깨달음의 길에서 '자아에 대한 완전한 이해'를, 지금까지 사랑받지 못했던 우리의 본질적인 부분에 사랑을 가져오는 것이라고도 할 수 있을까요?

그 말에 100퍼센트 동의합니다. 그 이유는 이렇습니다. 그동안 여러 집단에서 다양한 길을 걷고 있는 사람들에게 메시지를 전해왔는데, 종종 깨어남을 향한 뜨거운 길을 걷고 있는 분들과 함께하게 되는 기회―이것은 에너지와 관련된 것입니다―가 생기곤 합니다. 깨어남이 중요한 청중들이 꽤 있습니다.

제가 공감하며 에너지를 느낄 수 있는 때는 그들의 가슴이 봉사와 사랑에 열려 있을 때, 즉 순수하게 깨어날 때입니다. 어떤 때는 그저 자신의 삶 속에서 멈출 수 없는 그 인물로 존재하는 것이 싫어서 깨어나길 바라는 경우도 있습니다. 그럴 때는 깨어남이 자기 부정의 형태가 되고 맙니다.

어떤 사람들은 깨어남을 이런 식으로 바라보기도 합니다. "나는 더 큰 진리를 받아들이고 그 대신 내가 싫어하는 이 사람에게서 벗어날 거야. 어쩌면 그것이 나에게 새 'IP 주소'와 더 나은 현실을 가져다줄지도 몰라." 하지만 진정한 깨어남은 자신을 사랑할 때 찾아옵니다. 붓다는 보리수 밑에서 "나는 움직이지 않을 것이다. 모든 것이 나에게로 온다"라고 말했습니다. 이것이 사랑의 자세입니다. 사랑은 현재 순간에 머무는 능력을 키우는 일입니다. 우리가 무언가를 향해 다가가는 것이 아니라, 무언가가 우리를 향해 움직이도록 하는 것입니다.

자신을 사랑하는 바로 그 길이 우리를 정렬 상태로 데려가 우리로 하여금 깨어나도록 이끕니다. 하지만 감정 작업이 아직 되어 있지 않은 사람이라면 어느 날 갑자기 진리와 마주치고 깨지면서 의식의 확장이 일어나는 상황이 올 때, 영혼의 어두운 밤으로 추락할 수 있습니다.

먼저 감정이 치유되면 깨어남은 자연스럽게 찾아옵니다. 일단 깨어나고 나면, 우리는 이 미친 윌리 웡카Willy Wonka 보트(윌리 웡카는 영국의 작가 로알드 달Roald Dahl의 소설 《찰리와 초콜릿 공장》에 등장하는 기이한 성격의 소유자로, 소설 속에서 웡카는 설탕 보트를 타고 초콜릿 강을 건넌다—옮긴이)를 타고 미처 보지 못했거나 지나쳤던 온갖 것들을 다시 찾아다닐 필요가 없습니다. 깨어나기 이전은 물론 깨어나는 과정 내내 자신을 사랑함으로써 우리는 깨어남 이후에도 자신을 사랑하게 됩니다. 사랑은 모든 단계에서 역할을 합니다. 우리는 바로 이 사랑에 가장 먼저 정렬되어야 합니다.

차원들

> 3차원과 4차원에 대해 말씀해 줄 수 있나요? 지금 이 세상에 무슨 일이 일어나고 있는 건가요? 이것이 양극성인가요? 〈요한계시록〉이 실현되는 건가요? 새 마야력입니까? 이것의 정체는 뭐고, 왜 이런 일이 일어나고 있는 거죠?

네, 우리는 지금 "요한계시록: 뮤지컬"을 경험하고 있습니다. 지금은 역사에서 매우 중요한 분기점입니다. 하지만 단지 차원에 대해서만 이야기한다면, 3차원은 지구가 오랫동안 머물러온 차원입니다. 이것은 개별적인 표현의 차원입니다. 이것은 긍정적인 것입니다. 이것은 결정의 차원입니다. 이 차원에서 여러분은 기꺼이 시간의 여정을 취하면서, 양자quantum 현실에서 모든 것이 즉각적으로 실현되는 것과 달리, 사물들이 슬로모션처럼 진화하는 모습을 지켜보고 있습니다. 또한 3차원에서 우리는 개별성을 경험하고 있습니다. 그래서 서로 분리되어 있다고, 서로의 가슴에서 분리되어 있고 우주로부터 분리되어 있다고 느끼며 살고 있습니다. 이 차원의 부정적 측면은 우리가 이 차원을 통과하는 것에 저항할 때 일어납니다. 우리는 여기에 머물도록 되어 있지 않습니다.

4차원은 시간의 차원입니다. 이 시간 속에서 우리는 모두 자신의 개체성을 수용하고, 개별적인 여정에서 입은 상처들을 치유하며, 각 개인이 영의 독특한 표현이 되도록 허용할 것을 요구받습니다. 동시에 4차원은 사람들이 두려움에 기반한 미신과도 같은 영적 가르침들에 빠져드는 곳이기도 합니다. 음모론에 열광하는 것도 이 차원입니다. 마치 영적 진화의 버닝 맨Burning Man(미국 네바다 주 블랙록 사막에서 매년 일주일간 열리는 실험적 공동체 페스티벌. 행사 중 사람 모양의 조형물을 불태우는 이벤트에서 유래한 이름이다—옮긴이) 페스티벌과도 같습니다.

　5차원은 통합 의식입니다. 여기서는 우리가 각자 개인으로 존재하면서도 모두가 하나라는 깨달음을 공유합니다. '하나'에 치우쳐 자신을 잃어버리지도 않고, 개별 의식에 빠져 우리의 '하나임'을 간과하지도 않습니다. 이것은 균형의 차원입니다. 이 차원에서는 여러분 내면의 빛이 확장되어 외부로 드러나기 시작하고 다시 여러분에게 반사됩니다.

　3차원은 우리가 개체적인 존재로서 자신과 만나는 시작점인 경우가 많습니다. 그런 다음 우리는 시간의 여정을 통해 개체성의 확장을 경험하면서 '하나임'을 깨닫게 됩니다. '하나임'은 모든 것을 포괄하며, 다양성의 놀이를 통해 자신의 '하나임'을 축하합니다. 그리고 그 공간에서 우리가 진정으로 다양성을 인정하게 될 때 우리는 다른 세계, 즉 모든 규칙과 행동 방식이 관용과 포용성, 평등성을 띠는 세계에서 살아가기 시작합니다. 바로 지금, 우리는 한 세계가 깨어나고 있는 놀라운 과정을 지켜보고 있습니다. 사회가 통합 의식의 살아있는 확장으로 변모하고 있는 세상을 말이에요.

우리가 2012년 이후로 4차원에 진입했다고 할 수 있나요?

2012년은 지구가 4차원으로 진입한 때이고, 2019년은 지구가 완전한 5차원으로 진입한 때입니다. 그리고 지금, 우리가 계속해서 살아가려면, 우리는 모두 지구가 가 있는 곳으로 더 가까이 다가가야 합니다. 그러기 전까지는 지구가 더 이상 상승할 수 없다고 믿는 사람들이 많습니다. 바로 이것이 지금 온갖 혼란이 벌어지는 이유입니다. 지구는 이미 5차원으로 상승했고, 인류는 이를 따라잡아야 하기 때문입니다.

이런 일이 일어나는 동안 우리는 어떤 것들을 보고 경험하게 될까요?

우리는 고통과 상처에 시달리던 사람들이 그것을 남에게 투사하거나 정의의 이름으로 포장하는 대신 자기 행동에 훨씬 더 많은 책임을 지는 모습을 보게 될 것입니다.

진리를 인식하고 나면 사람들은 서로 학대하기를 멈추게 될 것입니다. 악당 캐릭터의 확실한 징표는 자신이 영웅이라고 확신한다는 것입니다. 이는 그들이 지닌 망상의 일부입니다. 영웅이 악당과 구별되는 지점은 영웅은 항상 모든 이를 위해 정직한 태도로 행동한다는 것입니다. 반면 악당은 자기 이익을 위해서만 정직함을 사용합니다.

조지프 캠벨 Joseph Campbell(미국의 종교학자, 신화학자로《천의 얼굴을 가진 영웅》등을 썼다—옮긴이)의 말을 잠시 인용하자면, 우리가 영웅의 구원에서 보게 될 것은 그들의 무의식이 더 자각적이고 자기 성찰적이 된다는 것입니다. 그들은 어떤 일이 일어난 뒤, "그건 나의 최고의 진실에서 나온 것이 아니었어요. 내가 당신에게 상처를 준 것 같아요. 정말 미안해요"라고 말할 수 있는 사람들입니다.

이것이 바로 진화의 도약입니다. 이와 동시에 우리가 지닌 놀라운 힘과 능력이 현실로 구현되는 상황이 펼쳐질 것입니다. 이제 이런 힘 가운데 어느 것이 우리가 사는 세상에 가장 실용적인가 하는 문제만이 남게 됩니다. 사실 우리 모두는 '이미' 초자연적인 현상을 경험하고 있습니다.

살기 위해 죽기

우리 한 사람 한 사람은 진화하고 있는 영적 마스터로서, 마침내 자신이 완전한 이해에 이를 것임을 자각하기 시작했습니다. 완전한 이해를 향해 한 걸음씩 나아갈 때마다 우리는 사물들 사이의 공간을 경험하기 시작할 것입니다. 차원들 속의 차원들을 경험하기 시작할 것이고, 깨어 있는 삶을 더 큰 꿈의 상태로 경험하기 시작할 것입니다. 사물은 더 이상 예전처럼 실재로 느껴지지 않을 것입니다. 우리는 에고가 그 타당성을 인정해 줄 필요가 없는 수준에서 사물들에 대해 '알게' 될 것입니다. 우리는 마침내 자신의 느낌을 신뢰하고 내면의 안내에서 오는 감각들이 우리를 이끌도록 허용함으로써, 가장 사랑스러운 방식으로 더 안전하게 자신의 느낌을 대면하게 될 것입니다. 그때 우리는 완전한 현존 속에서, 판단의 자리가 아니라 겸손의 자리에서 살게 될 것입니다.

우리의 영원한 본성을 맛보려면 에고의 죽음을 직면해야 합니다. 깨어남과 관련해 가장 놀라운 일 가운데 하나는, 우리가 끝없는 심리적 죽음들을 견디며 살아가는 데 깨어남이 도움을 준다는 사실입니다. 이런 식으로 죽음과 함께 춤을 출 수 있어야만 사랑이 최우선 순위가 될 수 있습니다. 어떻게 살아야 할지 알기 위해서는 옛 자아들이 죽어야 합니다. 우리가 이런 죽음을 경험하기 전까지는 에고에게 이익이 되지 않는, 사랑이라는 선택을 할 수가 없습니다. 사랑이 선택의 여지 없는 선택이 되었을 때의 그 아름다움이야말로 깨어남이 우리에게 주는 가장 큰 선물이 됩니다.

깨어날 때, 인간적인 조건의 한계들을 뛰어넘기 위해 우리가 몸을 떠날 필요는 없습니다. 의식을 확장함으로써 우리는 여전히 몸을 입은 채 지구에 머물면서도 의식은 천상의 영역을 노닐게 될 것입니다. 우주는 그 어느 때보다도 깊은 수준에서 자신을 인식하게 되며, 우리의 확장된 에너지는 그 수준에 맞게 구체적으로 모양과 형태를 갖추게 될 것입니다.

에고가 벌이는 게임

《사랑을 위한 모든 것》을 쓰셨죠? 그 책에 이런 대목이 있어요. "에고가 끊임없이 원하는 것을 얻는다 해도 이전보다 더 행복해지지는 않는다." 그러니까 에고는 자기가 진짜로 뭘 원하는지 모를 뿐 아니라 자기가 원한다고 생각하는 것을 얻어도 여전히 행복하지 않을 거라는 거죠. 우리 모두 공감할 수 있는 이야기라고 생각해요. 그렇다면 에고는 대체 뭔가요?

에고는 심리적 밀도의 스펙트럼입니다.(물리적 우주에서 스펙트럼상의 여러 밀도로 나타나는 마음의 측면을 에고라고 설명하는 듯 보인다.—옮긴이) 에고는 지구에 뿌리를 내리고 살아가는 데 도움을 줍니다. 만일 여러분에게 에고가 없다면 알몸으로 눈보라 속으로 걸어 들어갈 수도 있습니다. 뭘 두르거나 옷을 입는 것도 잊은 채 말입니다. 에고가 없으면 분별하는 감각이 없어서 세상에서 제대로 살아가지 못할 것입니다.

우리는 에고 덕분에 수많은 사람들 속에서 개별적 존재로서 자신을 경험할 수 있습니다. 하지만 여러분이 자신을 에고와 동일시하게 되면, 우리 안의 최고의 지혜가 주는 힘으로 대응하기보다는 치유되지 않은 트라우마의 고통과 패턴에 따라 결정을 내리게 됩니다. 자신을 에고와 동일시할 때 우리는 흔히 "내가 이 사람보다 나아" 또는 "저 사람이 나보다 나아" 같은 믿음을 갖게 됩니다. 에고는 자신을

―혹은 다른 사람들을―단 위에 세워놓고 추앙하기를 좋아합니다.

그리고 당연하게도 다른 사람들을 단 위에 올려놓고 나면, 내가 생각하는 나보다 더 큰 존재인 그들을 미워하는 마음이 들면서 그들을 끌어내리고 싶은 충동이 따라오게 마련입니다. 에고는 필연적으로 자신이 창조하는 모든 것들을 해체하게 되어 있습니다. 그야말로 자기 충족적 예언인 셈입니다.

그러나 더 높은 관점에서 보면, 이 모든 것은 더 깊은 치유가 일어나도록 하기 위해 심리적 밀도가 짙어지거나 옅어지면서 우리의 집착을 느슨하게 하고 우리의 날카로운 끝을 무디게 만드는 과정이라고 볼 수 있습니다. 이것을 알아보는 것은 판단이 아닙니다. 나비가 해방되고 재탄생하기 위해 필요한 고치를 갖고 있다고 해서 그런 자신에 대해 판단하지 않는 것처럼, 이는 단지 여정에서 자기가 어디쯤 왔는지 보여줄 뿐입니다. 누가 여정의 어디쯤 왔든 간에, "나는 남들과 비교하면서 내 고통을 숨기는 대신 내 패턴들을 똑바로 마주할 만큼 나 자신을 사랑할 수 있는가?"라는 질문은 여전히 남습니다.

에고는 일종의 믿음의 함수 같은 것일까요? 모든 것이 집중, 생각, 믿음으로 귀결되지 않나요? 에고가 진 짐을 가볍게 하려면 작업이 필요한가요? 아니면 단순히 에고에 더 많은 사랑을 보내주기만 하면 될까요?

만일 우리가 자기 안에 제한적인 믿음이 있는 것을 본다면, 그 믿

음은 사랑받기 위해 거기 있는 것입니다. 그래서 우리는 그 믿음을 향해 이렇게 말합니다. "너는 나의 일부이고, 사랑받기 위해 여기 있는 거야." 대체로 사람들은 자신의 생각을 관찰하고, 자신의 믿음을 추적하고, 필요할 때는 해체하기를 원합니다. 이것은 마음의 남성적 메커니즘을 다루는 매우 남성적인 방식입니다. 양극성의 법칙에 따르면, 남성적 메커니즘은 그 반대인 여성적 진동으로 균형을 이루어야 합니다. 깨어남은 실제로 가슴과 머리(마음)를 동일한 공간으로 데려가는 과정입니다. 머리는 가슴으로 들어가고 가슴은 머리로 들어가는 것입니다. 제한적인 믿음이 있을 때 그 믿음은 사랑을 받음으로써 치유가 됩니다.

제한적인 믿음과 생각은 언제나 우리가 지닌 트라우마를 반영합니다. 에고의 밀도는 우리가 얼마나 많은 내면 작업을 했는지, 또는 앞으로 얼마나 많은 작업을 해야 하는지를 알려줍니다. 이 모든 것은 사랑으로만 해소될 수 있습니다. 사랑으로 해소하지 않으면 우리는 정신 분석이라는 전쟁터에서 계속 자신과 싸우게 됩니다. 의식이 깨어날 때 우리는 마음의 문제를 마음의 차원에서 해결하는 것이 아닙니다. 가슴이 마음(머리)을 치유하도록 함으로써, 또는 마음이 가슴을 위한 공간을 마련하도록 함으로써 그 둘이 우리 존재의 중심에서 만나도록 하는 것입니다.

그러면 에고는 영원히 사라지나요? 사멸하는 건가요?

에고는 죽음을 겪지만, 에고가 자신의 죽음이라고 여기는 것은 실은 영혼의 재탄생입니다. 살아있는 어떤 것도 실제로는 죽지 않기 때문입니다. 다만 모습과 형태를 바꿀 뿐입니다. 사람들이 죽어서 지구를 떠날 때처럼 그것들도 모습과 형태를 바꾸고 다른 차원으로 가는 것입니다. 그래서 그것을 에고의 죽음이라고 할 수도 있지만, 사실은 에고의 재탄생입니다.

에고는 저쪽 세계에 이르기 전까지는 자신이 재탄생한다는 걸 알지 못합니다. 저쪽 세계에 이르고 나면 이제 에고는 더 이상 예전의 에고가 아닙니다. 에고는 변화를, 혹은 자신이 선호하는 것 이외의 모든 것을 죽음으로 인식하기 때문에, 어떤 대가를 치르고서라도 그것을 피하려고 합니다. 그래서 우리는 사랑이 되어 에고가 두려움을 이기고 재탄생에 적응하도록 돕는 것입니다.

💬 우리 인생에서 유쾌하지 않은 일이 일어나는 건 우리가 잘못된 것들을 끌어왔기 때문에 혹은 '끌어당김의 법칙'을 올바르게 사용하지 못했기 때문에 그런 건가요?

우리는 자기만의 주관적인 방식으로 어떤 것을 긍정적으로 혹은 부정적으로 바라봅니다. '나쁜 것'이라는 판단은 우리가 선택한 지각에 따라 달라집니다. 우리는 무엇이 긍정적인지 부정적인지를 스스로 판단하지만 어느 쪽을 선택하든 그것은 실재가 아니라 우리의

믿음을 반영한 것일 뿐입니다.

　이 말은 어떤 사물이나 현실이 우리가 언급하기 전에는 존재하지 않는다는 식의 이야기도, 또 끌어당김 법칙의 근육이 파열되는 바람에 혼란을 끌어오고 말았다는 식의 이야기도 아닙니다. 끌어당김의 법칙에서 중요한 것은 영과 정렬되는 것입니다. 우주는, 우리가 창조하겠다고 말할 때, 우리가 현실 창조manifestation에 다가가는 것보다 그 현실 창조가 우리에게 더 가까이 있다고 말합니다. 그러니 고요하게, 마음을 열고, 그것이 어떤 형태로 다가오든 그대로 받아들이십시오.

　이것은, 끌어당김의 법칙이 현실을 통제하는 영적인 방법을 가르치기보다 우리를 에고의 통제로부터 벗어나도록 할 수 있다는 걸 보여주는 좀 더 초연한 관점이라고 할 수 있습니다.

💬 무엇이 되었든 '내 곁을 떠난 것'과의 영원한 연결을 받아들이면서도 동시에 슬픔을 위한 공간을 마련하려면 어떻게 해야 할까요?

　슬픔을 위한 공간을 늘 마련해 두세요. 슬픔이 다가오면 그 느낌을 허용하고, 그 느낌을 모든 상처를 품고 치유하는 신의 사랑으로 받아들이십시오.

　자신을 위로할 때마다 우리는 우주와 같은 편에 서게 됩니다. 우리는 형태를 입은 '신'입니다. 실제로 슬픔과 영원한 연결 사이에는 아무런 간극이 없습니다. 단지 우리를 마비시킬 정도의 큰 슬픔이 올 때 기쁨, 연결, 확장의 느낌과 매우 대조되어 보이는 것뿐입니다. 확실히 이런 감정 상태들은 서로 매우 다릅니다. 하지만 영은 어떤 감정 상태도 아닙니다. 영은 존재의 바다 안에서 이리저리 밀려왔다 밀려가는 파도와도 같은 모든 감정들을 품고 있는, 사랑의 무한한 원천입니다.

슬픔은 파도이고, 영은 바다입니다. 호흡은 우리가 하나하나의 파도를 지켜보는 바다임을 기억하는 행위입니다. 우리가 자신의 감정을 위로할 때, 사랑으로 감정의 파도를 붙잡아줄 때, 우리는 바다가 되어 파도를 치유하며 거친 물결을 고요하게 만드는 데 도움을 줍니다. 이것은 바로 우리가 영임을 기억하는 것입니다.

파도가 아무리 높아도 그것을 품고 있는 바다를 위협하거나 익사시킬 수는 없습니다. 어떤 감정이 얼마나 고통스럽고 어떤 생각이 얼마나 두렵든, 그 감정이나 생각은 해변을 찾는 모험을 그만두고 바다로 돌아갈 수 있도록 사랑을 요청하는 파도일 뿐입니다. 우리가 자신을 더 사랑하는 법을 배울 때, 우리는 우리의 치유 여정을 굳건히 하는 신성한 기억의 힘을 작동시키게 됩니다. 이와 함께 우리는 세상의 진화를 위해 더 높은 주파수로 자신의 빛을 비추는 방법을 배우게 됩니다. 인류가 아무리 갈등을 겪고 멸망 직전에 처한 것처럼 보여도, 이 끝없는 질문의 세계에서는 사랑만이 유일한 답입니다.

💬 저는 장애가 있는 성인 자녀를 돌보고 있어요. 책임감 때문에 제가 원하는 걸 아무것도 못하는 건 물론이고 나 자신으로 사는 것조차 힘겹네요. 이제 나이도 들어가고 기력도 떨어지는데, 이런 상황에서 어떻게 하면 기분이 나아질 수 있을까요?

───────── ⚛ ─────────

여러분이 장애가 있는 사람과 함께 있거나 그런 이들을 돌보는 경우라면—혹은 그들에 대한 책임감 때문에 정작 하고 싶은 일을 못한다는 생각에 가슴이 아프고 부끄러움을 느끼는 경우라면—언제든 마음속으로 조용히 이렇게 말해보십시오. "나를 도와줘서 고마워. 내가 사랑의 마음으로 봉사에 헌신할 수 있도록 도와줘서 고마워. 사랑이 희생이 아니라 선택임을 기억할 수 있게 도와줘서 고마워."

만일 우리가 장애가 있는 성인 자녀를 돌보고 있고, 그렇게 선택된 것에 의무감까지 느끼고 있다면, 그렇게 선택된 것에 다른 의미는 없는지 살펴볼 여유를 찾아야 합니다. 매일 아침 눈뜰 때마다 이렇게 의도를 세워보세요. "설령 내가 이 일을 얼마나 싫어하는지 인정할 만한 여지가 있더라도, 나를 선택한 이 상황을 내가 의식적으로 선택하고, 나를 선택한 그 일들이 나를 더 밝고 더 나은 존재로 만들어주는 것에 감사할 수 있기를 바랍니다. 나는 내가 정직하고 명예롭고 감사하는 사람이 되기를 바라며, 나를 선택한 그 상황을 내가 스스로 선택할 수 있기를 바랍니다."

이런 마음을 품는다면 여러분은 희생의 고통을 견딜 필요가 없다는 걸 알게 될 것입니다. 그러면 실제로 그 상황이 영원한 자유로 가는 문이 될 것입니다.

사랑의 여러 수준들을 느끼시나요? 사랑에 다양한 진동이 있습니까?

네, 사랑에는 여러 가지 진동이 있습니다. 개인적인 사랑이 있고, 로맨틱한 사랑이 있고, 부모의 사랑이 있고, 형제자매 간의 사랑이 있고, 친구들 간의 사랑이 있고, 또 영에게서 느껴지는 사랑도 있습니다. 우리가 더 높이 진동할수록 사랑은 더 강렬해집니다.

여러분의 진동이 올라갈수록 현실을 창조하는 사랑의 힘은 더 커집니다. 진동이 충분히 높아지면 사랑은 단지 서로의 가슴을 만족시키는 수준을 넘어서게 됩니다. 그것은 두 사람의 빛이 하나로 합쳐져 새 세계가 창조되기 때문입니다.

탄트라 같은 수련법에서는 성행위가 더 높은 차원의 현실들에 다가가는 매우 신성하고 의도적이며 영적인 수단이 됩니다. 이러한 이해 및 육체적·감정적·영적 연결을 존중하는 과정은 신과의 통합으로 가는 문이 됩니다.

사랑에는 여러 수준이 있습니다. 진동이 높을수록 사랑은 우리 자신과 우리가 사랑하는 이들을 위한 더 순수하고 더 강력한 치유제가 됩니다. 하지만 가장 높은 수준의 사랑은, 우주의 '견제와 균형'

의 일부인, 다양한 수준의 진실성과 행위를 통해서만 도달할 수 있습니다.

💬 공황 발작이나 두려움과 관련해서 도움 주실 만한 말씀이 있을까요?

그런 감정이 느껴지면 먼저, "나는 이 두려움과 공포가 오직 사랑 받기 위해 찾아왔다는 걸 받아들인다"라고 자신에게 말하십시오.

둘째, 이것은 그 느낌에 너무 압도돼 그렇게 말하기가 쉽지 않을 때 여러분이 해야 할 전부일 수 있는데, 되도록 조용한 곳에 앉아서 하나부터 열까지 천천히 셉니다. 그 다음에 다시 거꾸로 열부터 하나까지 세세요. 그리고 그냥 느낍니다.

수를 세는 동안 모든 것이 이완되는 느낌이 들 겁니다. 이때 신경계는 조절 상태로 들어가게 됩니다. 여러분의 어떤 한 부분이 수를 더 빨리 세고 싶어 한다는 느낌이 들 수도 있습니다. 그런 느낌이 드는 것은 지금보다 더 빨리 그 순간을 넘기고 싶다는 불안감 때문입니다. 불안감이 여러분으로 하여금 의식의 제한 속도를 뛰어넘기를 바라고 있는 것입니다!

천천히 열까지 세고, 다시 하나까지 셉니다. 미래의 가능성에서 물러나와 현재 순간에 머무릅니다. 그 순간을, 경험해야 할 속도보다 더 빠르게 서둘러 통과하려 하지 마십시오.

심오하네요, 매트! 지금까지 들려주신 모든 말씀에 정말이지 깊이 감사드립니다.

이 메시지를 접하신 모든 분들께 이 자리에 참여하고 또 함께해 주셔서 감사하다는 말씀을 드립니다. 이 시기에 이 지구에 살아있어 주셔서 감사합니다. 여러분이 집중하거나 마음 쓰고 있는 일에서 설령 큰 좌절을 느끼고 있을지라도 자신의 빛을 비춰주셔서 감사합니다.

역사상 가장 강렬한 격동의 시기인 지금 지구에 살아있는 것만으로도—그저 살아있는 것만으로도—여러분은 이 행성에 빛을 가져오고 있는 것입니다. 여러분은 진동 주파수를 현실에 구현하고 있습니다. 역사 속의 누구와도 다른 고유한 개인으로서 여러분은 이전에 결코 알려진 바 없고 앞으로도 결코 알려지지 않을 진동을 이 지구에 가져오고 있습니다.

여러분이 개인적으로 어떤 선택을 하고 어떤 일을 하든, 자신을 고양시키고 사랑하든 아니면 자신을 비하하든 간에, 여러분이 우주의 가장 고귀한 사명을 수행하고 있다는 사실은 결코 바뀌지 않습니다. 여러분이 어디를 걷든 어떻게 호흡하든, 오직 여러분만이 가져다줄 수 있는 고유한 진동 주파수를 이 세계에 전해주는 사명을 수행하고 있는 것 말입니다.

나는 여기 있습니다. 여러분과 함께 있습니다. 나는 여러분을 봅니다. 나는 여러분에게 경의를 표합니다. 나는 여러분을 위해 봉사합니다. 나는 사랑의 이름으로 여러분에게 봉사합니다.

사랑합니다.

매트와 그의 책, 그의 채널링에 대해 더 알고 싶은 분들은 매트의 웹사이트 www.mattkahn.org를 방문하시기 바랍니다.

CHAPTER 5

치유, 채널링, 빛 언어 능력 계발하기

대니얼 스크랜튼이 전하는 '9D 아크투르스 위원회'의 메시지

대니얼 스크랜튼에 대해

　대니얼 스크랜튼Daniel Scranton은 트랜스 채널trance cahnnel(트랜스 상태에서 채널링을 하는 채널러—옮긴이)이자 영적 교사이며 소리 치유사sound healer입니다. 그는 2010년 가을부터 '창조자들The Creators'로 알려진 12차원의 비물질적 집단을 채널링해 왔습니다. 이후로 다양한 안내자들과 집단들이 대니얼을 통해 메시지를 전달해 왔는데, 그중에는 대천사 미카엘, 대천사 가브리엘, 관음보살, 예수아Yeshua, 하토르Hators, 플레이아데스 7인 고위 위원회Pleidian High Council of Seven, 아크투루스 위원회Arcturian Council 등이 들어 있습니다. 또한 대니얼은 빛 언어light languages와 치유 배음healing overtones(배음이란 기본음의 정수 배로 발생하는 상위 주파수를 말하며, 치유 배음은 특정 주파수와 배음의 원리를 활용하여 인체의 에너지장, 세포, 또는 특정 신체 부위가 조화로운 상태를 회복하도록 돕는다—옮긴이)을 채널링하고 있으며, 널리 호평받은 시리즈 《상승: 5차원으로의 전환Ascension: The Shift to the Fifth Dimension》을 포함해 여섯 권의 책을 썼습니다.

9D 아크투루스 위원회 가르침의 네 기둥

　알로하, 대니얼! 함께해 주셔서 정말 기쁩니다. 지금 어디 계신가요?

여깁니다! 저는 지금 마우이의 할레아칼라 산에 있습니다. 지구의 심장 차크라라고 알려진 곳이지요.

그런 곳에도 누군가는 살아야죠. 나쁘지 않네요. 멋져요. 그럼 아크투루스인들로부터 채널링한 주요 메시지들을 들려주실래요?

아크투루스 인들이 늘 강조해 온 것은 받아들임과 용서, 자비compassion, 그리고 무조건적 사랑입니다. 나는 삶의 이 네 가지 덕목이 모든 사람의 목적이자 사명이라고 믿습니다. 일반적으로 생각하는 것과 달리, 삶의 목적과 사명은 우리가 해온 일이나 경력과는 거의 관계가 없습니다.

일과 경력도 중요하지만, 우리에게는 가족도 있고, 친구들도 있고, 그런가 하면 우리를 귀찮게 하는 사람들도 있습니다. 살다 보면 우리의 의도와 상관없이 하게 되는 경험들이 있고, 그로 인해서 이런저런 감정들도 느끼게 되는데, 이런 것이 '진짜 일'입니다. 이것이 전부입니다. 거기에 덧붙여 앞의 네 가지 덕목을 실천함으로써, 다시 말해 우리 스스로에게 그런 덕목을 적용함으로써 우리는 상승할 수 있게 됩니다. 이 밖의 모든 것은 그러한 실천 기회를 갖기 위한 것에 불과합니다.

받아들임과 용서, 자비, 그리고 무조건적 사랑. 나는 이것이 올바른 순서라고 믿어요. 왜냐하면 "나는 이 일이 일어났다는 것을 받아들이는가? 내가 이 일의 공동 창조자임을 인정하는가?" 하고 먼저 묻지 않고서는 "나는 모든 사람을 용서합니다"라고 말할 수 없기 때문입니다. 또한 앞의 물음에 답을 못하고 자기가 희생자라는 의식 상태에 계속 머물러 있다면, "좋아. 나는 저 사람(들)을 용서할 거야"라고 말하기가 어렵기 때문입니다.

훌륭하고 멋진 말씀이네요. 그럼 이제 그들을 불러볼까요?

9D 아크투루스 위원회의 메시지

여기 계신 모든 분들과 함께하게 되어 매우 기뻐요. 우리는 언제나 여러분과 함께 있습니다. 우리는 지금 이 시기에 지구에서 일어나고 있는 여러분의 영적 진화를 돕기로 동의했습니다. 우리는 여러분의 의식 진화 과정에서 모종의 도움이 필요하리라고 알고 있었고, 여러분 또한 그런 도움이 필요하리라는 걸 알고 있었습니다. 우리는 하루 24시간 여러분 누구한테나 열려 있습니다. 언제든 어떤 일이든 우리가 필요할 때는 요청하세요. 우리는 무수히 많은 곳에 동시에 집중할 수 있는 능력이 있으며, 그래도 절대로 집중력이 떨어지지 않습니다. 우리는 여러 사람의 질문에 동시에 답하는 멀티태스킹을 해도 전혀 약해지지 않습니다. 그러니 아무 때나 우리를 불러주셔도 됩니다.

여러분 중에는 우리를 채널링할 수 있다는 걸 알게 될 분도 계실 텐데, 적극 환영합니다. 우리는 우리와 연결을 원하는 분은 누구든지 환영합니다. 우리는 지구에 아크투루스 에너지를 정착시키고 이 시대에 영적 공동체나 뉴에이지 커뮤니티에서 진행되는 대화에 우리의 메시지를 보태는 데 아주 관심이 많습니다.

우리는 여러분 모두의 깨어남 과정에 관심이 매우 클 뿐 아니라, 여러분이 마침내 상승을 이루어 5차원의 더 높은 자아가 되도록 도와줄 깨어남의 모든 부산물 또는 부수 효과에도 관심이 큽니다. 이것은 모든 사람이 '이번 생'에서 이룰 궁극의 목표입니다. 지금 지구에 살고 있는 사람이라면 누구나 상승이 가능합니다.

치유, 채널링, 빛 언어 능력 계발하기

▍깨어나기

깨어난다는 것이 무엇인지에 대한 우리의 정의부터 말씀드리겠습니다. 우리는 '깨어남awakening'이 다양한 사람들에게 다양한 의미로 받아들여진다는 것을 압니다. 깨어난다는 것에 대한 우리의 정의는, 여러분이 몸을 입은 근원 에너지이며, 이는 지구의 모든 이들뿐 아니라 은하계와 우주, 다중 우주의 모든 존재들 또한 마찬가지라는 것을 여러분이 온몸으로 알게 되는 것입니다. 모든 것이, 모든 존재가 순수한 근원입니다.

근원 바깥에는 아무것도 없습니다. 근원은 근원 스스로를 사용해 우리 하나하나를 창조했습니다. 우리는 모두 근원으로 이루어져 있습니다. 우리는 단지 근원의 작은 한 조각만 갖고 있는 게 아닙니다. '모든 것'이 근원입니다. 모든 것이 근원이라는 동일한 재료로 이루어져 있습니다. 여러분이 이런 깨달음에 이를 때 여러분은 그에 부합하는 삶을 살아가게 됩니다.

다른 이들이 무엇을 하든, 무슨 말을 하고 무엇을 믿든, 그들을 근원으로 보는 것이 그 과정에서 중요한 단계입니다. 왜냐하면 여러분이 다른 이들과의 관계에서 어떤 일을 겪든 실제로 여러분과 그들 사이에는 어떤 분리도 존재하지 않기 때문입니다.

이제 여러분은 "어떻게 그럴 수 있지?" 하고 의문을 가질 수도 있습니다. 다른 사람들과의 관계에서 힘든 경험을 하고 있는 사람이라면 이런 의문이 깨어남에 장애가 될 수도 있습니다. 이들은 남들에게 상처를 받았거나, 남들이 사람이나 동물에게 끔찍한 짓을 하는 것을 보았을 수도 있습니다. 자신의 사업이 환경에 어떤 영향을 미치는지 전혀 상관하지 않는 사람들, 폭탄을 떨어뜨리며 전쟁을 벌이는 사람들, 언어적 폭력을 휘두르는 사람들이 있습니다. 이런 사람들이 어떻게 근원을 대변하거나 어떤 식으로든 근원 에너지의 한 측면이 될 수 있을까요? 이 질문에 대답하려면 우리는 태초로 돌아가야 합니다.

▌이 모든 것은 어떻게 시작되었나?

태초에 근원이 있었고, 근원은 자신을 알기 원했습니다. 그러기 위해 근원은 특정한 경험들을 할 수 있고 그렇게 다양한 경험을 하기 위해 근원의 다른 부분들로 갈 수 있는, 의식을 지닌 개별화된 존재들을 창조해야 했습니다. 여기서 개인들 사이의 분리라는 생각 또는 환상이 생겨나고, 육체를 가질 필요가 생겼습니다. 또한 망각 과정도 필요해졌는데, 그래야 사람들이 특정한 경험을 하거나 특정한 존재(외계 존재를 포함)가 될 수 있었기 때문입니다. 이것은 여러분이 자신과 다른 모든 이들이 진정으로 누구인지를 잊어야 가능한 일이었습니다. 그와 동시에 여러분은 "각자가 누릴 수 있는 것은 한정되어 있고, 만일 내 몫보다 더 얻지 못하면 나는 죽어서 사라질지도 몰라"라며 죽음과 결핍이라는 관념을 믿기 시작했습니다.

전 우주의 존재들이 망각 속에서만 가능한 특정 경험을 하기 위해서는 이런 유형의 믿음이 필수적입니다. 그리고 이런 경험을 통해 특정한 감정을 느끼는 것이 가능해졌습니다. 만일 여러분이 진정으로 누구이고 무엇인지를 망각하지 않았다면, 또한 여러분이 이 현실을 창조했음을—여러분이 경험하고 있는 이 현실이 여러분의 창조물임을—망각하지 않았다면, 여러분은 특정한 감정들을 느끼지 못했을 것입니다. 여러분이 피해 의식을 느끼고 절망의 구덩이에 빠지는 경험을 하기 위해서는 이런 망각이 필수적입니다.

그렇다면 이런 절망의 구덩이에서 빠져나오기 위해서는 어떻게 해야 할까요? 만일 여러분이 깨어난다면, 구덩이 밖으로 빠져나오기가 훨씬 쉬울 것입니다. 하지만 아직 깨어나지 못한 사람이라 해도 그런 절망스런 일이 자기 인생에서 일어났으며, 아주 불쾌한 사람과 그런 경험을 했다는 것을 받아들이는 지점에 이를 수는 있습니다. 나아가 만일 자신이 가만히 앉아서 계속 그 부정적인 감정에 빠져 있다면 인생의 남은 날들을 그 구덩이에 빠져 지내야 할지도 모른다는 것을 깨닫고 거기에서 벗어나기를 원할 수 있습니다. 그렇게 해서 자신이 처한 이 기분 나쁜 상황에서 벗어나는 길이 분명 있으리란 걸 깨닫게 됩니다.

▎감정의 여정과 의미

영성이나 심리학 쪽에서 어떤 식으로든 작업이나 연구를 해왔거나 이런 분야에서 사람들을 돕는 직업을 가진 이들은 대부분 감정을 느끼는 일의 중요성을 인식하고 있습니다. 자신의 감정을 받아들이는 일이 필수적이기 때문입니다. 상황을 받아들이고, 상대를 받아들이며, 그 상황에 처해 있는 여러분 자신을 받아들여야 합니다. 자신을 비난하라는 의미가 아닙니다. 또한 자신의 감정을 인간으로 살아가는 과정의 일부로 받아들여야 합니다. 감정은 지구에서 특정한 경험을 하며 살아가는 과정의 일부입니다.

자신의 감정을 받아들이고 처리할 수 있는 단계에 이르면, 여러분은 존재 전체로 그 감정을 느끼고, 그 감정 안으로 호흡해 들어가고, 그 감정을 품어 안으며, 또 그 감정이 끝이 있다는 것을 알게 됨으로써, 그 감정을 떠나보낼 수 있습니다. 이렇게 하면 감정은 결국 흩어져 사라지고 맙니다. 여러분이 자신의 내면을 상대로 꼭 해야 하는 작업이 바로 이것입니다. 많은 사람들이 깨닫지 못하고 있는 것은 자신이 느끼고 있는 부정적인 감정에 '끝이 있다'는 사실입니다. 마약이나 알코올 혹은 처방받은 약으로 자신을 마비시킬 필요가 없습니다. 쇼핑, 도박, 섹스, 흡연, 그 밖의 어떤 유형의 중독으로도 자신을 마비시킬 필요가 없습니다. 모든 중독은 자신을 무감각하게 만들어 고통을 잊으려는 방법입니다.

  자신이 겪고 있는 고통에 끝이 있다는 것을 깨닫게 되면, 여러분은 기꺼이 그 안으로 들어가서 그 고통을 완전히 느끼고, 그리하여 그 고통을 내려놓고 풀어주게 될 것이며, 마침내 고요와 평화, 내면의 균형에 이르게 될 것입니다. 그리고 중립적인 감정을 느끼게 될 것입니다. 기분이 아주 좋아지지는 않더라도 어느 정도 안정감이 느껴집니다. 더는 부정적인 감정이 느껴지지 않는 지점에 도달하게 되는 것입니다. 이제 여러분은 자신에게 이렇게 말할 수 있습니다. "이 사람을 용서하고 싶어. 이 감정도 놓아버리고 싶어. 이 증오에 매달려 있고 싶지 않아." 어떤 사람이나 상황에 대해 느끼고 있는 원망, 분노, 두려움 따위도 마찬가지입니다. 이런 감정들이 이제는 좋게 느껴지지 않을 것입니다. 그만 놓아버리고 싶어집니다. 감당하기 힘든 감정들을 모두 처리하고 절망의 구덩이에서 빠져나오고 나면, 여러분은 다시는 그곳으로 돌아가고 싶지 않을 것입니다.

  그 대신 여러분은 용서하기로 마음먹습니다. 그래서 자신에게 "난 이 행동과 이 사람을 용서해"라고 말합니다. 그러고 나면 여러분은 그 사람이 살아오면서 어떤 식으로든 학대나 상처를 받았고 자신이 감당하기 매우 버거운 것과 싸워오고 있었으며, 그것을 여러분에게 쏟아내고 있었다는 것을 이해하게 될 수도 있습니다. 심지어 여러분에게 상처를 준 그 사람에게 자비심을 느끼는 지점까지 나아갈 수도 있습니다.

여러분이 그 지점까지 나아가 자신의 진정한 본성인 무조건적 사랑과 연결되었다고 해서, 그것이 곧 "나는 그 학대 행위를 사랑해" "나는 그 모욕적인 말을 사랑해" 또는 "나는 부정적이고 내게 상처를 준 모든 일을 사랑해"라고 말한다는 뜻은 아닙니다. 그 대신 여러분은 이렇게 말할 수 있습니다. "나는 이 일에도 불구하고 사랑이 되기로 선택했어. 이게 진정한 나니까." 따라서 여러분이 이해한다고 말할 때 그 말의 의미는, 처음에는 비록 지적인 개념으로만 받아들였을지라도, 결국은 자신이 근원이란 사실을 여러분이 온몸으로 이해하기 시작했다는 뜻입니다.

"그래, 알겠어. 이 모든 게 지금 어떻게 작동되는 건지 알겠어. 양자물리학에서 입자들이 서로 어떻게 반응하는지, 또 관찰자에게 어떻게 반응하는지 양자 얽힘quantum entanglement(두 입자가 먼 거리에 있어도 계속 연결되어 한 입자에 행해지는 작용이 다른 입자에게도 즉각적으로 영향을 미치게 되는 현상—옮긴이)을 연구한 내용도 봤으니, 이 모든 걸 머리로 이해할 수 있어." 처음에는 이렇게 시작할 수 있지만 마침내 진정한 깨어남으로 나아갑니다. 자신이 진정 누구인지, 망각하기 전의 자신이 누구였는지에 관한 진실에 깨어나고, 나아가 사랑의 느낌을 통해서 근원이 무엇인지를 분명히 정의할 수 있게 됩니다.

자신이 근원임을 진정으로 알고 싶다면, 여러분은 무조건적인 사랑이 되기를 원해야 합니다. 살면서 어떤 일이 닥치고 어떤 상황이 벌어지든, 그것이 여러분이 원한 것이든 아니든 이렇게 말할 수 있어야 합니다. "나는 사랑이 되기로 결심했어. 나의 목표는 어떤 상황에서든 사랑을 발산하고, 사랑으로 반응하고, 저마다 기대했던 상황에서 사랑을 받지 못한 사람들에게 사랑을 주는 거야." 이럴 때 여러분은 큰 만족감을 느끼게 됩니다. 왜냐하면 그 순간 여러분은 근원 에너지가 여러분에게 그리고 여러분을 통해 흐르도록 허용하고 있는 것이기 때문입니다.

앞에서 우리는 모든 것이 근원이라고, 모든 것이 근원으로 이루어져 있다고 말했습니다. 여전히 분리된 것처럼 보이는 삶에서도 여러분이 심장 공간에 집중하여 근원에 자신을 조율한다면, 더 깊이 근원을 느끼는 경험을 할 수 있습니다. 심장 공간(심장 차크라, 그 안의 공간)에 집중할 때, 근원 에너지의 차원으로 직접 데려다줄 포털portal에 접근하기가 더 쉬워집니다. 심장의 중심에 조율되면 따뜻한 빛을 느낄 수 있습니다. 사랑의 감각을 느낄 수 있습니다.

감정 다루기, 근원 에너지 느끼기

부정적인 감정을 다룰 때는 그 감정에 온전히 주의를 기울이면서 큰 사랑을 가지고 다룹니다. 지금 느끼는 감정을 그대로 느끼면서, 그것이 몸의 어느 부분에서 느껴지는지 알아차립니다. 그런 다음 심장 차크라에 집중하고 그곳으로 숨을 쉽니다. 근원에서 오는 온기와 평화와 사랑을 느끼고, 그것이 확장되어 부정적인 감정이 있는 곳을 지나 여러분의 모든 차크라와 에너지장을 채우는 것을 느낍니다.

자신을 사랑의 진동 속에 내맡기는 것은 하루를 시작하는 훌륭한 방법입니다. 사랑은 정말 사랑스러운 사람이라든지 여러분과 관계있는 몇몇 사람한테서만 느끼는 것이 아닙니다. 여러분 곁에 있는 사람이 매순간 전혀 사랑스럽지 않더라도 여러분은 궁극적으로 사랑을 느끼기 원합니다. 사랑은 존재의 상태입니다. 사랑은 진동입니다. 사랑은 우리가 근원에 대해 알고 우리가 곧 근원임을 아는 최고의 방법입니다.

다른 이들이 여러분을 채워주기를 기다리지 마십시오. 세상에서 보고 싶은 것이 있다면 여러분이 바로 그것이 되십시오. 여러분은 그 사랑이 여러분에게 다시 되비쳐지기를 원합니다. 여러분은 다른 모든 이들 또한 자신이 근원 에너지임을 알게 되기를 원합니다. 그들에게 그들 자신이 근원이라고 말해준다거나 관련된 책을 쓴다거나 관련 동영상을 시리즈로 만드는 것보다, 여러분이 근원이 되면 그들에게 그 메시지가 더 쉽게 전해질 수 있습니다.

여러분이 근원이 되어야만 사람들이 근원을 느낄 수 있습니다. 사람들은 여러분에게서 근원 에너지가 나오는 것을 느끼고, 그 비결이 무엇인지 알고 싶어 할 것입니다. 여러분에게서 어떻게 늘 그런 인자함과 자비심이 흘러나오는지, 어떻게 그런 근원 에너지의 은총이 흘러나오는지 알고 싶어질 것입니다. 그때 여러분은 사람들에게 이야기해 줄 수 있습니다. 그들이 물었으니까요. 그들이 알고 싶어 하고, 여러분도 그들과 나누고 싶으니까요.

초자연적 능력과 기적 행하기

이와 같은 정화와 활성화 작업이 충분히 이루어지고 나면, 모종의 영적 선물과 능력이 여러분에게 주어진 것을 우연찮게 발견할 가능성이 큽니다. 그것은 여러분이 더 높이 진동하고 있기 때문입니다. 여러분이 투시력clairvoyance으로 볼 수 있는 모든 것, 투청력clairaudience

으로 들을 수 있는 모든 것, 채널링할 수 있는 모든 것, 여러분을 통해 흐르게 할 수 있는 모든 치유 에너지, 심령적·직관적 능력으로 수집할 수 있는 모든 정보—이 모든 것은 항상 여러분 주변에 존재하고 있었지만, 이제 여러분이 더 높이 진동하게 됨으로써 그것들에 조율이 된 것입니다.

진동이 높아지면 갑자기 더 큰 인식 능력이 생기고, 전에는 조율할 수 없었던 것들을 알아보게 됩니다.

깨어남이 주는 사랑스러운 부작용 가운데 하나가 이 조율tuning in, 즉 주파수를 맞추는 것입니다. 처음에는 여러분이 조율을 하고 있다는 사실조차 깨닫지 못하는 경우가 많습니다. 자신의 능력을 활용하기 시작한 사람들에게서 흔히 나타나는 현상으로는, 특별한 감각이 느껴지고, 전기 자극이 몸을 타고 흐르고, 열감이 느껴지고, 몸이 저절로 움직이거나 경련을 일으키고, 알지도 못하고 들어본 적도 없는 빛의 언어를 말하는 것 등이 있습니다. 혹은 손바닥에서 따뜻한 감각이 느껴지기도 합니다. 사람들은 이런 일들이 벌어질 때 어떻게 해야 할지 전혀 알지 못하고, 심지어는 자신이 요청한 것이 아니라는 이유로 이것이 혹시 부정적인 경험이 아닌가 의심하기도 합니다. "지금 당장 내 몸에서 에너지가 솟구치는 느낌을 느끼고 싶어" 하는 식으로 말한 적이 없기 때문입니다. 그러나 요청하지 않았음에도 이런 일이 일어나기 시작합니다.

"음, 이건 심령 공격일 거야. 이건 부정적인 무언가가 달라붙은 게 틀림없어." 이렇게 생각하는 사람들도 있을 수 있습니다. 미처 예상하지 못한 일이나 설명할 수 없는 일이 일어났을 때 이런 결론으로

비약하지 않는 것이 중요합니다. 그보다는 지금 좋은 일이 일어나고 있으며, 그 일이 여러분을 더 높은 의식 수준으로 데려가고 있다고, 여러분의 영적 선물과 능력이 열리고 있다고 여기고 그 일을 받아들이면서, 여러분을 거기까지 데려간 그 일을 계속해 봅니다.

깨어난 많은 이들이 명상의 중요성을 알고 있습니다. 영적으로 진화하고, 내면의 평화를 누리고, 감정을 처리하며, 자신의 생각과 감정을 알아차리는 데 명상이 매우 중요한 부분임을 여러분은 깨닫고 있습니다. 명상은 모든 사람에게 굉장히 중요한 수행이 될 수 있습니다.

예를 들어, 앉아서 명상을 할 때 "나는 오늘 명상을 하면서 고차원의 의식과 채널링을 하고 싶어"라는 의도를 전혀 품지 않았는데도 경련, 열감, 비자발적인 몸의 움직임, 에너지 급증 같은 현상을 경험할 수 있습니다.

많은 사람들에게 일어나는 일입니다. 거부감이 올라오지만 않는다면, 그냥 거기에 자신을 맡겨봅니다. 그러면 그 경험이 점점 더 깊어질 것입니다. 이제 여러분은 자신이 평소 깨어 있을 때, 혹은 쉬거나 치유하거나 명상할 때조차도 접한 적이 없는 어떤 에너지와 접하고 있다는 것을 본능적으로 깨닫게 됩니다. 여기 있는 대니얼에게 일어난 일이 바로 그런 것이었습니다. 사람들에게 레이키靈氣를 보내던 중 몸에서 비자발적인 움직임이 일어났고, 이것이 훗날 대니얼이 채널링을 하게 되는 단초가 되었습니다.

이런 일이 일어나기 시작하면, 그 흐름을 따라가면서 그 일이 여러분을 어디로 이끌고 가는지 지켜보세요. 이렇게 말하면서요. "이것을 계속해 보자. 다른 사람들이 휴식을 취하거나 치유나 명상을 할 때 흔히 경험하는 에너지 수준을 넘어서는 어떤 일이 나에게 일어나고 있잖아."

명상을 하는지 여부와 상관없이 많은 사람들이 이런 경험을 하지만, 그것이 영적 능력에 접근하고 있음을 의미한다는 것을 깨닫지는 못합니다. 그런 탓에 그것을 계속 이어가지 못하고 있습니다.

영적 능력의 시작 및 활성화하기

이제, 여러분의 영적 능력을 활용하고자 할 때 큰 도움이 될 몇 가지 사항을 말씀드리겠습니다.

첫째, 꾸준함을 유지합니다. 지금 하고 있는 것을 규칙적으로 하십시오. 하루에 한 번씩 하는 것이 이상적입니다.

둘째, 기분 좋게 합니다. 영적 능력에 접근하기 위해 자리에 앉기 전에 더 높은 의식, 더 높은 진동 상태로 들어가기 위한 자신만의 연습을 합니다. 그것은 즐겁고, 여러분이 정말로 좋아하는 일이어야 합니다. 또 여러분을 정렬 상태로 데려가는 일이어야 합니다. 그런 다음 앉아서 영적 능력에 접근합니다.

셋째, 자신이 받는 것을 신뢰합니다. 무엇이 되었든 거기에 접근하기 시작할 때 많은 사람들이 의심하는 경향이 있습니다. "음, 아마 내 착각이었을 거야." "이건 예전에 들었던 아무개의 경험과 비슷한 것 같네. 내가 이걸 잘하고 있는 건지 모르겠어." "내가 최상의 해답을 향해 다가가고 있다는 느낌이 안 들어." 이런 의심을 거두고 여러분에게 일어나고 있는 일을 신뢰합니다.

넷째, 자신의 영적 능력을 남과 비교하지 않습니다. 예를 들어 사람들은 이렇게 말할 수 있습니다. "나는 사람들을 치유도 하고 에너지도 느끼지만, 아직도 정보가 많이 부족해. 나를 치료했던 아무개는 온갖 것을 보고 들었다고 했어. 나는 치유를 하면서도 그런 정보와 접촉하지 못하고 있으니, 이건 내가 치유를 제대로 못하고 있는 것이거나, 남들에 비해 능력이 떨어지는 것이 분명해." 그러고는 다른 사람들이 도달한 곳을 향해 자신도 나아가고 있다는 생각을 하기보다, 치유를 그만두거나 자신을 과소평가해 버립니다. 그 일을 오래 해온 사람과 자신을 비교하면 그 사람이 가 있는 곳에 이를 수 있는 기회를 결코 얻지 못할 것입니다. 지금처럼 지구의 에너지가 상승하고 있는 상황에서는 훨씬 짧은 시간에 도달할 수 있는데도 말입니다.

다섯째, 자신이 받은 재능을 나눕니다. 그 재능이 나아갈 곳을 열어줍니다. 그것들이 흘러갈 수 있도록 그 흐름의 도구가 되십시오. 영적 선물과 능력을 발견하고 나눌수록 더 많은 선물과 능력이 생겨납니다. 그 에너지가 흐를 수 있는 출구를 열어놓았으므로 더 많은 선물과 능력이 여러분에게 또 여러분을 통해 흘러들어 오고 나갈 것입니다. 예를 들어 여러분에게 반려 동물이나 가족을 치유하는 능력이 생길 수도 있습니다. 수천 킬로미터 떨어져 있는 사람에게 전화를 걸어 이렇게 말할 수도 있습니다. "저기, 내가 원격 치유를 해줘도 괜찮을까? 네가 지금 겪고 있는 문제와 관련해서 도움을 줘도 될까?" 사람들이 여러분의 문 앞에 줄을 설 때까지 기다릴 필요가 없습니다. 주도적으로 행동해서 경험을 얻고 쌓아가는 것은 여러분에게 달려 있습니다. 그렇게 해서 긍정적인 피드백을 자연스럽게 받게 되면 그 일을 지속할 수 있는 자신감이 생길 것입니다.

이런 것들이 여러분이 영적 능력에 접근할 때 해야 하는 작업입니다. 자기 의심이나 자신을 드러내는 것에 대한 두려움, 사람들이 비웃을지 모른다는 두려움이나 공동체에서 배척당할지 모른다는 두려움을 대면하고 처리해야 합니다. 아마 여러분은 여러 전생에서 그런 일을 겪었을 가능성이 크고, 그래서 이번 생에서도 똑같은 일이 일어날까봐 두려워하는 것입니다.

여러분이 이번 생에서 영적 능력을 발휘한다고 해서 화형당하는 일은 없을 것입니다. 오히려 오늘날에는 자신만의 리얼리티 TV 쇼를 진행하게 될 가능성이 더 큽니다. 지금은 시대가 많이 달라져서 영적 능력을 표현하는 데 모든 사람의 동의를 얻어야 할 필요는 없어졌지만, 여러분이 영적 능력을 발휘하는 것에 곱지 않은 시선을 보내는 사람들은 여전히 있을 것입니다. 그럼에도 불구하고 여러분은 자신에게 진실하기 위해, 그 긍정적인 에너지에 더 많이 머물기 위해, 여러분이 보고 싶은 것을 세상에 더 많이 불러들이기 위해 기꺼이 그 일을 해야 합니다.

영적 능력에 자신을 조율하는 일은 깨어남 과정에서 매우 중요한 부분입니다. 설령 아직은 원하는 수준에 이르지 못했더라도, 여러분이 열망과 꾸준함을 잃지 않고 자신에게 독특한 영적 능력을 찾는 작업을 계속한다면, 결국 거기에 이르게 되리라는 사실을 잊지 마십시오. 여러분은 걸음마 단계를 지나서 자신이 하는 모든 일에 더 능숙해질 것입니다.

이렇게 영적 능력을 갖추고 이를 세상에 베풀면 그것이 다시 자신에게 반영되어 돌아오는 아름다운 경험을 하게 될 것입니다. 누구에게나 세상에서 달라졌으면 하는 것이 있게 마련인데, 여러분은 바로 이런 방법으로 세상을 변화시키는 과정에 참여할 수 있습니다.

깨어남의 과정을 계속해 가다 보면 여러분은 자신의 민감함sensitivity 또한 영적 능력이라는 사실을 깨닫게 될 것입니다. 자비심을 느낄 수 있는 능력도 마찬가지입니다. 자신의 감정을 기꺼이 느끼려는 마음도 영적 능력이고, 공감empathy도 영적 능력입니다. 이런 감정들은 전혀 화려하지 않습니다. 그래서 여러분의 관심을 별로 끌지 못합니다. 이런 것들이 영적 선물이라는 여러분의 말에 사람들은 동의하지 않을지 모르지만, 이런 감정들이야말로 여러분이 자신의 현실을 더 잘 창조하는 데 도움을 주는 영적 선물입니다. 설사 불쾌한 감정이라 해도 기꺼이 그 감정을 느끼고자 한다면, 그것은 긍정적 감정을 포함해 모든 것을 느낄 수 있도록 수문을 열어놓는 것이 되기 때문입니다.

여러분은 긍정적 에너지와 높은 진동을 이용해서 창조하기를 원합니다. 민감함과 자비심, 공감이 바로 그런 긍정적 에너지와 높은 진동을 나타냅니다. 긍정적인 생각과 긍정적인 행동이 그러하듯이 말입니다. 이런 감정들은 여러분이 자신과 타인을 위해 더 나은 현실 경험을 창조하는 데 강력한 도움이 될 것입니다.

차크라 시스템 활용하기

그런데 만약 자신의 민감함 때문에 사람들로부터 떨어져 숨고 싶다는 생각이 든다면, 먼저 그 두려움을 알아차리고 처리하는 것이 중요합니다. 그 감정이 차크라 시스템의 어느 곳에 자리 잡고 있는지 찾아봅니다. 그 감정이 사라질 때까지 그곳으로 숨을 쉽니다. 균형과 고요, 평화의 중립 지점에 이르면, 그때 여러분은 자신이 실제로 느끼고 싶어 하는 감정에 닿을 수 있게 됩니다. 그 감정이 바로 그곳에, 아마도 여러분의 심장 차크라에 혹은 다른 차크라 가운데 하나에 있을 것이기 때문입니다.

재미있는 실험을 하듯이 의식을 각각의 차크라를 따라 위아래로 움직여가면서 이렇게 말해봅니다. "좋아, 사랑이 내 심장 차크라에 있다는 걸 알고 있으니 심장 차크라에 집중하면서 숨을 불어넣으면 사랑이 느껴질 거야. 그런데 기쁨은? 기쁨은 내 차크라 시스템에서 어디에 자리 잡고 있지? 자신감은 어디에 있을까? 생명력은 어디에 있지? 풍요는 어디 있고, 자유는 어디 있을까? 평화는?" 이렇게 각각이 자리 잡고 있는 곳을 찾아보는 것만으로도 여러분이 원할 때 그 에너지에 더 쉽게 다가갈 수 있게 됩니다.

또는 의식을 태양신경총 차크라로 바로 가져가서 자신감의 진동을 켜고 그 진동의 흐름을 느껴봅니다. 위에서 아래로 차크라들의 한가운데를 가로지르며 기타 줄이나 에너지 끈이 뻗어 있다고 상상하는 것도 좋은 방법입니다. 여러분이 손으로 줄을 튕겨 진동하게 만드는 모습을 상상해 봅니다. 그러면 자신감이 점점 커지는 것을 느낄 수 있을 것입니다.

자신감은 여러분이 어떤 일을 해냈거나 남에게 칭찬을 받아서만 생기는 것이 아닙니다. 자신감은 여러분이 느끼기를 원하거나 활성화하기를 원하면 얼마든지 불러일으킬 수 있습니다. 그것은 자만심도 아니고 오만함도 아닙니다. 자신감은 여러분의 본성이 근원 에너지임을 알면서 다른 사람들 또한 모두 근원 에너지임을 알 때 생겨납니다. 이런 종류의 자신감은 자신을 다른 사람보다 우위에 두지 않습니다.

상승의 징후들

그렇다면 상승의 징후란 무엇일까요? 이런 징후들은 예기치 못한 신체 경험으로 나타날 때가 많은데, 의사들도 그것이 어떤 증상이라고 설명하기가 곤란해서 진단을 내리지 못합니다. 여전히 저항감이 남아 있는 상태에서 에너지에 접근할 경우 흔히 이런 증상이 나타납니다.

앞에서 설명했듯이, 여러분은 몇몇 영적 선물이나 능력에 접속해서 다운로드를 받기도 하고, 온몸에 흐르지만 여러분이 억누르고 있는 에너지를 발견하기도 합니다. 여러분이 두려움 모드에 빠져 그 흐름에 저항하면 그로 인해 피로와 두통, 소화불량, 목이나 허리의 통증을 겪게 됩니다.

이런 것들이 요즘 많은 사람들이 겪고 있는 전형적인 상승 징후들입니다. 만일 여러분에게 상승 징후가 나타난다면 있는 그대로 인정하고, "이런 에너지가 더 잘 흐르도록 내가 내려놓아야 할 저항 같은 것이 있는가? 이 징후들이 해소되도록 내가 처리해야 할 감정들이 있는가?"라고 묻는 것이 좋습니다.

말할 것도 없이, 몸이 고주파 에너지의 매개체라는 사실을 깨닫고 나면 여러분은 몸을 정말 잘 돌봐야겠다는 생각이 들 것입니다. 그래서 수분도 충분히 섭취하고 수면과 휴식도 충분히 취하려고 할 것입니다. 음식도 더 높은 진동을 지닌, 더 가벼운 음식에 끌리게 될 겁니다.

손수 재배한 채소를 밭에서 바로 따서 먹어본 사람이라면 음식이 특정 진동을 지니고 있다는 말이 무슨 뜻인지 이해할 수 있을 것입니다. 여러분에게는 느끼고 맛볼 수 있는 능력이 있으니까요. 이런 먹을거리에 여러분은 더 끌리게 될 것입니다. 신선하고, 현지에서 생산되고, 유기농이며, 많은 조리 과정을 거칠 필요가 없는 자연에 가까운 음식 말입니다. 음식이 가공되지 않고, 재료 본연에 가까울수록 좋다는 것도 알게 될 것이므로 음식 맛을 더 내려고 샐러드 드레싱이나 소금을 더 많이 넣지도 않게 될 것입니다. 이것은 여러분이 더 높은 진동 상태에 있으면서 몸이 가볍게 느낄 만한 것들을 원하게 되기 때문입니다.

육식을 하다가 단번에 비건으로 가야 한다는 건 아니지만, 여러분의 몸은 과일이나 채소, 씨앗, 견과류를 원하게 될 것입니다. 그러면 몸에서 에너지가 더 잘 흐를 것이고, 여러분은 더 높은 주파수를 띤 생각에 더 쉽게 접근할 수 있게 됩니다. 여러분이 실제로 원하는 것을 얻기 위해 걸러내지 않으면 안 되는 이런저런 에너지들을 몸에 덜 집어넣게 될 것입니다. 여러분의 차크라가 받기 원하는 에너지를 실제로 섭취하게 되는 것입니다.

깨어남의 과정에서 자신이 새로운 것을 해보고 싶어 한다는 걸 알게 되는 이들이 많습니다. 하지만 앞서 말했듯이, 깨어났다고 해서 반드시 극단적인 것을 시도하거나 뉴에이지 시대에 너도나도 하는 듯이 보이는 온갖 것들을 해야 하는 것은 아닙니다. 폴리아모리polyamory(다자간 연애 또는 그런 연애를 하는 사람—옮긴이)가 되거나, 영적 공동체에 들어가거나, 모든 것을 암호 화폐에 투자하거나, 아야와스카ayahuasca(남아메리카에서 나는 식물성 환각 물질—옮긴이)를 경험할 필요는 없습니다. 여러분에게 맞지 않다고 느끼거나 진정으로 원하는 것이 아닌 행동을 할 필요는 없습니다.

여러분에게는 분별력이라는 또 다른 선물이자 특별한 능력이 있습니다. 이 능력은 지금 바로 모든 사람에게 필요합니다. 정보화 시대가 되면서 인터넷을 통해 너무나 많은 것들이 쏟아져 나오고 있기 때문입니다. 모든 사람이 분별력을 사용해서 어떤 생각이 옳은지 그른지, 다시 말해 사실에 부합하고 공감할 수 있는 생각인지 아닌지 판단할 필요가 있습니다.

가슴에 초점을 맞추는 것이 중요한 또 한 가지 이유가 바로 이것입니다. 가슴은 우리에게 어떤 대상이 어떻게 느껴지는지 말해줄 수 있는 능력이 있습니다. 이에 반해 머리는 이런 식으로 우리를 설득할 수 있습니다. "이게 진실이라고 믿는 사람들이 많은 것 같고, 내가 좋아하는 사람도 그렇게 믿고 있으니까, 그래 이건 맞는 말일 거야." 여러분이 스스로를 납득시켜야 할 때도, "이건 나한테는 맞지 않아"라고 말하는 자신의 직감에 주의를 기울이기가 쉽지 않습니다.

남들이 좋다고 하는 것을 억지로 받아들일 필요는 없습니다. 그 대신 일을 잠시 제쳐두고 이렇게 말해봅시다. "난 잠시 컴퓨터를 끄고 명상을 하거나, 자연 속에서 시간을 보내거나, 아니면 반려견과 놀 거야. 그렇게 실제로 내 기분이 좋아지는 걸 할 거야. 모두 아주 영적인 것들이지만, 그렇다고 세상에서 벌어지는 일들에 대한 내 믿음을 완전히 바꿔야 하는 것들은 아니야."

여러분이 깨어나지 못하게 방해하는 것들은 많습니다. "이것이 사실이란 걸 알기 전까지는 넌 깨어난 게 아니야"라고 말하는 사람도 그중 하나입니다. 그것은 우리가 생각하는 깨어남의 정의가 아닙니다. 깨어남은 정보와 관계가 없습니다. 깨어남은 자신이 진정 누구인지, 그리고 다른 사람들이 진정으로 누구인지 아는 것과 관계가 있습니다. 그 밖의 것들은 걸러서 취하면 됩니다. 무엇이 기분 좋게 느껴지는지, 어떤 영적 수행에 참여하고 싶은지는 여러분이 결정하는 것입니다.

만일 새로운 뭔가가 강하게 관심을 끈다면, 그것은 여러분에게 유익한 경험이 될 수도 있을 것입니다. 그러나 궁극적으로, 여러분이 원하는 것은 단지 자신의 내면으로 들어가 신비롭고 마법적이며 다차원적인 경험을 하는 것뿐입니다. 할레아칼라 산(하와이 마우이 섬의 휴화산으로, '태양의 집'이라는 별명이 있으며 높은 에너지를 지닌 신성한 산으로 여겨져 왔다―옮긴이) 같은 곳이나 여타의 사람들이 더 높은 주파수의 에너지와 손쉽게 연결된다고 여기는 곳에서 한참 떨어진 도시 한구석의 아파트에 앉아 무슨 각성제 따위를 삼키지 않더라도 더 높은 진동에 이를 수 있기를 여러분은 원합니다.

이것이 여러분의 새로운 일상이 되고, 여러분 스스로가 무한하고 영원한 존재로서 자신 안에 모든 것을 갖고 있음을 깨닫는다면, 즉 온 세계, 온 우주가 여러분 안에 있음을 깨닫는다면, 굳이 특정한 경험을 하기 위해서, 또 에너지에 연결되었음을 느끼기 위해서 '밖으로' 나갈 필요가 없습니다. 여러분 안으로 들어가면 피라미드를 만날 수 있고 스톤헨지와 연결될 수 있습니다. 이 모든 것이 여러분 안에 있음을 알게 될 것입니다. 여러분은 언제든지 그것들과 연결될 수 있습니다.

'밖에' 있는 것이 무엇이건 '안에도' 있다는 것을 아는 것, 이것이 바로 여러분이 깨어남을 통해 이르고자 하는 지점입니다. 그리고 무엇이든 지금 당장 할 수 없는 저 밖의 것들이라도, 내면에 초점을 맞추면, 즉 언제든 활용할 수 있는 광대하고 무한한 경험과 진동에 초점을 맞추면 할 수 있다는 것을 아는 것입니다.

내적으로든 외적으로든 여러분이 원하는 만큼 많이 경험하십시오. 경험이 실은 전부이니까요. 앞에서 이야기한 것처럼 근원은 자신을 경험하기 원했고 지금도 그렇습니다. 다양한 경험을 위한 모든 가능성이 존재하는 이유가 바로 이것입니다. 여기가 바로 창조가 일어나는 곳입니다. 여러분이 창조자임을 아는 것이 깨어남의 일부입니다. 여러분이 여러분의 현실을 창조합니다. 여러분이 여러분의 경험을 창조합니다. 여러분이 모든 것을 창조합니다. 모든 것은 여러분이 내면에서 밖으로 투사한 것이며, 여러분이 경험하는 모든 것 또한 여러분이 투사한 것입니다. 다른 영혼들이 관여하면 공동 창조가 됩니다. 그 영혼들은 여러분을 위해 그곳에 있기로 동의했고, 여러분 역시 그들을 위해 그곳에 있기로 동의한 것입니다.

의도적으로 살고 의식적으로 현실을 창조하기

자신이 자기 현실을 창조한다는 것을 알게 되면 많은 사람들이 매우 흥분하면서 자기가 원하는 온갖 것들을 생각하는 경향이 있습니다. 이뤄내고 싶은 것, 경험하고 싶은 것을 전부 다 떠올립니다. 그런데 그 일이 곧장 일어나지 않으면, 혹은 6개월 내로 일어나지 않으면, 사람들은 크게 실망하면서 자신의 비전 보드를 치워버리고 더 나은 현실을 향한 꿈도 포기해 버립니다. 그리고 평상시 하던 일로 돌아가 이런저런 활동들을 하면서 매사를 논리적으로 따지며 살아가게 됩니다.

우리는 이런 사람들이, 파트너든 새 차든 휴가든 혹은 집이든 자신이 원하는 것에 집중하면서 보낸 그 시간이 잘 보낸 시간이라는 것을 깨닫기를 바랍니다. 여러분은 그 시간을 기분 좋게 보냈습니다. 그 순간에 여러분은 순수했고, 바라는 결과나 바라는 상황에 집중하면서 자신의 진동을 발산했습니다. "잠깐만, 이걸 6일 동안이나 계속했는데도 아무 효과가 없네"라고 말하기 전까지 여러분은 순수했습니다.

우리가 권하는 방법은 여러분이 소망하는 것을 단지 한 번만 밝히라는 것입니다. 여러분이 원하는 것을 우주를 향해 '한 번' 말하고, 우주와 한 번 조화롭게 진동하며, 그리고 그 소망을 우주에 내놓은 뒤 놓아버리고, 일상으로 돌아가서 평소처럼 사는 것입니다. 가서 여러분이 할 수 있는 일, 여러분을 행복하게 만드는 일을 하십시오. 그런 일들을 할 때 아직 이루어지지 않은 이런저런 것들에 대한 생각에서 벗어날 수 있을 것입니다. 그런 순간에 여러분 마음이 활짝 열릴 것이고, 그것이 여러분에게 큰 도움이 될 것입니다.

많은 사람들이 간과하는 현실 창조 과정 중 하나가 '받기receiving'입니다. 여러분이 좋아하는 일을 하고 있을 때, 예를 들면 명상을 하거나, 휴식을 취하거나, 일몰을 바라보거나, 애완 동물을 쓰다듬고 있거나 무엇이 되었든 가장 행복한 일을 하고 있을 때, 여러분이 요청한 것을 받을 가능성이 커집니다. 그럴 때 여러분은 열린 상태가 되고 편안해집니다. 여러분의 바람이 이루어질지 어떨지, 언제 이루어질지, 어떤 형태로 이루어질지 걱정하지 않게 된다는 말입니다. 그런 것에 대해 생각도 하지 않지요. 그것은 여러분이 자신의 현실을 창조하고, 마음 밖으로 꺼내놓는 것이 무엇이든 그에 대해 생각하는 순간 이미 존재한다는 것을 알며, 따라서 여러분이 할 일은 그저 긴장을 풀고 자신의 삶을 살면서 자신이 원하는 사람이 되는 것뿐임을 확신하고 있기 때문입니다. 여러분은 다른 누구도 될 필요가 없습니다.

자신을 가장할 필요가 없습니다. 의식적儀式的인 어떤 문구를 반복해서 암송할 필요도 없고, 자신에게 맞는 크리스털을 지니고 있을 필요도 없습니다. 그저 믿고, 자신의 삶을 살고, 하던 일을 계속 하면 됩니다. 그러면 우주가 여러분에게 이렇게 멋진 깨어남의 경험들을 더 많이 가져다줄 것이고, 이는 결국 여러분 모두의 상승을 돕게 될 것입니다.

앞에서, 5차원으로의 상승이 이 시기에 모든 사람들의 목표라고 하셨어요. 5차원에 대해 설명해 줄 수 있나요? 우리가 5차원으로 상승한다는 것은 무슨 의미인가요?

5차원은 더 높이 진동하는 더 높은 의식의 수준입니다. 따라서 여러분은 3차원과 4차원에서는 할 수 없던 새로운 경험들을 가능하게 해주는 더 높은 진동 주파수 안에 존재하게 됩니다. 다시 말하지만 이것은 근원이 스스로를 경험하기 위함이며, 여러분의 경험 또한 그 일부입니다.

여러분이 3차원과 4차원의 경험을 모두 하고 나서 그동안 저항하거나 판단하던 모든 것을 받아들이고 용서하며, 더 이상 그것들에 걸려 넘어지는 일 없이 흘려 보내고 내려놓게 되면, 여러분의 의식은 자연스럽게 더 높은 진동 상태로 상승하게 됩니다. 이를 통해 여러분은 자신에 대해, 타인에 대해, 은하계에 대해, 형태에 대해, 에너지에 대해 새로운 경험을 하게 됩니다. 즉각적인 현실 창조가 일어나고, 몸은 빛 몸 light body이 되며, 원하는 곳은 어디든 갈 수 있게 됩니다.

여러분이 모든 것을 창조하고 모든 것을 즉시 현실에 구현할 수 있기 때문에 돈은 더 이상 문제가 되지 않습니다. 어떤 수준의 건강과 활력을 갖고 싶은지를 포함해 여러분이 원하는 대로 모습을 바꿀 수 있는 빛의 몸을 갖게 되기 때문에 건강도 문제가 되지 않습니다. 또한 여러분은 모든 사람이 근원임을 깨닫고, 그들은 여러분이 근원임을 깨달으며, 모두가 함께 모든 것을 창조하고 있음을 깨닫게 되므로, 관계도 문제가 되지 않습니다. 따라서 여러분이 지금 겪고 있는 대인 관계나 돈, 시기, 질투 같은 문제 또한 더 이상 존재하지 않게 됩니다. 여러분이 이미 그런 의식 수준을 지나 5차원 의식으로 상승했기 때문입니다.

우리가 이번 생에 그런 단계에 도달할 수 있을까요? 우리가 정말로 받아들임과 용서, 무조건적 사랑을 통해 모든 것을 초월한 5차원에서 살 수 있을까요?

그것이 여러분의 운명입니다.

이번 생에요? 이번 생에 우리 주변에서 이런 일이 일어나는 걸 볼 수 있다는 건가요? 누군가 초자연적 능력을 보이기 시작하고, 그 후로 그런 사람들이 점점 더 많이 등장하는 장면이 상상됩니다. 정말로 가까운 미래에 그런 일이 일어날까요?

여러분은 이미 그것을 보고 있습니다. 굉장히 많은 사람들이 자신

의 영적 선물과 능력을 활용하고 있습니다. 채널링을 하고, 빛의 언어를 구사하고, 치유를 하고, 자신의 영적 능력을 행사하는 사람들이 정말 많습니다. 이미 여러분은 누군가 더 높은 의식에 접근할 때 그 모습이 어떤지 두 눈으로 확인하고 있습니다.

그 밖의 다른 모든 것들도 다가오고 있습니다. 하지만 서두를 필요는 없습니다. 지금 여러분이 있는 곳을 즐기십시오. 지금 여러분에게 허락된 경험들을 즐기세요. 그 경험 안에 여러분을 위한 많은 것이 들어 있습니다. 눈앞의 경험을 즐기지 않는 것은, "나는 이 모든 아이스크림 맛은 건너뛰고 저기 있는 아이스크림 하나만 먹을 거야"라고 말하는 것과 다를 바 없습니다.

이런 메시지 전송 작업에 참여하는 사람들이 모두 이 같은 정보에 조율되어 있다는 점에서 4차원에서 작업한다고 봐도 될까요? 이런 사람들이 공동 창조를 위해 이런 정보들을 자신에게 끌어왔다고 봐도 되나요?

여러분은 2012년 12월 21일에 4차원으로 진입했고, 이후로 5차원 에너지에 접근하게 되었습니다. 동시에 여러분은 3차원의 에고적 마음 상태인 더 낮은 진동에 머무르기로 선택할 수도 있습니다. 선택은 각자의 몫입니다. 이 때문에 오늘날 지구 전체에 아주 다양한 경험들이 존재하는 것입니다. 하지만 모든 사람이 자신에게 새로운 에너지를 활용할 수 있는 능력이 있다는 걸 아는 것은 아닙니다.

그 사실을 아는 사람들은 주변에 그 사랑을, 더 높은 진동을 전파함으로써 다중 우주 전체에서 그 효과가 느껴지도록 할 것입니다.

바샤르Bashar(이 책 6장에 등장하는, 다릴 앙카가 채널링하는 외계 존재—옮긴이)의 말 중에 우리가 좋아하는 것이 있습니다. "여러분이 자신을 변화시킬 때 여러분 자신이 살고 있는 세상을 변화시키는 것이 아니라 자신을 다른 세상으로, 또 다른 세상으로 계속해서 이동시키는 것이다"라는 말입니다. 여기에 우리는 여러분의 '모든' 생각, 감정, 의도, 행동이 실제로 다중 우주 전체를 변화시킨다는 말을 덧붙이고 싶습니다. 여러분은 모든 현실, 모든 우주에 영향을 끼치고 있습니다. 그것은 여러분이 집단 의식에 더 많은 긍정성들을 퍼뜨리고 있기 때문입니다.

우주의 집단 의식이 있고, 인류의 집단 의식이 있고, 은하계의 집단 의식이 있으며, 근원의 집단 의식이 있습니다. 그러기 때문에 여러분은 모든 것에 영향을 끼치게 되는 것입니다. 여러분이 긍정적인 어떤 것을 행하고 말하고 생각할 때마다, 다시 말해 사랑할 때마다, 여러분은 여러분을 통해서만 나올 수 있는 무언가를 전체에 보태고 있는 것입니다.

💬 아크투루스 원로Arcturian elder는 어떤 존재들입니까?

우리 항성계star system에 있는 존재들은 대부분 비물질적이거나 더

높은 차원 영역에 있지만, 물질적인 몸을 가지고 사는 존재들도 많습니다. 물질 몸으로 육화해서 여러분의 교사, 치유자, 지도자가 된 존재들, 즉 무엇이 가능한지 보여주기 위한 본보기로서 온 존재들도 있습니다.

우리 항성계에서 원로elder란 지구에서 여러분이 그러듯이 오랫동안 육체를 입고 살아온 존재를 말합니다. 이들은 처음 지구에 온 이들보다 공유할 수 있는 경험과 지혜가 훨씬 많습니다. 말할 것도 없이 여러분은 이런 원로들처럼 지혜를 지닌 존재를 만나 더 빠르게 배우기를 원할 것입니다.

💬 지금 아크투루스 원로들이 대니얼을 통해 말씀하고 있는 건가요?

우리는 비물질적인 집단이기 때문에 실제로는 나이 같은 것이 없습니다. 따라서 우리를 '원로'라고 불러도 좋고, 할아버지 할머니라고 불러도 좋습니다. 사람들은 우리를 온갖 이름으로 부르지요. 우리는 봉사하고 돕고 치유하고 활성화시키기를 원하는 의식이자 집단입니다. 우리가 받아들여질 때 우리는 많은 이들에게 큰 도움이 될 수 있습니다.

우리 중에 자신의 영적 능력이 계발되고는 있지만 아직 충분하지 않다고

느끼는 사람이 있다면 어떤 말씀을 해주시겠습니까? 그리고 대니얼이 자신을 완전히 열고 채널링을 할 수 있도록 만든 마지막 계기는 무엇이었나요?

여러분은 지금 있는 그대로 완벽합니다. 영적 능력에 접근하는 정도가 여러분이 지금 하고 있는 경험을 만들어냅니다. 자신이 아직 마스터 수준에 이르지 못했다고 느껴질 수도 있지만, 지금 있는 이 자리에 여러분을 위한 무언가가 있습니다. 그것을 받아들이고 인정할 때 여러분은 이것이 자신의 여정이라는 것을 느끼며 이렇게 말할 겁니다. "이제 나는 성장하기 시작했어. 나는 지금 내가 있는 곳에서 다음 수준으로, 그 다음 수준으로, 또 그 다음 수준으로 가는 느낌이 어떤 것인지 경험하게 될 거야. 이건 정말 재미있고 흥미진진하고 독특해. 이런 경험을 하게 돼 정말 기뻐." 바로 이것이, 여정을 시작한 여러분 모두에게 우리가 하고 싶은 말입니다.

대니얼은 도움을 주는 존재들이 있다는 점에서 운이 좋았다고 할 수 있습니다. 대니얼은 한 행사에서 자신을 격려해 준 아브라함Abraham(에스더 힉스Esther Hicks가 채널링하는 존재)도 있었고, 채널링에 대해 함께 이야기 나눈 바샤르도 있습니다. 또 자신감을 갖고 이 일을 하도록 크게 도움을 준 노라 헤롤드Nora Herold(플레이아데스 집단, 예수아 등을 채널링하는 채널러—옮긴이)도 있습니다.

자신에게 무슨 일이 일어나고 있는지도 몰랐던 대니얼에게, 채널러가 될 거라는 아브라함의 말은 인생의 전환점이 되었습니다. 대니얼은 자신이 무엇 때문에 이 모든 걸 경험하고 있는지 몰랐고, 자신이 지금 하고 있는 것이 꼭 해야 하는 일이라고도 생각하지 않았습니다. 하지만 그 작은 힌트와 함께 "이건 당신이 하게 될 일이니 계속 해봐요"라는 조언은 그에게 필요한 전부였습니다. 그러고는 그저 더 오래 앉아서, 더 많이 주파수를 맞추고, 그러다 마침내 몸이 움찔거리고 자기도 모르게 움직이며 얼굴이 이상하게 비틀리다가 그것이 비로소 말이 되고 언어적인 표현이 되어 나오게 될 때까지 그냥 놔두는 수밖에 없었습니다. 그렇게 45분에서 한 시간씩 앉아 계속 연습한 결과 대니얼은 마침내 말로 표현할 수 있게 되었습니다.

💬 힘든 세상에서 스스로 목숨을 끊는 젊은이들이 너무나 많습니다. 제 딸도 스물세 살 때 스스로 생명을 버리려 한 적이 있는데, 제가 어떤 도움을 줄 수 있을까요?

삶을 끝내고 싶다는 생각을 하는 이런 경험은 중요한 돌파구가 될 수 있습니다. 분명한 것은, 스스로 자신의 목숨을 끊어버린 데까지 간 사람들은 더는 몸을 갖고 살지 않는 길을 가게 된다는 것입니다. 사랑하는 이를 떠나보낸 사람들에게는 몹시 슬프고 애통한 일이지요. 따님의 경우, 지금 무언가의 벼랑 끝에 서 있다는 것을 알아야 합니다. 사람이 이 모든 고통을 끝내고 세상을 떠나고 싶다는 지점

까지 갔을 때 돌파구가 열릴 수 있습니다.

대니얼은 2010년 3월에 바로 그 지점에 이르렀습니다. 어떻게 이 세상을 떠날지 마음을 정하고 나서 바로 다음날 밤, 대니얼은 인생에서 가장 놀라운 경험을 했습니다. 에너지가 머리부터 발끝까지 온몸에 끊임없이 흘러넘친 것입니다. 그에게는 거의 임사체험과 같았습니다.

방금 어머니로서 질문하셨는데, 인생의 바닥을 치고 자살 충동을 겪은 뒤 반전을 경험한 사람들의 예를 더 찾아보면 곧바로 기분이 나아질 수 있을 것입니다. 따님의 경우 어머니가 그런 상황을 정상으로 되돌릴 수 있습니다. 많은 사람들이 인생의 어느 시점에 "여기서 더는 이런 일을 겪고 싶지 않아" 하는 생각이 드는 때를 맞는다는 걸 따님에게 알려주십시오.

그리고 가슴에서 우러나오는 사랑을 보내주십시오. 내면에서 흘러나오는 사랑으로 따님을 감싸주십시오. 물론 상대에 대해 걱정하는 마음이 들거나 상대가 무슨 행동을 할지 두려울 때는 사랑의 마음을 내기가 쉽지 않습니다. 하지만 이것이 여러분이 바로 지금 해야 할 일입니다. 그 경험 속으로 들어가서 그 감정들을 허용하고, 차분해진 마음으로 이렇게 말해봅니다. "내 딸에게서 내가 실제로 느끼고 싶은 것은 무엇일까? 이 아이를 처음 안았을 때 느꼈던 그 사랑을 느끼고 싶고, 그 사랑을 나의 가슴 한복판에서 빛줄기처럼 내보내 그 사랑과 빛으로 아이를 감싸주고 싶어. 자신이 사랑받고 있다는 메시지를, 자기한테도 사랑할 수 있는 능력이 있다는 메시지를 보내고 싶고, 원하기만 하면 이 사랑의 진동 속에서 나와 하나로 결합할 수 있다는 메시지를 전하고 싶어."

💬 우리가 영적 능력을 계발하거나 받아들이기 위한, 또는 전생에 갖고 있던 능력을 되찾아서 현재의 삶에 활용할 수 있도록 하기 위한 실질적인 단계들을 알려줄 수 있나요?

물론입니다. 먼저, 매일 아침 일어날 때마다 우주에게 이렇게 말해보십시오. "나는 더 높은 차원, 더 높은 주파수의 존재들과 집단들, 빛의 존재들로부터 오는 모든 에너지를 마음을 열고 기꺼이 받아들일 준비가 되어 있습니다. 나는 그 에너지들이 나의 몸속을 흐르게 할 준비가 되어 있습니다." 여러분은 영적 능력과 관련해 무엇보다도 뭔가를 느끼고 싶어 합니다. 여러분은 뭔가 다른 것을 느끼고 싶고, 뭔가에 접속된 것 같은 느낌을 받고 싶어 합니다.

매일 이런 마음으로 아침을 맞는다면 그 에너지에 연결될 수 있습니다. 그렇게 하기 편안한 곳에 자리를 잡고 앉습니다. 나무 밑에 앉아도 좋고, 멋진 잔디밭에 앉아도 좋습니다. 집 안에서 성소聖所로 삼은 아주 조용하고 고요한 장소에 앉아서 할 수도 있습니다. 다만 그냥 받아들이는 경험을 하십시오. 그러면 결국 여러분이 받는 것들이 여러분을 가득 채우면서 어떤 식으로든 여러분 안에서 터져 나오려 할 것입니다. 만일 투시력이나 투청력을 경험하게 된다면, 여러분은 그 에너지의 의미가 자신뿐 아니라 다른 사람들에게도 이해

될 수 있도록 해석할 수 있을 것입니다.

💬 방언과 빛 언어는 같은 것입니까? 빛 언어를 사용하는 것이 저나 다른 사람들에게 어떤 이점이 있나요?

둘은 정확히 같은 것입니다. 빛 언어에는 진동, 에너지, 은하계 빛 코드, 신성기하학, 활성화, 치유력이 담겨 있습니다. 그 안에 담긴 내용은 매우 다양합니다. 여러분은 빛 언어를 말하기 전에 여러분 자신에게든, 그 사람에게든, 인류에게든, 한 집단에게든 혹은 다른 누구에게든 여러분이 그 빛 언어를 보내고 싶은 사람에게 무슨 내용을 담아 전하고 싶은지 결정할 수 있습니다. 그저 의도를 설정한 뒤 빛 언어가 흘러나오게 합니다. 그 빛 언어가 여러분의 의도를 간직한 채로 정확하게 그 사람이 필요로 하는 에너지를 전달할 것임을 믿으면서 말입니다.

💬 우리가 특정한 사람들한테 유대감이나 정서적 끌림, 공감 같은 것을 더 많이 느끼는 이유가 뭔가요?

여러분이 그 사람들과 함께한 역사가 더 길기 때문입니다. 여러분

은 '영혼 그룹' 또는 '영혼 가족' 형태로 무리를 이루어 여행하면서, 항상 내용이 똑같은 것은 아니지만 계속해서 함께 경험을 해나갑니다. 여러분이 항상 아버지이고 상대는 늘 자식이라거나, 여러분이 늘 어머니이고 상대는 늘 자식인 것은 아닙니다. 이 관계는 뒤바뀌기도 합니다. 그런가 하면 때론 서로 사촌일 때도 있고, 친구일 때도 있습니다.

하지만 여러분은 이 모든 경험을 집단 내의 다른 영혼들과 함께 해 왔고, 그런 경험들을 통해 여러분은 그들을 빛나게 하고, 그들은 여러분을 빛나게 합니다. 여러분이 접촉하는 존재가 영혼 가족의 구성원일 때는 대부분 이러한 교감이 상호적입니다. 그들과는 손에 꼭 맞는 장갑처럼 편안하게 느껴집니다. 그냥 여러분에게 딱 맞게 느껴집니다. 여러분은 둘이 함께하게 될 뭔가가 있다는 것을, 혹은 서로의 존재 안에서 느끼게 될 뭔가가 있다는 것을 알게 되고, 그것을 더욱더 원하게 됩니다. 이렇게 해서 여러분은 함께하기 위한 준비를 시작합니다.

물론 가족 구성원들과 함께 있을 때 그런 느낌이 드는 것은 여러분이 그들과 혈연으로 깊이 연결되어 있기 때문입니다. 가족들은 종종 서로를 힘들게 하는 경향이 있습니다. 여러분이 가족 구성원들과 문제를 겪는 이유는 대부분, 여러분은 상대를 너무도 사랑하고 싶은데 상대는 여러분이 자기를 사랑하기 어렵게 만드는 행동을 하기 때문입니다. 그래도 대부분의 경우 여러분은 그들을 멸시하거나 여러분 인생 밖으로 몰아내려고 하지 않을 것입니다. 둘 사이에 생긴 상처나 차이에도 불구하고 그들을 계속 여러분 삶 안에 두고 여러분의 본성인 사랑을 발견해 나아가려 할 겁니다. 둘 사이에 아무리 악감정이 많다 해도 여러분은 그 사람을 너무나 사랑하기에 관계를 계속 이어가기를 원할 것입니다.

💬 우리의 모든 삶이 동시에 일어나고 있다면, 전생이나 다른 생에 접근하는 것을 일종의 채널링 경험이라고 할 수 있나요?

그것도 채널링 경험입니다. 채널링이란 기본적으로 어떤 대상에 주파수를 맞추는 행위입니다. 따라서 누구나 항상 채널링을 하고 있다고 말하는 것이 정확합니다. 여러분은 항상 무언가에 연결되어 있기 때문입니다. 생각의 흐름이나 영혼의 파편soul fragment(한 사람의 에너지장의 일부가 분리되어 나와 독립적으로 존재하는 상태—옮긴이)에 연결되어 있을 수도 있고, 방금 들어간 방의 에너지와 연결되어 있을 수도 있습니다.

만일 자신이 원하는 주파수에 다이얼을 맞추고 있지 않다면 여러분은 그저 아무 데에나 채널을 맞추게 될 것입니다. 혹은 외부 상황이든 여러분의 내면이든 아무것도 바뀐 게 없다면 어제와 똑같은 것에 채널을 맞추고 있는 것이고요.

의도를 품고 채널링을 할 때 여러분은 이렇게 말할 것입니다. "이것이 바로 내가 진동을 맞춰서, 함께 조화를 이루고, 연결되고, 하나로 합쳐지고 싶은, 그래서 경험하고 싶은 대상이야."

💬 5차원은 비물질적인가요?

그렇지 않습니다. '우리'는 우주를 열두 차원으로 나누는데, 그중 처음 나오는 비물질적 차원이 우리가 있는 9차원입니다. 5, 6, 7차원은 모두 물질적 차원입니다.

지금 여러분에게 4차원이 그렇듯이, 우리의 기준에서 보면 8차원은 과도기적 차원입니다. 8차원은 여러분이 완전하게 또 완벽하게 비물질적 존재로 전환하도록 도와줍니다.

밀도를 차원과 비교해서 설명해 줄 수 있나요?

사람들이 우주를 밀도density로 나눌 때는 보통 7단계로 나눕니다. 이에 반해 우리는 12단계의 차원dimension 척도를 사용합니다. 따라서 당연히 6밀도는 6차원과 다릅니다. 6밀도는 비물질적입니다.

💬 혹시 식습관과 생활 방식을 채식주의로 바꾸는 것이 인류의 깨어남을 위한 근본적인 의무일까요?

반가운 질문이군요. 깨어나면 사람들은 더 자비로워지는 경향이 있습니다. 세상을 보는 눈이 달라지고, 식물이나 동물, 지구 등 모든 것을 달리 보게 됩니다. 여러분을 통해 더 큰 사랑이 흐르게 됩니다. 그래서 "나는 한때 숨을 쉬었던 것이나 눈이 있던 것들은 먹고 싶지 않아요" 하는 말을 할 가능성이 높아집니다. 자연스럽게 그렇게 됩니다. 그래서 그런 선택을 하는 사람들이 생겨나는 것입니다. 하지만 깨어나기 위해 반드시 그 선택을 해야만 하는 것은 아닙니다.

💬 모든 사람이 채널러가 되는 것을 막고 있는 것은 무엇인가요? 그리고 채널러로서 자신뿐 아니라 다른 사람들을 위해 그 재능을 사용할 때 채널러가 져야 할 가장 큰 책임은 무엇인가요?

채널러가 되는 것을 막는 가장 큰 장애는 "채널링을 하는 사람에게는 뭔가 특별한 것이 있다"는 믿음에서 비롯됩니다. 하지만 여기 있는 대니얼에게는 특별한 점이라곤 전혀 없습니다. 이 말을 믿으세요. 서른여덟 살에 처음 채널링을 시작했을 때 대니얼은 자신이 특별하다고 느끼지도 않았고, 자신이 항상 뭔가를 알고 있다거나 집중을 잘하는 사람이라고 느끼지도 않았습니다. 그는 지극히 전통적인 가정 환경에서 성장했습니다. 가톨릭 신자로 자라서 일요일이면 늘 성당에 갔고, 신을 두려워했습니다. 그것이 전부였습니다. 영적인 경험이라고 할 만한 것이 전혀 없었지만 그럼에도 그 장벽을 넘

어설 수 있었습니다.

만일 여러분이 채널링이 가능하다고 믿는다면, 그 능력을 발휘하는 데 필요한 것들을 기꺼이 하고자 할 것입니다. 거기에 필요한 시간도 투자할 것이고, 접속에 필요한 주파수를 내보낼 것이며, 자신의 진동을 끌어올려 그 의식 수준에 도달하고자 마음을 낼 것입니다. 일단 채널링이 시작되면, 이런 물음으로 자신을 점검하는 것이 중요합니다. "내가 믿는 것을 그냥 내뱉고 있는 건 아닐까? 받은 메시지에 내가 지나치게 영향을 끼치고 있는 건 아닐까?"

채널링을 하는 사람들 대부분은 진심으로 사람들에게 도움을 주고 싶다는 바람과 더불어, 부정적이거나 잘못된 정보를 조작하거나 전달하지 않겠다는 마음을 지니고 있습니다. 물론 평소에 집중하고 있는 것들이 채널링 메시지를 전할 때 영향을 미치거나 색을 입힐 수는 있습니다.

채널러로서 여러분의 책임은, 분열을 일으키는 세상 곳곳의 문제들에 초점을 맞추는 것이 아니라 긍정적이고 통합적이며 여러분에게 깨달음을 주는 것에, 그리하여 사람들을 하나로 모으고 의식 수준을 높이는 것에 계속해서 초점을 맞추는 것입니다.

정말 좋은 말씀입니다! 굉장한 세션이었어요. 나누어주신 귀하고 명료한 말씀과 큰 마음에 깊이 감사드립니다.

아주 좋습니다. 우리에게도 기쁨이자 영광이었습니다. 우리는 '아크투루스 위원회'이며, 여러분과 소통할 수 있어 즐거웠습니다.

대니얼과 그의 책, 그리고 9D 아크투루스 위원회에 대해 더 알고 싶은 분들은 대니얼의 웹사이트 www.danielscranton.com을 방문하시기 바랍니다.

CHAPTER 6

자각 도구 키트:
진동을 끌어올리는 데 필요한 모든 것

다릴 앙카가 전하는 '바샤르'의 메시지

다릴 앙카에 대해

지난 40년 동안 전 세계 사람들이 저명한 채널러인 다릴 앙카 Darryl Anka를 만나왔습니다. 다릴은 미래에서 온 바샤르Bashar라는 놀라운 존재를 소개합니다. 물질 몸을 한 외계 존재ET인 바샤르는 매우 흥미롭고 통찰력 있고 본질을 꿰뚫는 개념들을 통해, 우주가 어떻게 작동하고 각 개인이 자신의 현실을 어떻게 창조하는지 명쾌하게 설명합니다. 그는 사람들이 이 메시지를 적용하여 삶을 변화시키고 원하는 현실을 창조하도록 필요한 정보를 제공합니다.

바샤르를 채널링하는 일 외에, 다릴은 자신의 프로덕션 회사인 지아 필름스Zia Films를 통해 각본, 연출, 영화 제작의 형태로 자신의 창조적 재능을 펼치고 있습니다.

공개적인 (외계) 접촉에 대해

―――――――――――――――――――――

환영합니다, 다릴. 정말 영광입니다. 오랫동안 청중들에게 '충격과 경외감'을 선사하셨는데, 바샤르의 메시지 중에 최근 몇 년 사이 특별히 더 중요해졌거나 변함없이 강조되어 온 내용이 있을까요?

―――――――― ✦ ――――――――

안녕하세요, 마이크? 이 자리에 함께하게 되어 기쁩니다. 우리를 불러주셔서 감사합니다.

바샤르의 메시지에는 항상 우리의 상승에 관한 이야기가 담겨 있지만, 그와 더불어 머잖아 다가올 외계 존재들과 공개적인 접촉에 대비해 점점 더 많이 준비시키기도 합니다. 바샤르가 전하는 영적 '도구'와 공식, 원칙은 다른 문명의 존재들을 실제로 초대할 수 있는 수준까지 우리의 진동을 끌어올리기 위한 것입니다. 그래야 그들과 상호 작용을 할 수 있을 테니까요.

이런 공개적인 접촉과 관련한 메시지를 전하는 의도는, 우리가 진정 누구인지 상기하고, 우리가 가진 능력을 확장하며, 우리의 은하계 가족과 접촉하도록 돕기 위해서이고, 또한 우리가 현실을 경험하는 방식에 더 많은 선택지를 주기 위해서입니다. 그렇게 해서 자신이 진정으로 누구인지 아는 데까지 우리가 인식을 확장할 수 있도록 하려는 것입니다.

바샤르는 자신을 다양한 문명들로 구성된 별들의 대규모 동맹에서 온 '최초의 접촉 전문가'라고 설명합니다. 그의 메시지는 향후 우리가 은하계 가족과 합류할 준비를 하고, 마침내 우리가 고립된 종이 아니라는 것을 깨닫는 데 필요한 훈련을 제공합니다. 이제 우리가 깨어날 때입니다.

우리를 찾아오는 외계인 대부분이 호의적이고 영적으로도 우리보다 훨씬 진보한 존재들이라고 보는 것이 맞습니까? 또 아주 오래전에 깨어남의 과정을 거친 존재들이 우주를 돌아다니다가 격렬한 변화의 시기를 헤쳐 나

가고 있는 우리를 돕기 위해 찾아왔다고 할 수 있나요?

―――――――――――― ✹ ――――――――――――

그렇습니다. 거쳐온 길은 우리와 조금 다를 수 있지만, 그들은 우리가 지금 지구에서 겪고 있는 것이 무엇인지 잘 알고 있습니다. 특히 바샤르와 여타 많은 문명은 우리처럼 물질적인 존재들이기 때문에, 물질 현실 속에 있는 우리에게 필요한 것이 무엇인지 잘 알고 있습니다.

바샤르에 따르면, 이 우주에는 부정적인 존재들도 있을 수 있지만, 우리의 진화에 관심 있는 존재들이 스크린이나 필터 같은 역할을 하면서 우리를 돕고 있으며, 굳이 우리를 이롭게 하려는 마음이 없는 존재들로부터 우리를 보호해 주고 있다고 합니다. 지금 여기에서 우리와 접촉하고 있는 존재들은 호의를 가지고 우리가 사다리를 오를 수 있도록 도와주고 있다는 것입니다.

좋아요, 준비가 된 것 같습니다. 지금 편안한가요, 다릴? 바샤르를 채널링할 준비가 되었나요?

―――――――――――― ✹ ――――――――――――

물론입니다. 바로 바샤르를 불러서 그의 메시지를 전하겠습니다.

자각 도구 키트: 진동을 끌어올리는 데 필요한 모든 것

우리의 경험상, 정확히 적용하기만 하면 각자 바라는 현실을 창조하는 데 도움이 되는 이런 정보를 전할 수 있어 영광입니다.

지금부터 네 가지 개념, 즉 네 가지 원칙을 전해드릴 텐데, 각 원칙은 몇 개의 부분으로 나뉘어 있습니다. 이것에 압도될 필요는 없습니다. 우리 정보에 익숙한 분들은 이 원칙들을 더 정확히 활용해 더 강력한 결과를 얻는 연습의 기회가 될 것입니다. 우리 정보를 처음 접하는 사람이라면 그냥 긴장을 풀고 받아들이기만 하면 됩니다. 이 원칙들은 어떤 방식이나 모습, 형태로든 동시성을 통해 작용할 것입니다. 그러니 그냥 받아들이고, 숙고하고, 어떤 원칙이 자신에게 효과가 있는지 찾아서 원하는 대로 적용하면 됩니다.

▍다섯 가지 우주 법칙

우리가 '다섯 가지 우주 법칙Five Universal Laws'이라고 부르는 첫 부분부터 시작하겠습니다. 우리는 이제 여러분이 이른바 우주universe—우리가 다중 우주multiverse라고 인식하는 우주—의 물리 법칙 개념에 대해 어느 정도 익숙해졌다는 것을 압니다. 그런데 중요한 것은 여러분이 물리 법칙으로 여기고 있는 그 법칙조차도 현실에 따라, 우주에 따라 변할 수 있다는 것입니다.

우리가 말하는 다섯 가지 법칙은 누구에게나, 어디에나, 또한 모든 창조물과 평행 현실들에까지—다른 우주들임에도 불구하고—적용된다는 점에서 진정으로 보편적universal입니다. 이 법칙들은 존재 자체의 기본 구조를 형성합니다.

[다섯 가지 우주 법칙]

1. 나는 존재한다.
2. 모든 것은 지금 여기에 존재한다.
3. 하나가 전체이고 전체가 하나이다.
4. 내가 내놓은 것을 돌려받는다.
5. 이 법칙들을 제외한 모든 것은 변한다.

나는 존재한다

자, 이 말이 여러분에게는 지극히 단순하게 들릴지 모르지만 잠시 생각해 보십시오. 존재는 여러분의 자연스러운 상태입니다. 존재는 여러분의 기본적이고 근본적인 특성입니다. 만일 여러분이 존재한다면, 여러분은 존재하기를 멈출 수 없습니다. 정의상 비존재는 존재할 수 없기 때문입니다. 바로 이것이 비존재의 특성입니다. 비존재의 특성은 존재하지 않는다는 것입니다. 따라서 존재하는 것은 비존재가 될 수 없습니다.

바꿔 말하면 비존재 안에는 존재하는 것을 위한 자리는 없다고 할 수 있습니다. 여기에서 핵심은 걱정하지 말라는 것입니다. 여러분은 결코 존재하기를 멈추지 않을 것이기 때문입니다. 여러분은 형태나 관점은 변하겠지만 여러분의 본성인 만유All-That-Is, 즉 창조의 고유한 한 측면으로서 존재하기를 멈출 수는 없습니다.

"나는 존재한다"는 것이 첫째 법칙이며, 이 법칙을 바꾸기 위해 여러분이 할 수 있는 일은 아무것도 없습니다.

모든 것은 지금 여기에 존재한다

말하자면 모든 것은 동일한 순간에 존재합니다. 시간과 공간은 의식이 투사한 환영이며, 이로 인해 여러분은 특정한 방식으로 사물을 경험하게 됩니다. 또한 여러분의 의식에 시간과 공간이라는 개념 또는 틀을 설정함으로써 자신에 관해 새로운 것을 발견하게 됩니다. 이를 통해 여러분은 본래의 자신을 잊고, 시간과 공간 속에서 여러분에게 다양한 관점을 제공하는 과정들이 펼쳐지는 것을 경험하며 자신에 관해 새로운 것을 발견하게 되는 것입니다. 새로운 관점에서 자신을 발견하게 된다는 말입니다. 그러나 그럼에도 불구하고 그것들은 모두 환영의 투사입니다.

모든 것은 모든 곳에서 동시에 존재합니다. 여기서의 핵심은, 자신이 누구인지 망각한 상태에서, 시간과 공간을 도구로 사용해 여러분이 발견해야 할 것을 발견하고, 탐구해야 할 주제를 저마다의 방식으로 탐구함으로써 다양한 관점에서 자신이 누구인지를 기억해 내는 것입니다.

하나가 전체이고 전체가 하나이다

이 말이 의미하는 바는, 모든 것이 동시에 존재하고 있으며, 따라서 모든 것이 같은 것으로부터 나왔다는 것입니다. 그것을 '신God'이라 부르든 '여신Goddess'이라 부르든 '창조주Creator'라 부르든 상관없습니다. 뭐라고 불러도 좋습니다. 그것은 존재하는 모든 것, 존재하는 모든 이, 존재하는 모든 곳, 존재하는 모든 때이기 때문입니다. 이 하나 외에 존재하는 것은 없으며, 모든 것은 이 하나로부터 생겨납니다. 모든 것은 이 하나의 반영이자 투사投射입니다.

여러분이 거울로 된 방 한가운데 서 있다고 상상해 봅시다. 사방으로 다양한 각도에서 무수히 많은 것들이 무한히 반사되는 모습이 보일 것입니다. 하지만 이 경우에는 자각이자 의식 자체인 존재로부터 모든 것이 생겨났기 때문에, 모든 반영물들—여러분 모두와 우리 모두, 그리고 존재하는 모든 것을 나타내는—또한 어떤 방식이나 모습, 형태로든 의식을 갖고 자신을 인식합니다.

그것이 여러분이 자신이라고 여기는 의식의 형태나 표현과는 다를 수 있지만, 그럼에도 불구하고 모든 것은 그 의식으로부터 생겨났고 모든 것은 고유한 방식으로 자신을 인식하며, 심지어 의식을 지니지 않은 것처럼 보이는 것들조차 의식으로부터 생겨난, 의식의 반영물입니다.

내가 내놓은 것을 돌려받는다

여러분 중에는 이 개념을 '끌어당김의 법칙'이라고 부르는 사람도 있습니다. 다시 말하지만 모든 것이 의식의 투사이자 의식의 반영이라는 점에서 이것은 보편적인 법칙입니다. 여러분이 어떤 주파수로 살아가든, 삶 속에 무엇을 내놓든 여러분은 그것을 돌려받게 되어 있습니다.

이 법칙은 여러분에게 안내 시스템 역할을 합니다. 만일 어떤 일이 여러분이 원하는 방향으로 흘러가지 않거나 주변 상황이 여러분의 핵심 욕구―여러분 안의 진실―를 따라주지 않는다면, 그것은 여러분에게 모순되는 믿음 체계나 개념, 정의定義가 있기 때문입니다. 결국 여러분은 자신이 실제로 내고 있는 주파수의 반영물을 돌려받는 것입니다. 여러분이 내놓고 있는 것이 마음에 들지 않을 때는 여러분의 주파수를 바꾸면 원하는 것에 더 부합하는 반영물을 돌려받을 수 있습니다.

여기서 여러분이 생각할 것은, 이 법칙을 안내 메커니즘으로 삼아 자신에게 어떤 것이 반영되어 돌아오는지 이해함으로써 자신이 어디에 서 있고 무엇을 내놓고 있으며 어떤 주파수에서 활동하고 있는지 정확히 알 수 있다는 것입니다. 여러분의 삶을 이끌어가는 이 법칙은, 여러분이 되고 싶은 존재에 부합하기 위해 어떤 믿음 체계를 다듬어나가고 어떤 믿음 체계를 놓아버려야 할지 알려주는 안내 메커니즘입니다. 여러분이 물질 현실에서 무엇을 경험할지 결정하는 것은 전적으로 여러분의 믿음 체계입니다. 믿음 체계가 물질적 인격체를 구성합니다. 여러분이 가장 강력하게 받아들이고 있는 믿음 체계가 무엇이든 그것이 여러분이 실제로 물질 현실을 경험하면서 돌려받고 있는 것입니다.

이 법칙들을 제외한 모든 것은 변한다

이 법칙들은 절대로 변하지 않는 구조입니다. 이 법칙들은 존재 자체이며, 존재의 정의입니다. 변하는 것은 이 구조에 대한 여러분의 경험이고, 이것과 여러분의 관계이며, 이것에 대한 여러분의 관점입니다. 이 법칙들은 존재를 확장시킵니다. 다시 말해 결코 변하지 않는 이 구조에 대한 '여러분의 경험', 즉 끊임없이 변화하는 여러분의 경험이 확장을 만들어냅니다.

이 다섯 가지 법칙으로 설명되는 구조는 단순하고 늘 동일하게 유지되지만 우주, 다중 우주, 창조, 존재는 저마다의 관점과 경험을 통해서, 또 결코 변하지 않는 이 단순한 구조와의 관계를 통해서 무한히 확장을 거듭해 갑니다.

여러분에게는 '만유'와 어떤 관계를 맺을지 스스로 결정할 수 있는 자유 및 자유 의지가 있습니다. 여러분은 존재 자체와 어떤 관계를 맺을지, 만유의 반영으로서 여러분 자신의 개인적 인식을 어떻게 확장시켜 나아갈 것인지, 어떤 방식과 모습, 형태로 우주나 다중 우주와 관계를 맺어서 그것들이 확장되는 모습을 경험할 것인지 스스로 결정할 수 있습니다. 여러분에게는 무엇을 경험할지 스스로 결정할 수 있는 능력과 권한, 자유 의지가 주어졌기 때문입니다.

▍운명

여러분은 이 주제와 이 버전의 자신을 경험하기로 스스로에게 운명을 부여했습니다. 여러분은 지금의 이 물질적이고 일시적인 자신보다 훨씬 큰 존재이면서, 이 물질 현실을 경험하고 탐사하기로 더 높은 수준에서 스스로 정한 주제의 한 부분이자 조각입니다. 이것이 여러분의 운명입니다. 이것은 여러분이 더 높은 수준의 영의 자유 의지로, 여러분 자신이기도 한 상위 자아의 자유 의지로 선택한 것이기 때문입니다.

여러분은 이렇게 스스로 선택한 인격체로서 경험을 해나가게 됩니다. 이것이 이른바 운명이라고 하는 것입니다. 그러나 여러분에게는 그 운명을 어떤 방식과 모습, 형태로 경험할지 결정할 수 있는 절대적인 자유 의지가 있습니다. 만일 여러분이 자신의 주제를, 처음부터 끝까지 걸어가며 살아내도록 자신에게 지시한 복도 같은 것이라고 생각한다면, 그것이 여러분의 운명입니다. 하지만 그 복도를 '어떻게' 지나갈지는 여러분의 자유 의지에 달려 있습니다. 달려갈 수도 있고, 날아갈 수도 있고, 걸어갈 수도 있고, 기어갈 수도 있고, 앞으로 갈 수도, 뒤로 갈 수도, 행복하게 갈 수도, 슬프게 갈 수도 있습니다. 복도를 따라 나 있는 문을 하나하나 열어보면서 갈 수도 있고, 전부 무시하고 여러분이 원하는 방식과 모습, 형태로 끝까지 내달릴 수도 있습니다. 이것이 여러분이 탐사하기로 선택한 주제의 운명 안에서, 그리고 이번 생에 자신이 되기로 선택한 인격체 안에서 자유 의지가 작동하는 방식입니다.

물론 여러분에게는 더 큰 자아self가 있습니다. 이 자아에는 영, 영혼, 초영혼, 상위 자아, 만유에 이르기까지 모두 포함됩니다. 여러분의 자아에는 끝이 없습니다. 왜냐하면 여러분이 만유의 다양한 버전이 될 수 있기 때문입니다. 여러분의 자아는 위와 아래, 안과 밖 등 모든 방향으로 무한합니다. 따라서 여러분은 이 단순한 다섯 가지 법칙의 틀을 이해함으로써 어떤 방식이든 여러분이 원하는 대로 자신의 자아와 다양한 관계를 맺을 수 있습니다.

이해할 수 있을 때까지 이 법칙들을 숙고해 보십시오. "나는 존재한다. 모든 것은 지금 여기에 존재한다. 하나가 전체이고 전체가 하나이다. 내가 내놓은 것을 돌려받는다. 이 법칙들을 제외한 모든 것은 변한다." 어떤 개념을 접하든, 특히 형이상학적이거나 영적인 개념을 접할 때는 이 법칙들을 여러분의 필터 시스템으로 삼으세요. 만일 어떤 개념이 이 틀에, 이 필터에 맞지 않는다면, 여러분이 다루고 있는 그 개념은 여러분이 하고 있는 영적 혹은 형이상학적 경험 아래의 실제 메커니즘을 나타내지 못하는 관점이나 믿음 체계일 수 있습니다.

사물이 실제로 어떻게 작동하는지에 관한 메커니즘적 정의와 경험적 정의 사이의 차이를 알아보기 위해 이 틀을 비교 필터 시스템으로 활용해 보십시오. 물론 경험적 정의를 내리는 것 자체는 아무 문제도 없습니다. 다만 여러분의 행성에서는 많은 경우 사람들이 경험에 대한 어떤 정의를 갖고 있으면 실제로는 그 경험을 만들어내는 메커니즘에 대한 정의도 갖고 있다고 생각하는데, 항상 그런 것은 아닙니다.

둘 사이의 차이를 보여주는 간단한 예로 여러분이 일몰이라고 부르는 현상을 살펴봅시다. 여러분은 경험을 통해 해가 실제로 지는 것처럼 보인다는 것을 알고 있습니다. 하지만 지금 시대의 여러분은 해가 실제로 지는 것이 아니라는 사실도 압니다. 지구가 자전하기 때문에 해가 지는 것처럼 보일 뿐이죠. 지구가 자전하면서 해가 있는 쪽을 향해 돌거나 반대쪽으로 멀어지기도 하는 것인데, 여러분은 마치 해가 하늘을 가로질러 움직이는 것처럼 경험하는 것입니다. 실제로 돌고 있는 것은 지구인데 말이에요. '해가 진다'는 묘사로는 그게 어떤 방식, 모습 또는 형태가 되었든 지구의 자전에 관한 메커니즘, 그리고 해가 진다는 경험과 환상을 만들어내는 메커니즘을 전혀 설명하지 못합니다.

눈에 보이지 않는 메커니즘을 이해하기 시작한다고 해서 경험에 대한 시적詩的 정의를 버리라는 말은 아닙니다. 다만 경험 뒤에 숨은 실제 메커니즘을 더 잘 이해하면, 형이상학적이고 영적인 경험이 실제로 어떻게 형성되는지 더 명확하게 이해할 수 있다는 뜻입니다. 그러면 여러분은 수천 년 동안 존재해 오면서, 사물이 실제로 어떻게 작동하는지 보지 못하게 막아온 경험적 정의 안에 갇히는 일 없이, 여러분의 믿음 체계로 여러분의 물리적 현실을 창조할 수 있게 됩니다.

▌물질적 삶의 일곱 가지 필수 요소

이제 우리가 '물질적 삶의 일곱 가지 필수 요소'라고 부르는 다음 주제로 넘어갑니다. 이 개념들을 설명하는 이유는 또 하나의 차이, 곧 여러분이 삶에서 원한다고 말하는 것과 실제로 삶에 필요한 것 사이의 차이를 이해하기 위해서입니다. 여러분이 원하는 것과 실제로 필요한 것은 일치할 때도 있고 그렇지 않을 때도 있습니다. 정확히 말하면 여러분이 원하는 것이 여러분에게 실제로 필요한 것이 아닐 때가 흔히 있습니다.

여러분에게 진정으로 필요한 것은 여러분을 충족시키고 충만감을 느끼게 합니다. 기쁨과 존재의 편안함을 느끼게 하며, 물질 현실에서도 번영하게 할 수 있습니다. 그런데 여러분이 원하는 것은 그렇지 않습니다. 따라서 여러분이 원하는 것과 물질적 삶에서 실제로 필요한 일곱 가지 필수 요소 간의 차이를 아는 것이 중요합니다.

이 일곱 가지는 여러분이 물질 존재로서 번영하도록 해줍니다. 이것들이 없다면 여러분은 쇠약해지면서 물질적 경험을 지속할 수 없게 됩니다. 이것들은 여러분이 물질 현실에서 번영하기 위해 진정으로 필요한 것들입니다.

일곱 가지 필수 요소의 순서는 여러분에게 필요한 중요도에 따른 것입니다. 매우 단순하게 시작할 수 있지만 이 일곱 가지가 지구에서 물질 존재로서 살아가는 데 얼마나 중요한지 이해하고, 특히 별로 예상하지 못했을 뒤쪽 항목들에 세심한 주의를 기울이기 바랍니다.

[물질적 삶의 일곱 가지 필수 요소]

(일반적으로) 명백한 요소	덜 명백한 요소
1. 공기	
2. 물	5. 거처
3. 잠	6. 연결
4. 음식	7. 창조성

(일반적으로) 명백한 요소

우리는 기氣 수련 같은 특정 수련을 하는 사람들이 있다는 것을 알고 있습니다. 이런 사람들은 이 목록에 나와 있는 것들 가운데 일부가 없어도 얼마 동안은 문제없이 지내는 것처럼 보이기도 합니다. 하지만 이런 사람들은 예외적인 경우입니다. 우리가 이 목록에서 이야기하고 있는 것은 보통 사람들이 삶을 지속하는 데 필요한 것과 필요하지 않은 것들입니다.

공기

필수 요소의 첫째는 당연히 공기입니다. 여러분이 삶을 이어가려면 호흡을 해야 합니다. 공기가 없어서 숨을 쉬지 못하면, 여러분은 아마 몇 분 안에 사망할 것입니다.

물

여러분에게는 물이 필요합니다. 물은 말 그대로 여러분이 부드럽고 원활한 상태를 유지할 수 있게 해줍니다. 여러분이 물질 현실에서 번영하기 위해서는 물이 필요합니다. 물이 없으면 여러분은 아마 며칠 안에 사망할 것입니다.

잠

음식이 셋째라고 생각하는 사람들이 많을 텐데 그렇지 않습니다. 실제로 셋째는 잠, 특히 꿈입니다. 만약 여러분이 잠을 자지 않고 꿈을 통해 영spirit과 연결되지 않는다면, 10일에서 11일 이내에 환각이 나타나고 신체 시스템이 무너지기 시작할 것입니다. 거의 매일 밤 이루어지는 이 연결이 없다면 여러분은 정신착란에 빠지고 2주 안에 사망할 수 있습니다.

물질 현실은 여러분이 생각하는 것과 다르다는 걸 잊지 마십시오. 물질 현실은 에너지이며 의식의 투사입니다. 여러분은 영적 존재이며, 결코 영을 벗어난 적이 없습니다. 지금 이 순간에도 여러분은 영 안에 있습니다. 여러분 모두는 영 안에 존재합니다. 잠들지 않은 '깨어 있는 시간'에 여러분은 실제로는 자신의 영을 떠나 인간이 되는 꿈을 꾸고 있는 것입니다. 따라서 자신이 영이 아닌 것처럼 가장하고 있는 지금 이 순간에 여러분이 물질적 경험을 지속하려면—이는 시간이 지나면 달라지겠지만—'배터리 재충전'을 해서 자신이 물질 존재라는 생각을 계속 투사해야 합니다. 여러분의 물질적 삶은 환영, 즉 투사입니다. 이 투사는 여러분이 단지 물질 존재일 뿐이라는 환영을 계속 유지하기 위해 에너지를 필요로 합니다.

따라서 물질 현실을 지속하고 여러분이 정한 만큼의 시간과 공간 속에서 경험을 이어가기 위해서는 잠을 자고 꿈을 꾸어야 합니다.

음식

넷째는 음식입니다. 어떤 방식이나 모습, 형태로든 지구에 사는 여러분 대다수는 몸의 성장을 위해 영양분을 필요로 합니다. 공기, 물, 잠, 음식이 있으면 여러분은 성장하기 시작할 것입니다.

덜 명백한 요소

일곱 가지 요소 중 마지막 세 가지 항목에서는 필수 요소라는 개념이 조금 달라집니다.

거처

여러분에게는 생활에 도움이 되는 형태의 거처나 환경이 필요합니다. 그것이 반드시 물리적인 집을 의미하는 것은 아닙니다. 적어도 현재 지구에는 환경 자체가 매우 쾌적하고 인간이 삶을 영위하는 데 매우 도움 되는 지역들이 있습니다. '열대 섬'이라 부르기도 하고 '지상 천국'이라고도 하는 이런 지역에서는 사람들이 거처 없이 노천에서 살아가기도 하고, 특정 자연 요소로부터 몸을 보호해줄 정도의 아주 단순한 거처에서 지내기도 합니다.

하지만 보통은 적절한 거처나 유리한 환경 없이는 몸이 쇠약해져 죽음에 이를 수도 있습니다. 여러분이 번개나 홍수, 지진 등 온갖 것들에 대한 걱정 없이 몸과 마음, 영혼이 앞으로 나아갈 수 있는 환경에 있지 않다면, 여러분은 지금 당장은 아닐지 모르지만 심한 스트레스와 함께 삶을 헤쳐 나가는 데 어려움을 겪게 되고, 그럴 때 어떤 의미에서 여러분의 영도 쇠약해질 수 있습니다.

연결

모든 사람에게는 연결이 필요합니다. 무언가와 혹은 누군가와 관계를 맺어야 합니다. 그 대상이 반드시 사람일 필요는 없습니다. 그것은 우주, 동물, 세계, 나무, 심지어 바위도 될 수 있습니다. 여러분에게는 공동체나 더 큰 집단의 일원임을 느끼게 하거나 한 명 또는 다수와 소통할 수 있는 관계가 필요합니다. 이 소속감이라는 개념도 여러분이 물질 현실에서―또한 다른 수준의 현실에서도―살아가는 데 중요합니다.

창조성

마지막 필수 요소는 자신의 참 자아를 창조적으로 표현하는 것입니다. 달리 말하면 여러분의 목적을 살아내는 것, 사명을 살아내는 것, 여러분 자신이 되는 것입니다. 주는 존재, 봉사하는 존재로서 여러분의 참 자아의 창조적 본질을 표현한다는 것은, 여러분이 자신의 열정에 따라 행동하고, 꿈을 좇아 살며, 여러분의 가장 깊은 곳에서 자신이 진정 누구인지 아는 것을, 그리고 기꺼이 이런 것들에 따라 행동하는 것을 의미합니다.

필수 요소 중 마지막 두 가지, 연결과 창조성은 앞의 다섯 가지와는 조금 다릅니다. 둘 중 하나 혹은 둘 다가 없다고 해서 여러분이 바로 혹은 조만간 사망하지는 않습니다. 그러나 시간이 지나면서 그 부재가 여러분의 마음, 심리, 영을 쇠약하게 만들고, 심하면 자살 충동에까지 이르게 할 수도 있습니다. 물론 이런 충동을 행동에 옮긴다면 여러분은 물질 현실을 떠나게 될 것입니다.

▎삶의 지침: 5단계 공식

지금까지 일곱 가지 기본 필수 요소에 대해 말씀드렸습니다. 이 요소들을 충족한 상태에서 지금 우리가 전해드리려고 하는 공식을 따를 수 있다면 여러분은 삶의 모든 수준에서 충족감을 느끼게 될 것입니다.

이제 여러분에게 현실이 작동하는 방식을 안내하겠습니다. 여러분이 선호하는 방식으로, 즉 여러분의 진정한 본성과 일치하는 방식으로 현실을 창조할 수 있도록 돕는 실제 도구와 메커니즘에 대해 설명드리겠습니다. 이 도구와 메커니즘을 통해 여러분은 가장 즐겁고 가장 창조적이고 가장 열정적이고 가장 신명나고 가장 사랑스러우며 가장 깊이 연결된 방식으로 최고의 삶을 경험할 수 있을 것입니다. 이것은 철학이 아닙니다. 이것은 여러분이 자신의 물질 현실 경험을 창조할 때 실제로 작용하는 메커니즘의 정수입니다.

우리는 마치 기계 작동법을 설명하는 매뉴얼을 건네듯 문자 그대로 삶의 지침서를 여러분에게 건네 드릴 것입니다. 이 기본적인 지침들을 단계별로 따르기만 하면 여러분의 '기계'(우리의 육체를 가리킴—옮긴이)는 애초에 설계된 대로 여러분에게 이로운 방식으로 작동할 것입니다. 만일 이 지침들을 따르지 않는다면 기계가 제대로 작동하지 않을 수 있고, 그로 인해 여러분이 실제로 부상을 입을 수도 있습니다.

이것이 여러분이 의식을 하든 못하든 물질 현실을 창조하는 방식입니다. 부디 주의를 집중해서 이를 잘 흡수하길 바랍니다. 우리는 여러분이 이 단계들을 따르면 삶이 나아질 거라고 보장합니다. 이것이 바로 현실이 여러분에 의해 또 여러분을 위해 창조된 방식이며, 또한 여러분이 살아가도록 의도된 방식입니다.

[삶의 지침: 5단계 공식]

1. 열정을 따르라.
2. 열정에 따라 최선을 다해 행동하라.
3. 결과에 집착하지 말라.
4. 긍정적인 상태를 유지하라.
5. 믿음 체계를 점검하라.

열정을 따르라

이 부분은 일곱째 필수 요소인 '창조성'과 긴밀하게 연결됩니다. 이것이 왜 중요할까요? 여러분은 현실에서 늘 "기쁨을 좇고, 열정을 좇고, 신명을 좇으라"는 말을 듣습니다. 왜 그럴까요? 그것이 왜 그렇게 중요할까요? 설명을 드리겠습니다.

한 존재로서 여러분은 물질적인 마음도 지니고 있지만 동시에 비물질적인 더 높은 마음도 지니고 있습니다. 그리고 이 비물질적인 더 높은 마음이 이 삶에서 여러분을 안내하도록 되어 있습니다. 어떻게 그렇게 할까요? 비물질적인 마음은 에너지 언어를 사용하고, 여러분에게 에너지적인 메시지를 들려줍니다. 이런 메시지들을 여러분은 어떻게 해석할 수 있는 걸까요? 더 높은 마음이 이런 에너지 메시지를 보내고 있을 때 여러분은 그것을 어떻게 알 수 있을까요? 간단합니다. 여러분의 물질 몸이 그 에너지 메시지들을 열정으로, 신명으로, 창조성으로, 호기심으로, 끌림으로, 그리고 사랑으로 번역해 주기 때문입니다. 그 덕분에 여러분은 더 높은 마음으로부터 뭔가를 받고 있다는 것을 알 수 있습니다. 다시 말해 몸으로 느끼는 것입니다. 이런 느낌들이 여러분에게 이 상황이, 이 환경이, 이 물건이, 이 계획이, 이 아이디어가, 이 개념이 바로 여러분의 중심 주파수와 정렬된 어떤 것임을 알려주는 것입니다. 이 주파수는 열정과 신명과 창조성과 사랑과 연결로 경험됩니다. 여러분의 주파수는 곧 여러분 자신입니다. 그것은 여러분의 진동이자, 만유와 존재 자체의 개별적인 반영으로서 여러분의 고유한 서명signature입니다.

열정에 따라 최선을 다해 행동하라

　어떤 환경이나 상황, 사람, 관계와 관련해서 방금 말한 것과 같은 느낌들이 든다면, 그것은 여러분의 더 높은 마음이 다가와 "이것이 너의 다음 단계야. 이것이 너의 길이야"라고 안내하는 것입니다. 그 안내에 따라 최선을 다해 행동하면서, 더는 갈 수 없을 때까지 최대한 밀고 나아가는 것, 이것이 둘째 단계입니다. 그 과정에서 여러분은 더 높은 마음과 그 안내에 귀를 기울이게 되고─즉 더 높은 마음과 대화를 시작하게 되고─그 열정에 따라 행동함으로써 더 높은 마음에게 이렇게 말하게 됩니다. "너의 말을 들었어. 기꺼이 귀 기울일게. 나는 마음을 열고 너의 안내를 듣고 있어. 네가 최선의 방법을 써서 내 삶을 안내해 주고 있으니까."

　'물질 현실'에서 더 높은 마음의 언어는 말이 아니라 행동입니다. 따라서 여러분이 행동할 때 여러분은 이렇게 말하고 있는 것입니다. "그래, 나는 네 말을 들었고, 지금 이 열정을 따라서 행동할 거야. 이것이 곧 지금 이 순간의 나라고 네가 얘기해 주고 있으니까 말이야." 그런 다음 더는 열정을 지속할 힘이 없을 때까지, 신명이 가라앉을 때까지 최대한 열정을 발휘하면서 앞으로 나아갑니다.

　여러분이 행동에 신명이나 열정이 일시적으로 또는 영구히 사그라드는 데에는 두 가지 이유가 있습니다.

　1. 여러분의 믿음 체계가 두려움에 기반한 것이거나 부정적인 믿음이어서 신명이 사그라드는 것은 아닌지, 그래서 앞으로 나아가기가 너무 두렵거나 계속 가다가는 뭔가 안 좋은 일이 일어날 거라고

걱정하고 있는 것은 아닌지 점검할 수 있는 기회입니다.

   2. 만약 신명이 자연스럽게 사그라든다면, 그것은 동시성이 여러분에게 진로를 바꾸라고 이야기하고 있는 것입니다. 즉 다음 단계는 여러분이 전혀 생각지도 못한 것일 수 있으며, 따라서 그 무엇에도 비할 수 없을 만큼 신명나는 다른 것을 찾고, 또 '그 다음'으로 나아가고 '그 다음'에 맞게 행동하라고 말입니다. 모든 길이 반드시 직선은 아닙니다. 여러분의 길은 구불구불할 수 있지만 실제로는 가장 짧은 길입니다. 그 길이 저항이 가장 적기 때문입니다.

   동시성에 대해서는 조금 뒤에 자세히 이야기하겠습니다. 이 시점에서 여러분이 기억해야 할 것은 열정에 따라 행동하라는 것, 더는 지속할 수 없을 때까지 최대한 열정을 발휘하라는 것, 그러면서 동시에 앞으로 나아가는 것에 대한 두려움 때문에 열정을 약화시키는 사람이 되지 말라는 것입니다.

결과에 집착하지 말라

   이제 다음 단계는—이 부분에서 많은 사람들이 힘들어한다는 것을 알고 있지만—열정에 따라 행동하고 열정을 최대한 발휘하되, "결과가 어떨지, 어떤 모습일지에 대해 일말의 집착이나 가정도 하지 말라"는 것입니다.

   여기에서 핵심은, 여러분의 물질적인 마음은 실제로 '이상적인' 결과가 무엇인지 상상하는 능력에 한계가 있다는 사실을 이해하는 것입니다. 그럼에도 여러분에게는 강력한 상상력이 있으며, 그 능력을 사용할 수 있고 또 사용해야 합니다. 다만 결과는 어떠해야 한다는 집착을 내려놓은 채로 사용하라는 말입니다. 이것은 의외로 매우 쉽습니다.

시각화는 때때로 상상한 것을 정확히 현실로 만드는 도구가 되기도 하지만, 반드시 그런 목적으로만 사용되는 것은 아닙니다. 시각화는 진정으로 이상적인 결과를 얻기 위한 표상 또는 일종의 표시자 역할을 하는 상징을 만드는 데 목적이 있습니다. 상상한다는 것은 더 높은 마음으로부터 오는 안내를 실제로 주고받기 위한 신명의 상태로 들어가게 하는 상징입니다. 그것은 실제 결과가 어떠해야 하는지를 상징하기도 하고, 여러분의 여정을 위해 바람직하고 긍정적인 다음 일이 무엇인지를 나타내주기도 합니다.

따라서 여러분이 현실 창조를 위한 시각화를 하면서 신명난 상태에 도달한 뒤, 그 결과에 대해서는 생각을 내려놓는다면, 그때 비로소 여러분의 마음이 열리게 됩니다. 신명 속에 머묾으로써 여러분은 더 높은 마음이 다음에 무엇이 일어나야 할지—무엇이 여러분에게 최선의 도움이 될지—알려줄 수 있는 공간을 만드는 것입니다. 그런 다음 어떤 일이 벌어지든 긍정적인 상태에 머물면서 그 흐름을 지켜보는 것입니다. 이것이 비결입니다. 이것이 핵심입니다.

긍정적인 상태를 유지하라

설령 여러분이 바라지 않았던 것이 실현되더라도—객관적 사실일 뿐 이것은 좋은 것도 나쁜 것도 아닙니다—여러분이 긍정적인 상태에 머물기만 한다면, 그것이 무엇이 되었든 여러분에게 도움이 된다는 점을 인식하십시오.

여기에 아주 능숙해진 사람이라면 일부러 자신이 좋아하지 않는 것을 현실로 만듦으로써 자신을 시험해 볼 수도 있습니다. 실현된 결과에 대해 자신이 예전과 똑같이 부정적으로 반응하는지 아니면 달라졌는지 살펴보기 위해서 말입니다. 변화의 진정한 척도는 외부 세계가 달라 보이느냐 아니냐에 있지 않습니다. 그 척도는 설령 외부 세계가 똑같이 보이더라도 여러분이 다르게 반응하느냐 아니냐에 있습니다. 이 원칙들을 진정으로 이해하는 사람에게는 다음에 어떤 일이 일어나는지가 전혀 중요하지 않습니다. 아무리 부정적인 에너지로 인해 생긴 일이라 해도 그것이 자신에게 도움이 될 것임을 알기 때문입니다.

부정적인 것 자체를 긍정적인 것이라고 부르게 된다는 말이 아닙니다. 설사 어떤 것이 부정적인 에너지로부터 생겨났다 하더라도 여러분이 긍정적인 에너지 상태에 머문다면, 여러분은 거기에서 여전히 긍정적인 결과를 얻을 수 있다는 말입니다. 기억하세요. 여러분은 자신의 진동에서 나오는 것만을 경험할 수 있습니다. 여러분이 내놓는 것이 곧 여러분이 돌려받는 것입니다. 이것이 법칙입니다. 더없이 단순한 물리학입니다.

요점은, 비록 여러분이 바라지 않는 것이 현실로 나타나더라도 여러분이 긍정적인 상태에 머물면 그것을 긍정적으로 이용할 수 있다는 것입니다. 예를 들어 자신이 원하지 않는 것을 보게 되면 대조와 비교를 통해 자신이 원하는 것이 무엇인지 훨씬 더 선명하게 알 수 있습니다. 이것이야말로 여러분이 원치 않는 것을 긍정적으로 이용하는 방법입니다. 이 방법을 사용하면 원치 않는 것은 바로 사라지고 여러분이 바라는 것이 다가오기 시작할 것입니다.

여기에 끌어당김 법칙과 관련한 커다란 비밀이 하나 있습니다. 바로, 자신이 원하는 주파수를 창조하는 법을 배워야 한다고 오해하고 있다는 사실입니다. 하지만 그렇지 않습니다. 열정과 신명, 창조성, 사랑, 연결의 주파수는 여러분의 자연스러운 상태입니다. 이것들이 여러분의 중심 진동이라는 것을 기억하십시오. 이 진동들은 여러분의 삶에 관련된 모든 것을 남김없이 끌어당겨 여러분이 늘 그런 특성들을 경험할 수 있도록 설계되었습니다.

여러분은 항상 이런 진동들을 내보내고 있습니다. 이 진동들은 여러분이 좋아하는 것, 자신의 충족감을 위해 필요한 것을 끌어오기 위한 시도를 멈추는 법이 없습니다. 여러분은 이런 주파수를 만드는 법을 배울 필요가 없습니다. 중요한 것은 스스로를 가로막지 않고 놔두는 것, 여러분의 자연스러운 주파수를 방해하고 삶에 필요한 것을 끌어당기는 타고난 능력을 방해하는, 두려움에 기반한 부정적 믿음들을 놓아버리는 것입니다.

믿음 체계를 점검하라

자신의 믿음 체계를 파악하는 데 집중해 봅니다. 믿음 체계를 들여다보면서 여러분에게 맞지 않는 것, 시대에 뒤떨어진 것, 정렬되지 않은 것, 혹은 내가 아닌 남에게 속한 것들을 찾아내 봅니다. 여러분은 성장 과정에서 여러분을 돌봐준 존재들(부모, 친구, 학교, 사회)이 갖고 있던 믿음, 여러분과 아무 관계도 없거나 그들 자신의 충족되지 못한 욕망에서 비롯된 믿음을 텔레파시와 몸짓 등을 통해 흡수했습니다.

하지만 이제 여러분은 성장했고 스스로 생각할 수 있습니다. 여러분은 무엇이 자신에게 진실한 것인지 결정할 수 있습니다. 그동안 쌓아온 믿음 체계 가운데 여러분의 중심 진동과 맞지 않는 것들을 놓아버림으로써, 여러분은 자신의 중심 주파수가 가장 효과적으로 작동하도록 할 수 있습니다.

삶의 지침 활용하기

이 지침 또는 공식의 주된 개념은 매순간 열정에 따라 최선을 다해 행동하고, 더는 할 수 없을 때까지 최대한 그 열정을 발휘하라는 것입니다. 그리고 그 과정에서 두려움에 기반한 믿음들로 인해 신명이 꺾이지 않도록 하고, 다른 어떤 것보다 더 신명날 다음 일을 찾아서 그것을 행동에 옮기라는 것입니다. 이것이 여러분의 길이고, 여러분의 더 높은 마음이 여러분에게 들려주고 있는 말입니다.

결과가 어때야 하는지, 언제 그 일이 일어나야 하는지, 어떤 방식으로 일어나야 하는지에 대해 어떤 집착이나 가정도 하지 마십시오. 여러분의 더 높은 마음과 동시성이 여러분에게 가장 이상적인 것을, 여러분에게 최고의 결과를 가져다줄 거라는 생각에 마음을 열어둡니다. 그런 다음 어떤 일이 일어나든 상관하지 말고 긍정적인 상태에 머무르도록 합니다. 그리하여 거기에서 유익함을 얻고 긍정적인 경험을 추출해 냅니다. 설사 여러분이 원하지 않는 일이 벌어지더라도 그것을 긍정적으로 이용하면 됩니다.

이 과정을 거치면서 여러분의 믿음 체계를 점검해 보십시오. 어떤 상황에서든 여러분이 진실이라고 믿고 있는 생각들을 정직하게 기꺼운 마음으로 들여다보면서, 이렇게 묻습니다. "나는 왜 나쁜 일이 일어날지 모른다고 믿는 걸까? 나는 왜 무언가 잘못될지도 모른다는 두려움을 붙들고 있는 걸까?" 그 두려움이 왜 거기 있는지, 그 정체가 무엇인지 살펴본 다음 무의미한 것임을 깨닫고 놓아버립니다. 여러분의 부정적인 믿음을 진실하고 공정한 시각으로 바라봅니다. 여러분이 하고 싶은 일을 이미 하고 있는 세상의 다른 사람들을 살펴봅니다. 그런 사람들을, 여러분의 열정이 할 수 있는 것을 보여주는 본보기로 삼으십시오.

다른 사람들이 성공하는 것을 볼 수 있다면, 그것은 설령 방식이나 모습, 형태가 똑같지는 않더라도 여러분도 최소한 어떤 방식으로든 그들처럼 할 수 있다는 명확한 암시입니다. 남들이 할 수 있는 것을 왠지 나는 못할 것처럼 보인다는 사실이 얼마나 터무니없나요? 만일 여러분이 할 수 없다는 것이 정말 진실이라면 여러분은 남들이 하고 있는 것을 애초에 볼 수도 없었을 것입니다.

다른 사람들이 하는 모든 일을 누구나 할 수 있다는 말은 아닙니다. 요컨대 여러분의 꿈과 열정이 진정 무엇인지, 그리고 여러분의 삶에 적합한 것이 무엇인지에 대해 자신에게 솔직해지라는 것입니다. 여기서 핵심은 적합성relevance입니다. "내가 갑자기 파란 몸에 키는 4미터이고 팔은 열다섯 개 달린 존재가 될 수 있을까?" 글쎄요, 가능할 수도 있겠죠. 그런데 그럴 일이 얼마나 있을까요? 그리고 그것이 적절할까요? 여러분의 길, 여러분의 주제, 여러분이 탐사하고 있는 것을 고려한다면 그럴 가능성은 낮습니다.

이것은 무엇이 가능한지 혹은 불가능한지에 관한 이야기가 아닙니다. 여러분에게 일어날 만하거나 적합한 것이 무엇인지에 관한 이야기입니다. 지금까지 우리가 말씀드린 내용을 따르면서 여러분이 삶에서 진정으로 충족되어야 하는 것이 무엇인지에 대해 자신에게 솔직해진다면, 여러분의 삶이 (상대적으로) 매우 단순해지고, 여러분에게 필요한 것을 매우 쉽게 얻을 수 있으며, 이 모든 것이 펼쳐지는 것을 보며 커다란 기쁨을 느끼게 될 것입니다.

한 번 더 반복하자면, 자신의 열정에 따라 행동하십시오. 그 열정을 최대한 발휘하고, 열정이 식었다면 스스로 그 이유를 판단해 봅니다. 자신에게 솔직해지고, 긍정적인 상태에 머무릅니다. 어떤 결과가 나와야 한다고 주장하거나 가정하지 않습니다. 자신의 믿음 체계를 점검해서 이제 더 이상 적합하지 않은 것들, 부정적이고 두려움에 기반한 것들은 놓아버립니다. 여러분 삶에서 어떤 것이 가능한지에 대해 자신에게 진실해져야 합니다.

더 이상의 지침은 없습니다. 우리는 이 지침들이 여러분의 현실에 어떻게 정확히 적용되어야 하는지 설명하는 데 많은 시간을 보낼 수 있고 실제로도 여러 해를 보냈습니다. 여기에서 핵심은 정확성입니다. 이 공식에 다른 생각이나 낡은 믿음 체계를 덧보태서는 안 되며, 만약 그럴 경우 이 공식이 정확하게 작동하기를 기대하기는 어렵습니다.

우리는 여러분이 자신의 물질 현실 경험을 창조하는 데 이미 사용하고 있는 메커니즘의 압축 버전을 제시했습니다. 이 공식이 지나치게 복잡해져서 여러분이 너무 많은 생각을 하게 되는 일이 없도록 최대한 간단한 방식으로 설명했습니다. 여러분은 무엇이든 자신에게 적합하다고 생각하는 일에 이 공식을 순수하고 단순하게 적용하면 됩니다. 이 공식을 올바로 적용하기만 하면 여러분의 삶은 분명 바뀔 것입니다.

열정 찾기

많은 사람들과 대화를 하다 보면 이렇게 말하는 분들이 있습니다. "글쎄요, 내 열정이 뭔지 모르겠어요." 말도 안 되는 소리입니다. 열정은 쉽게 찾을 수 있습니다. 열정을 이야기한다고 해서 평생을 바칠 직업이나 대단한 프로젝트를 말하는 것이 아닙니다. 열정은 그런 게 아닙니다. 그저 무엇이든 시작하는 것을 의미입니다.

여러분한테는 눈앞의 여러 선택지 중 어느 것이 조금이라도 더 신명이 나는지, 열정이나 끌림, 호기심이 느껴지는지 판단할 수 있는 능력이 있습니다. 그러니 그냥 시작하십시오. 그 일의 의미가 잘 잡히지 않을 때는 그냥 작게 시작하면 됩니다. 나중에는 그 일이 눈덩이가 불어나듯 커질 것입니다.

예를 들어 여러분이 이 책을 읽고 있는데 그 이유가—이건 가정입니다—지금 이 순간에 할 수 있는 것 중 이 책을 읽는 것이 가장 신명나는 일이라 생각해서일 수 있습니다. 여러분에게 이 책을 읽는 것은 전혀 힘든 일이 아니었습니다. 어려운 결정이 아니었죠. 여러분은 그저 "아, 좋아. 여러 선택지 중에서 나는 이걸 할 거야. 지금은 이게 더 끌리니까" 이렇게 말했을 뿐입니다.

책읽기가 끝나면 주변을 둘러봅니다. 여러분은 산책을 할 수도 있고, 다른 책을 집어들 수도 있고, 영화를 볼 수도 있고, 친구와 수다를 떨 수도 있고, 밥을 먹을 수도 있고, 낮잠을 잘 수도 있고…… 무엇이든 할 수 있습니다. 여러 선택지를 비교했을 때 다른 것들보다 아주 조금이라도 더 끌림이나 열정, 신명이 느껴지는 것이 있다면, 그냥 그것을 합니다. 다만 최선을 다해서, 그리고 공식을 따라서 하면 됩니다. 그 일이 여러분을 어디로 이끌어갈지 여러분은 결코 알 수 없습니다. 바로 이것이 핵심입니다.

그 일은 여러분이 실제로 가야 할 다음 장소로—전혀 관계가 없어 보일지라도—언제나 여러분을 데려갈 것입니다. 여러분은 쉽게 이해가 되지 않을 방식으로 말입니다. 여러분이 책을 쓰고 있다고 해봅시다. 어떤 이유에서인지 갑자기 글이 더 써지질 않습니다. 신명도 사라지고, 아이디어도 떠오르지 않습니다. 여러분은 주위를 둘러보며 생각합니다. '좋아. 내가 다음으로 할 수 있는 제일 신명나는 일이 뭐지? 음…… 산책이 좋겠어.' 그래서 밖으로 나갑니다. 그렇게 산책을 하다가, 책의 다음 장(章)에 영감을 주는 딱 필요한 대화를 어깨 너머로 듣게 됩니다.

이것이, 여러분이 허용할 때 일이 이루어지는 방식입니다. 이것이 순수한 동시성입니다. 이 동시성이 우리 삶을 조직하는 원리입니다. 이것은 여러분이 앞의 공식들을 따를 때 펼쳐지는 메커니즘의 하나입니다.

동시성

마지막으로, 앞서 다룬 인생 지침과 그 다섯 단계를 정확한 방식으로 최대한 부지런히 그리고 자주 적용했을 때 이 메커니즘이 어떻게 펼쳐지는지 더 자세히 알아보겠습니다.

동시성synchronicity은 항상 작동하고 있습니다. 만물은 오케스트라처럼 서로 연결되어 있습니다. 진실로 우연이란 없습니다. 여러분은 항상 완벽한 동시성 속에 존재하며, 동시성이 긍정적이냐 부정적이냐는 여러분에게, 다시 말해 여러분의 존재 상태에 달려 있습니다. 부정적인 동시성이란 말은, 만일 여러분이 부정적인 상태에 있다면, 즉 두려움에 기반한 부정적인 믿음을 갖고 있다면, 그 상황이 여러분을 나선형으로 끌어내려 점점 더 많은 부정적인 상황에 처하도록 만든다는 뜻입니다.

그런데 긍정적인 동시성에는 우리가 '빨간불 동시성'과 '초록불 동시성'이라고 부르는 두 가지가 있습니다. 예를 들어 여러분의 열정을 표현할 기회가 여러분 앞에 나타나 그에 따라 행동할 수 있게 되는 경우가 있습니다.

어떤 때는 기회처럼 보이는 것이 찾아와, 그 기회를 잡기 위해 최선을 다하지만 아무것도 얻지 못할 때가 있습니다. 마치 벽에 부딪치는 것처럼 말이에요. 이것이 부정적인 믿음 체계로 인한 것이 아니라면, 그것은 빨간불 동시성이 "지금은 때가 아니야"라고 말하는 것일 수 있습니다. 이런 동시성이 여러분의 길을 암시하거나 여러분의 열정을 상징할 수도 있지만, 이때의 빨간불은 그것이 지금 바로 취할 다음 단계가 아니라는 것을 의미합니다.

만일 이런 경우 여러분이 스스로를 들여다본 결과, 여러분을 그 길로 나아가지 못하게 막는 것이 두려움에 기반한 믿음이 아니라 지금은 때가 아니라고 말하는 빨간불의 긍정적 동시성이라는 확신이 든다면, 그때는 여러분이 할 수 있는 다른 일을 찾아보고 그 방향으로 움직이면 됩니다. 그것이 여러분의 또 다른 안내 메커니즘입니다.

이러한 예상치 못한 전환은 실제로는 여러분의 여정을 가속시켜 저항이 가장 적은 길을 찾도록 해줍니다. 힘겹게 싸우면서 인생을 살 필요는 없습니다. 그토록 많은 노력을 기울이지 않아도 됩니다. 물론 여전히 시련은 있겠지만, 도전은 재미있는 일입니다. 그것을 부정적으로 볼 필요가 전혀 없습니다.

열정을 따를 때, 이런 가속화가 삶의 추진력이 되어 계속해서 나아갈 에너지를 제공합니다. 이것이 여러분을 움직이고 여러분에게 동기를 부여합니다. 아침에 눈을 뜨는 것이 기다려지고 계속 나아가고 싶다는 생각이 들 정도로 말입니다. 바로 이것이, 공식대로 열정에 따라 최선을 다해 행동하고, 결과에 대해 어떤 집착도 가정도 하지 않으며, 어떤 일이 벌어지든 긍정적인 상태에 머물면서 두려움에 기반한 부정적 믿음들을 살피고 놓아버릴 때 일어나는 일입니다.

동시성의 조직 원리는, 행동해야 할 일을, 행동해야 할 때에 그 완벽한 타이밍에 맞춰 여러분에게 가져다줍니다. 만약 지금 바로 동시성이 나타나지 않는다면, 그럴 필요가 없기 때문입니다. 여러분의 삶이 펼쳐지는 방식을 신뢰하십시오. 동시성이 여러분을 안내할 것입니다. 그럴 때는 어떤 긴장과 부정성도 느껴지지 않습니다. 삶을 따라 흐르게 됩니다. 자신만의 고유한 흐름을 따르게 되는데, 그 흐름은 여러분 안의 신명에서 우러나는 온갖 표현들과 연결되어 있습니다. 그래서 빨간불 동시성이 "아니야, 이건 아니야"라고 말할 때 초록불 동시성이 "여기, 이걸 봐. 이게 네가 나아갈 다음 단계야" 하고 말해주게 되는 것입니다.

동시성은 또한 여러분을 삶에 필요한 모든 형태의 지원과 연결해 줌으로써 여러분이 신명에 따라 계속 행동할 수 있도록 해줍니다. 여기서 지원이란 단지 돈만을 의미하는 게 아닙니다. 여러분이 살아가는 지구의 현실에서 돈이 풍요와 지원의 상징이라는 것을 알고 있지만 돈이 유일한 것은 아닙니다. 만일 여러분이 돈이 없어서 해야 할 것을 못한다고 고집한다면, 그것은 열정과 신명과 꿈을 따라 앞으로 나아갈 수 있도록 해주는 '풍요의 온갖 형태'로 향한 문을 닫아버리는 행위가 됩니다.

여정을 위한 풍요와 지원

돈은 쓸모가 있지만 항상 필요한 것은 아닙니다. 삶이 더 나아지기 위해 여러분이 생각하는 것만큼 많은 돈이 필요하지 않을 수도 있습니다. 재능을 타고나는 것도 풍요의 한 형태이고, 교환할 무언가를 갖고 있는 것도 풍요의 한 형태입니다. 동시성 자체도 풍요의 한 형태입니다. 상상력도 풍요의 한 형태인데, 전에는 생각하지 못했던 아이디어나 개념을 떠올릴 수 있게 해주기 때문입니다. 소통도 풍요의 한 형태입니다. 사람들을 만나서 여러분의 처지와 근황과 꿈 등에 관해 이야기를 나누다 보면 전혀 생각지도 못했던 방식으로 엄청난 양의 지원을 받게 될 수도 있기 때문입니다.

열린 자세로 모든 형태의 풍요를 받아들이면서 행동하고 앞으로 나아간다면, 그 풍요가 다양한 방식으로 다가와 여러분의 모든 필요를 채워줄 것입니다. 돈이 생길 수도 있고, 누군가가 선물을 줄 수도 있고, 아이디어를 들려줄 수도 있고, 교환할 물건이 생길 수도 있습니다. 이런 것들이 한데 합쳐져서, 여러분이 기쁨과 열정 속에서 나아가는 데 필요한 풍요를 100센트 채워줄 것입니다.

여러분의 열정을 따르기 위해 이런저런 돈이 필요하다는 생각에 매여, 다른 모든 형태의 풍요로 향하는 문을 닫아버리지 마십시오. 어떤 가정도, 어떤 집착도 하지 말라고 했던 말을 기억하십시오. 풍요와 동시성이 여러분에게 필요한 것을 보여줄 수 있도록 문을 열어놓으십시오. 그것이 무엇인지 여러분이 알고 있다고 가정하지 말고, 안다고 고집하지도 마십시오. 우기고 고집하는 것은 삶의 자연스러운 흐름에 저항하는 것입니다.

문을 열어두면, 삶에서 진정으로 필요한 모든 것이 여러분에게 다가올 것입니다. 적합하지 않은 것들은 오지 않을 것입니다. 삶이 펼쳐지는 방식을 믿고 허용하십시오. 모든 것이 나타날 때의 타이밍을 신뢰하십시오. 억지로 밀어붙이지 말고, 저항하지도 마십시오.

반사 거울

이 공식의 마지막 도구이자 마지막 단계인 믿음 체계 점검을 우리는 '반사 거울 reflective mirror'이라고 부르기도 합니다. 여러분이 자기 안의 신명과 열정에 따라 행동할 때, 이 반사 거울이 여러분의 열정과 일치하지 않은 믿음 체계들을 끊임없이 비춰 보여줌으로써, 여러분이 그것들을 다루고, 그런 믿음이 생겨난 이유를 알아내고, 그것을 놓아줄 수 있는 기회를 제공합니다. 그와 동시에 여러분의 추진력과 신명, 열정에 새 에너지를 불어넣어 줍니다.

신명을 따라가다가 갑자기 두려움에 기반한 과거의 부정적인 믿음이 떠오른다면, 그것이 장애물이 아니라 한낱 방해물일 뿐임을 알아차리십시오. 무의식 안에 들어 있는 내면의 모순을 찾아내서 다루고 놓아주는 것, 그리하여 자신의 신명에 에너지를 더하는 것은 여러분이 걷는 길의 일부입니다. 이런 식으로 믿음 체계 안에서 자신을 신명나게 하지 않는 것을 찾아내는 일조차 자신을 신명나게 하는 일의 일부가 됩니다. 어떤 일이 닥치더라도 긍정적인 상태에 머무는 것이 중요합니다.

긍정적인 상태에 머물면서 자신의 믿음 체계를 점검하고 두려움에 기반한 부정적인 믿음을 놓아줄 때, 여러분의 삶은 갑자기 자동 조종 모드로 바뀐 것처럼 알아서 움직입니다. 물론 도전거리들은 계속 생기겠지만 이제 그것들은 재미있는 것이 됩니다. 여러분이 올바른 태도와 올바른 에너지, 올바른 존재 상태를 유지하고 있기 때문입니다. 이러한 것들이 여러분의 삶의 질을 결정하는 것이지 주변

환경이 결정하는 것이 아닙니다. 어떤 조건에 놓여 있든 중요한 것은 여러분의 존재 상태입니다. 차이를 만드는 것은 어떤 일이 일어나느냐가 아니라 그 일에 여러분이 어떻게 반응하느냐입니다.

이제 삶 자체가 어느새 여러분의 여정을 끌어나가는 원동력이 되고, 여러분은 동시성과 함께 춤을 추게 됩니다. 여러분은 동기를 부여받고, 늘 그 동기에 따라 신명나게 행동으로 옮깁니다. 또한 모든 일은 적절한 시기에 적절한 순서로 일어납니다. 어떤 날 여러분이 무언가를 하지 않았다면 그것은 그날 할 필요가 없는 일이었기 때문입니다. 동시성은 여러분에게 저항이 가장 적은 길을 경험하도록 해줍니다. 또한 온갖 형태로 신명을 표현하고 경험하도록 해줍니다. 동시성이 여러분이 나아가는 데 가장 적합한 길을 열어줍니다.

삶은 여러분에게 진정으로 적합한 것이 무엇인지 안내해 줍니다. 삶은 여러분이 온갖 형태로 '지원'받고 있음을 경험하도록 해주며, 계속해서 신명나게 행동하고 살아갈 수 있도록 해줍니다. 여러분은 어떤 형태로든 풍요와 지원이 찾아올 수 있도록 열려 있기만 하면 됩니다. 오직 한 가지 방법으로만 삶이 작동할 거라고 고집하면서 문을 닫아걸지 마십시오. 그러면 풍요와 지원이 다른 모습으로 찾아오더라도 절대로 알아보지 못할 것입니다. 그럴 때 반사 거울은 여러분의 믿음 체계 중에서 여러분의 본성과 정렬되지 않은 것들을 의식하도록 환기시켜 줄 것입니다.

두려움은 바로 그런 것, 즉 메신저입니다. 여러분은 단 하나의 에너지만 갖고 있으며, 그 에너지는 언제나 100퍼센트로 작동합니다. 그런데 이 에너지가 여러분의 믿음 체계를 통해 걸러지면서 바로 여러분의 성격을 만들어냅니다. 여러분이 믿는 것이 곧 여러분이 되는 것입니다. 여러분의 중심 진동과 정렬된 긍정적 믿음 체계를 통해 에너지를 걸러낼 때, 여러분은 아무것도 두려워하지 않게 됩니다. 모든 것이 여러분에게 도움이 될 수 있으며 여러분 또한 긍정적인 방식으로 모든 것에 도움이 될 수 있다는 사실을 알면서 앞으로 나아가게 될 것입니다.

만일 여러분이 부정적이거나 두려움에 기반한 믿음 체계를 갖고 있다면, 여러분은 그것을 통해 에너지를 거르고 있는 것입니다. 그때 여러분은 두려움을 느끼게 됩니다. 부정적인 믿음 체계도 긍정적인 믿음 체계와 마찬가지로 자신을 영속시켜야 한다는 점을 생각해 보십시오. 그러지 않으면 여러분이 경험하고 있는 물질 현실은 없을 테니까요. 물질 현실은 환상이라는 사실을 잊지 마십시오. 물질 현실이란 여러분의 '지각$_{perception}$' 외에 다른 것이 아닙니다. 여러분의 지각이 곧 여러분의 현실입니다. 현실이 외견상 견고함을 유지하는 것은, 물질 현실의 경험 안에서 어떤 특정 상황과 관련해 여러분이 진실이라 믿는 것을 그대로 다 받아들이기 때문입니다.

여러분이 어떤 상황에서 자신에 대한 긍정적인 믿음을 받아들이면 대개 그 상황은 '문제'가 되지 않습니다. 그것은 여러분이 행복하기 때문입니다. 반대로 여러분이 어떤 상황에서 자신에 대한 부정적인 믿음을 받아들이면 자신을 비판적으로 또 부정적으로 바라보면서 이렇게 생각하게 됩니다. "나는 가치가 없어. 나는 능력이 없어. 나는 쓸모없어. 나는 내세울 게 하나도 없어. 나는 이런 사람이야. 나는 저런 사람이야." 이런 믿음과 지각이 여러분의 진실이 됩니다.

그리고 나면 이런 생각들은 스스로를 더 강화하는데, 여러분이 물질 현실을 계속 경험하기 위해서는 모든 믿음이 어떤 방식이나 모습, 형태로든 자신을 영속시켜야만 하기 때문입니다.

그래서 부정적인 믿음은 모든 메커니즘을 동원해 여러분이 그 믿음을 놓지 못하게 만듭니다. 이것이 바로 믿음이 작동하는 원리입니다. 여기에 악의惡意 같은 것은 없습니다. 의도를 갖고 그러는 것도 아닙니다. 그저 여러분으로 하여금 물질 현실을 계속 경험할 수 있도록 믿음이 설계된 방식일 뿐입니다. 부정적인 믿음은 그 믿음을 내려놓는 걸 두렵게 만들고, 놓아주지 못하도록 방해하며, 그렇게 해서 여러분이 열정에 따라 앞으로 나아가지 못하도록 하는 것입니다.

여러분은 이것을 개인적으로 받아들이거나 붙들고 씨름을 하거나 두려워할 것이 아니라, 단순히 믿음이 작동하는 방식으로 바라볼 필요가 있습니다. 두려움을 통해 여러분은 알게 됩니다. 두려움은 여러분의 친구입니다. 두려움은 여러분이 뭔가를 잘못 알고 있다고 말해주는 메신저입니다. 두려움이 느껴질 때, 열정에 따라 앞으로 나아가기가 두려울 때, 그 두려움은 이렇게 말을 하고 있는 것입니다. "이봐, 이봐. 네가 부정적인 믿음 체계를 통해 에너지를 걸러내고 있기 때문에 나를 느끼는 거야." 만약 두려움을 느끼고 싶지 않다면, 여러분이 무엇을 믿고 있는지, 그리고 왜 그것을 믿는지 살펴보십시오. 그리고 그 믿음을 붙들고 있는 것이 여러분에게 어떤 도움이 되는지 살펴보십시오. 왜냐하면 여러분은 어떤 식으로든 자신에게 도움이 된다고 믿는 것들을 붙잡게 되어 있기 때문입니다.

이는 틀림없이 효과가 있습니다. 여러분은 항상, 예외 없이, 자신에게 도움이 된다고 믿는 것을 향해 나아갈 것입니다. 또한 자신에게 도움이 되지 않는다고 믿는 것에서는 항상 멀어질 것입니다. 따라서 여러분이 원하는 것으로부터 멀어진다는 것은 의식적이든 무의식적이든 여러분 내면 어딘가에 여러분에게 도움이 되지 않는 선택을 하도록 부추기는 믿음이 있다는 첫 번째 단서가 됩니다.

이제 여러분은 동기 부여 메커니즘을 바꿔 이렇게 물어야 합니다. "내가 이 일의 결과가 나쁠 거라고 믿어야 할 이유가 뭐지? 처음에 기대했던 결과가 나오지 않을 수도 있고, 금방 배운 대로 내가 긍정적인 상태에 머물기만 하면 결과가 어떻든 나에게 도움이 될 거라는 걸 알고 있는데 말이야. 어떤 결과가 나오든 나는 그것을 유리하게 활용할 수 있어. 그러니 실제로 어떤 일이 벌어지든 무슨 차이가 있을까? 내가 기대했던 결과가 나오지 않는다고 해서 무슨 상관이 있을까? 아무 차이도 없어. 나는 만유와 함께하는 공동 창조자로서, 그 일이 내 삶에 무슨 의미가 있을지, 그 일이 왜 일어나는지, 그리고 그 일을 어떻게 활용해 내가 바라는 현실을 창조할지 스스로 결정할 수 있는 힘이 있어."

선택할 수 있는 힘, 그것은 여러분에게 주어진 선물입니다. 그것은 여러분이 받은 가장 큰 선물입니다. 여러분은 공동 창조자입니다. 여러분이 의미를 선택합니다. 어떤 의미에서 삶은 무의미합니다.—이 말을 부정적으로 듣지 마세요.—삶에는 정해진 의미가 없습니다. 삶에 의미를 부여하는 것은 '여러분'입니다. 여러분이 삶에 부여하기로 결정한 의미가 여러분이 삶으로부터 얻게 될 결과입니다. 이것이 여러분이 가진 가장 위대한 힘입니다.

그러니 여러분의 믿음 체계를 선택하고, 대상에 부여할 의미를 선택하고, 여러분이 배운, 그래서 자동으로 떠오를 수 있는 정의定義들을 선택하십시오. 여러분의 믿음을 점검하십시오. 그리고 "내가 이걸 진실이라고 믿는 이유가 뭐지?" 하고 물으십시오. 그 믿음이 어디서 온 것인지 찾아보십시오. 그 믿음이 자신에게 도움이 되지 않는다면 놓아줍니다.

대부분의 사람들은 자신에게 이런 힘이 있다는 것을 잘 알지 못합니다. 그것은 그들의 선택입니다. 또한 여러분의 선택이기도 합니다.

종합해서 보기

이상이 자각 도구 키트입니다. 이 도구들은 여러분의 진동을 계속해서 높여줄 것이며, 더 높은 버전의 물질 현실은 물론이고 그 너머의 비물질 현실로도 여러분을 상승시켜 줄 것입니다. 그곳은 여전히 여러분이 고려하고 경험할 무한한 선택지들이 있습니다. 여기에는 끝이 없습니다. 존재 자체에 시작이나 끝 같은 것은 없습니다. 시작과 끝은 존재 안에 있는 개념입니다. 존재는 그저 있을 뿐입니다. 이것만이 존재의 유일한 속성입니다. 그냥 존재하고, 존재하고, 존재할 뿐입니다. 시간과 공간은 존재 안의 창조물입니다. 존재는 시간과 공간의 지배를 받지 않습니다. 존재는 무한하며 영원합니다. 여러분에게는 언제나 신명나게 경험하고 탐사할 새로운 것, 새로운 곳이 있을 것입니다.

그러니 어떤 수준에서든 열정을 찾아서 최선을 다해 행동하십시오. 그렇게 살 때 여러분은 자신에게 도움이 될 뿐 아니라 지상에서 충만한 삶을 사는 방법과 '지상 천국'을 창조하는 방법에 대한 살아있는 본보기가 됨으로써 다른 사람들에게도 도움을 줄 것입니다.—물론 사람들이 반드시 이 본보기를 따라야 한다는 말은 아닙니다.—누구에게나 자신만의 길이 있다는 것을 기억하세요. 여러분은 사람들에게 더 유익할 수 있는 다른 삶의 방식을 보여주게 되겠지만, 그들이 그 정보를 가지고 무엇을 하느냐는 여러분이 관여할 문제가 아닙니다. 지금 제가 전하는 이 정보를 가지고 여러분이 무엇을 하느냐가 저의 문제가 아닌 것처럼 말입니다. 여러분에게는 여러분만의 길이 있습니다. 나는 실제로 효과가 있을 정보를 전하는 것뿐입니다. 어떤 과정을 밟을지는 여러분에게 달려 있습니다. 그것이 바로 여러분의 길입니다.

적절한 때에 다른 사람들과 나누십시오. 그저 그들이 선택할 수 있는 정보를 제공하는 것으로 여러분은 할 수 있는 일을 다한 것입니다. 누가 알겠습니까? 그 사람이 그것을 10년 뒤에 선택할지, 20년 뒤에 선택할지, 아니면 다음 생애에 선택할지? 그것은 중요하지 않습니다. 여러분은 영원합니다. 서두를 이유가 뭐가 있겠습니까?

명쾌하고 정말 실천해 볼 만한 정보였습니다. 감사합니다, 바샤르. 우리의 열정은 상위 자아에서 나온다고 하신 거지요?

그렇습니다.

앞에서 명확히 제시한 일곱 가지 필수 요소 말고는 더 없나요? 예를 들면 자신감을 키울 필요는 없는지? 혹은 두려움을 제거해야 할 필요는 없는지? 그리고 '필요'가 우리의 열정을 분류하는 데 영향을 미치나요?

네, 우리가 앞의 지침에서 반사 거울 이야기를 한 것이 그 이유입니다. 반사 거울은 여러분의 본성과 정렬되지 않은 믿음에 주의를 기울이게 해 여러분이 그런 믿음을 제거할 기회를 갖게 합니다. 그래서 이것이 완벽한 자각 도구 키트라고 하는 것입니다. 이 안에는 삶에 필요한 모든 것이 들어 있습니다. 더 요구되는 것은 없습니다. 여기에는 여러분이 자신의 중심에서 완벽한 존재로 살아가는 데 필요한 모든 개념과 인식을 위한 모든 요소가 들어 있습니다.

우리 삶에서 궁극적인 장벽이 되는 믿음들에 대해 말씀하셨어요. 또한 우리가 시간과 공간의 밀도 안에 초점을 맞춘 채로 이곳에 존재한다는 말씀도 하셨고요. 우리가 여기에 존재하는 것은 우리가 여기에 있다는 믿음 때문에 고착된 건가요, 아니면 에고가 개입한 건가요? 에고에 의한 고착과 믿음에 의한 고착 사이에 차이가 있나요?

선형적으로 말해서, 여러분은 물질적 경험을 하기로 영spirit의 상태에서 선택했습니다.—여러분이 좀 더 분명히 이해할 수 있도록 시간 틀을 사용해서 말하는 것입니다.

영적 존재로서 물질적 경험을 하기 위해서는 의식의 한 부분에 일종의 필터 시스템 같은 것을 설정해서, 물질적 경험의 정의를 넘어선 것들을 걸러내거나 초점에서 멀어지게 할 필요가 있습니다. 이를 위해 여러분이 만든 것이 믿음 체계입니다. 여기에서 성격personality이 나오고 에고 구조가 나와서 여러분이 삶에 초점을 유지할 수 있도록 합니다. 에고는 단지 물질적 개념을 경험하기 위한 성격의 초점일 뿐입니다.

비유하자면, 에고는 물 속에서 사물을 선명히 볼 수 있게 하는 잠수용 마스크와 비슷합니다. 바다에서 다이빙을 할 때 잠수용 마스크를 쓰면 자신이 어디로 가고 있는지 더 잘 보이지만, 마스크가 없으면 시야가 흐려질 수 있습니다. 잠수용 마스크는 물질적 에고와 비슷합니다. 에고는 또렷한 경험들을 선사하고, 여러분 눈에 물질 현실이 진짜인 것처럼 보이게 만듭니다. 그래야 에고가 물질 현실 안에서 기능할 수 있기 때문입니다. 하지만 잠수용 마스크가 여러분이 어디로 가야 하는지를 말해주지는 않습니다. 단지 여러분이 보고 있는 것을 더 또렷하게 보여줄 뿐입니다.

사람들이 에고 구조에 원래 설계된 것보다 더 많은 일을 맡기면, 에고는 자신에게 통제권이 있다고 혹은 자신이 모든 것을 통제해야 한다고 생각하면서 부정적인 특성들을 띠게 될 수 있습니다. 여러분에게 그 순간에 일어나는 일을 그저 명확히 보여줌으로써 여러분이 그 일을 받아들이거나 여러분이 좋아하는 방식으로 처리할 수 있도록 하는 대신, 그 일이 일어나기 전에 자신이 모든 것을 알고 있어야 한다고 느끼는 것입니다.

요점은 에고로 하여금 본래의 일, 즉 여러분이 어디에 있는지를 선명히 보여주는 단순한 일을 하게끔 하고, 어떤 일이 일어날지 자기가 다 알고 있다고 생각하도록 두지 말라는 것입니다. 그것은 더 높은 마음의 영역에 속합니다. 더 높은 마음이 신명과 열정의 형태로 여러분에게 메시지를 주고, 여러분이 그런 느낌에 주의를 기울일 때, 한 치의 오차도 없이 자신의 길을 살아가도록 안내할 것입니다. 도움이 되었나요?

정말 큰 도움이 됐어요. 그렇다면 에고는 믿음들의 집합 이상인가요? 에고는 우리가 선명히 볼 수 있도록 도와주는 마스크나 필터 같은 것이고, 우리는 우리의 믿음을 대상으로 작업하면 되나요?

다시 말하지만 믿음은 여러분의 현실이 확실하고 연속되는 것처럼 보이게 만듭니다. 즉 믿음은 감정, 생각, 행동을 이용해 스스로를 강화하고 그것을 사실처럼 보이게 만듭니다.

물질 현실은 사실이 아닙니다. 그것은 실재가 아닙니다. 그것은 투사입니다. 긍정적인 것이든 부정적인 것이든 믿음은 감정과 생각, 행동을 통해서 스스로를 더 강화합니다. 즉 감정을 이용해 그 믿음을 실재처럼 느끼게 하고, 생각을 이용해 그 믿음을 실재라고 여기게 하며, 행동을 통해서 그것이 실재하듯이 행동하도록 하는 것입니다. 이 모든 것이 여러분이 하는 경험으로 반영됩니다. 여러분의 현실은 여러분의 감정과 생각과 행동의 산물이고, 그 바탕에는 여러분의 믿음 체계가 깔려 있습니다.

믿음은 여러분이 경험하고 있는 것의 청사진을 만듭니다. 여러분의 감정―에너지와 움직임에서 나오는―은 건축가입니다. 여러분의 사고 패턴은 그 건축 재료에 해당합니다. 여러분의 행동은 이런 재료들로―즉 생각들로―건축하는 방식입니다.

이 비유에 따르면, 여러분의 경험은 여러분이 처음 갖고 있던 믿음의 청사진에 따라 지은 집에 해당합니다. 여러분이 경험하고 있는 현실인 그 집에서 어떤 문제가 생길 때마다 여러분의 행동과 생각, 감정을 돌아보고, 그 모든 것이 애초에 청사진, 즉 믿음이 없었다면 존재 자체가 불가능했다는 사실을 깨달으십시오. 이렇게 뒤를 돌아보는 작업을 통해 결국 여러분은 어떤 믿음이 자신에게 도움이 되지 않는지 알아낼 수 있습니다.

감정은 진공 상태에서 존재할 수 없습니다. 어떤 것이 실재한다고 느낄 수 있으려면 먼저 그것이 진짜라고 믿어야 합니다. 믿음은 물질 현실이 사실처럼 보이도록, 즉 만질 수 있는 실재처럼 보이도록 하기 위해 여러분의 감정을 이용해 자신을 강화합니다. 하지만 여러분의 경험이 여러분 자신에 관해 진실이라고 믿는 것들 때문에 존재한다는 사실을 이해하게 될 때, 여러분은 언제든 그 믿음으로 돌아가서 손을 보거나 여러분에게 더 도움을 줄 새로운 믿음으로 바꿀 수 있습니다. 그러면 차례로 감정이 바뀌고, 생각이 바뀌고, 행동이 바뀌고, 경험이 바뀌게 될 것입니다.

말씀하신 도구 키트의 지침대로 우리가 자신의 열정과 일치하는 단계들을 밟아나가다 보면 우리의 걸림돌들을 '드러내게' 되고, 그래서 그 문제들을 별것 아닌 것으로 만들거나 아예 사라지게 할 수 있는데, 이것을 보통 '자각'이라고 말한다는 거죠?

그렇습니다. 중요한 점은 부정적이거나 두려움에 기반한 믿음들을 모두 놓아버린 뒤에도 여전히 여러분은 살아있는 존재로서 자신에게 적합하지 않은 것들을 계속 놓아버릴 수 있다는 것입니다.

우리가 지금 지구 차원이나 개인 차원에서 변곡점에 있는 건가요? 우리가 지금 완전한 자각을 향해 다가가고 있나요?

여러분은 자각을 향해 다가가고 있는 것이 아니라 이미 자각의 한복판에 있습니다. 지금은 심오한 변화의 시기로, 여러분 각자가 자신이 선호하는 현실과 지구 버전을 창조하는 방향으로 삶을 변화시킬 수 있는 기회가 주어지고 있습니다. 지구의 평행 현실 버전 여

러 개가 동시에 공존하고 있는데, 그중 어떤 진동 주파수를 향해 나아가느냐에 따라 그 방향이 곧 여러분이 맞이할 지구의 버전이 될 것입니다. 다른 버전들도 여전히 존재합니다. 부정적인 길을 선택하는 사람들은 부정적인 버전에 도달할 것이고, 좀 더 긍정적인 길을 선택하는 사람들은 긍정적인 버전에 다다를 것입니다. 이 모든 버전들이 지금 이 순간에 존재하고 있습니다.

중요한 것은 지금 이 순간 여러분이 나아가고 있는 길, 즉 여러분이 변화하는 방식입니다. 여러분은 끊임없이 변하고 있기 때문입니다. 하지만 그것은 질에 관한 것이고, 진동 주파수에 관한 것이며, 여러분이 공명하는 것이 무엇이냐에 관한 것입니다. 바로 그것이 여러분이 궁극적으로 어디에 이를지를 결정합니다.

이것은 분리의 프리즘 splitting prism 입니다. 지금 이 순간 여러분이 그 한가운데에 있고, 궁극적으로 향후 수년에 걸쳐 여러분이 경험하게 될 것을 결정하는 분리의 프리즘입니다. 지금 여러분은 서로의 현실을 볼 수 있습니다. 모든 사람들이 하고 있는 선택을 볼 수 있어요. 하지만 그들을 볼 수 있다고 해서 여러분이 똑같은 현실로 나아가고 있는 것은 아닙니다. 그것은 유리벽을 통해 다른 현실을 보는 것과 같습니다. 그들은 여러분에게 닿을 수 없습니다. 여러분의 눈에는 그들이 보이지만, 그들은 여러분에게 영향을 끼칠 수 없고, 여러분 역시 그들이 영향을 받기로 선택하지 않는 한 그들에게 영향을 끼칠 수 없습니다.

핵심은, 이 시기를 기회로 이용해서 여러분이 선호하는 현실을 선택하고, 여러분이 선호하는 현실을 드러내는 방식으로 행동하며, 모든 사람이 다른 선택을 할 수 있다는 걸 알도록 도와주는 살아있는 본보기가 되라는 것입니다.

몇 년 지나면 이런 선택지들이 사라지고, 여러분은 긍정적이든 부정적이든 여러분이 선택한 버전의 지구에서 여러분과 비슷한 생각을 지닌 사람들만 보게 될 것입니다. 지금 여러분에게는 모든 가능성들을 살펴보고 자신에게 맞는 것들을 선택할 수 있는 기회가 있습니다.

가까운 미래에 인류 집단이 돌파구를 찾아 현실의 진정한 본질, 즉 모든 것이 가능하다는 사실을 깨닫고, 모두가 상위 자아와 접속해 자신의 열정을 따르는 티핑 포인트에 도달할 거라고 해도 될까요? 지금 그런 일이 일어나고 있는 건가요? 우리가 이 티핑 포인트를 넘어섰다는 것을 알게 되는 시점이 올까요?

시간이 조금 걸릴 수 있습니다. 하지만 중요한 것은 지금 여러분은 여러분이 있는 이 행성을 바꾸고 있는 것이 아니라는 사실입니다. 여러분은 이 행성을 떠나 다른 버전의 지구로 이동하고 있습니다. 그곳은 이미 그 버전으로 존재하며, 여러분이 지금 이야기하고 있는 주파수와 정렬된 버전의 여러분이 이미 거기에 살고 있습니다. 여러분은 결코 여러분이 살고 있는 세계를 바꾸는 것이 아닙니다. 여러분이 바꾸는 것은 여러분 자신입니다. 여러분이 내면에서

이룬 변화를 더 잘 반영하는 다른 지구로 그렇게 바뀐 여러분을 데려가는 것입니다.

여러분은 이 변화를 현재 여러분이 삶을 경험하는 것과 똑같이 선형적 시간 흐름 속에서 경험하게 될 것입니다. 마치 세상이 변한 것처럼 보이겠지만, 그것은 원래의 세상이 변한 것이 아닙니다. 지금도 여러분은 1초에 수십억 번씩 변하고 있습니다. 여러분은 결코 같은 행성에 머물러 있지 않습니다. 여러분은 1초에 수백만 번씩 다른 사람이 됩니다. 시간과 변화, 운동이라는 환상을 만들어내는 것이 바로 이것입니다. 이것은 다른 현실입니다. 이것은 다른 현실입니다. 이것은 다른 현실입니다. 이것은 다른 현실이에요. 말 그대로 각각의 현실은 완전히 다릅니다.

모든 순간이 '제로'라는 사실, 즉 여러분이 경험하기로 동의한 주제와 거치기로 한 과정을 가지고 그 순간을 정의한다는 사실을 깨닫게 되면, 단지 생각을 바꿔 자신이 경험하고 싶은 것을 선택할 때 여러분은 1초에도 수십억 번씩 자신이 정화된다는 것을 깨닫게 될 것입니다.

여러분이 일의 작동 원리를 이해해야 하는 이유가 바로 이것입니다. 그래야 이 정보를 더 의식적으로 여러분의 유익을 위해 사용할 수 있습니다. 새로운 뭔가를 '배워야' 한다는 이야기가 아닙니다. 여러분이 이미 그렇게 하고 있음을 알고, 여러분이 선호하지 않는 방식이 아니라 여러분이 선호하는 방식으로 그것을 하기로 선택하라는 말입니다.

💬 바샤르, 높은 차원의 존재가 낮은 차원의 존재로 되기로 선택하는 이유를 설명해 줄 수 있나요?

———— ⚛ ————

스케일은 다르지만, 물질적인 인간인 여러분이 공포 영화를 보면서 스릴을 경험하고 싶어 하는 것과 같은 이유입니다. 즉 다른 것을 배우기 위해서입니다. 다른 경험을 할 수 있고, 자신의 다른 면들을 접할 수 있기 때문입니다. 그러니 왜 선택하지 않겠습니까? 무엇이든 나에게 유익하게 활용할 수 있다는 것을 안다면 제한은 없습니다. 그러니 선택하지 않을 이유가 어디 있겠습니까?

💬 다른 메시지에서, 우리가 쓰는 '허가서permission slip'라는 용어를 몇 차례 언급하셨는데, 이 개념에 대해 간단히 설명해 주시겠습니까?

———— ⚛ ————

허가서란 대개 자신을 고양시키고 주파수를 높이기 위해 여러분이 믿고 싶은 대로 믿도록 허락해 주는(여러분 생각에) 의식儀式, 의례, 관습 같은 것을 말합니다. 이런 관습이나 의식은 기도나 명상이 될 수도 있고, 먹는 음식이 될 수도 있습니다. 무엇이든 상관없습니다. 무엇이든 여러분의 믿음 체계에 속하는 것이면 효과가 있습니다. 찻잎 리딩 같은 것이 될 수도 있고, 타로 카드가 될 수도 있습니다. 비전 보드, 확언, 크리스털 구슬이 될 수도 있습니다. 여러분이 진정한 자신이 되는 데 필요하다고 여기는 평범한 물건이나 동작이 될 수도 있습니다.

물론 변화를 만들어내는 것은 여러분 자신입니다. 여러분이 스스로를 변화시키고 있으면서, 특정 대상이나 활동이 여러분을 변화시킬 수 있다고 그것에 힘을 부여하는 것일 뿐입니다. 결국 그 허가서란 단지 상징일 뿐이며, 줄곧 여러분을 변화시켜 온 것은 다름 아닌 여러분 자신이란 사실을 알게 될 것입니다. 그리고 궁극적으로는 바로 여러분이 어떤 상징 없이도 자신이 바라는 방식과 모습, 형태로 변화를 일으킬 수 있는 허가서가 됩니다.

우리가 순간 이동이나 변신, 상승이 가능할 정도로 진동을 높일 수 있는 단계에 와 있나요?

지금 지구에서 그렇게 할 수 있는 사람은 소수입니다. 그 수준에 도달한 사람이 많지도 않지만, 현재로서는 더 많은 사람이 그 수준에 도달할 필요도 없습니다. 그런 것을 할 수 있는 것이 물질 현실에서의 궁극적 표현이라고 가정하거나 주장하지 마십시오. 물질 현실에는 그에 못지않게 효과적이고 영적인 것이 많습니다. 상대적으로 평범한 물질적 삶을 사는 것처럼 보이는 사람이 그런 일을 할 줄 아는 사람들보다 더 영적일 수도 있습니다. 관건은 그것을 어떻게 사

용하느냐입니다.

💬 진 로든버리Gene Roddenberry(TV 시리즈물 〈스타 트렉Star Trek〉의 각본가이자 제작자)가 '9인 위원회Council of Nine' 채널링에 참여했다고, 그래서 그것이 그의 작품에 많은 영향을 미쳤다고 알려져 있죠. 〈스타 트렉〉에 묘사된 내용이 얼마나 진실하다고 평가할 수 있을까요?

〈스타 트렉〉의 많은 부분이 평행 우주의 존재를 어느 정도 반영한다고 할 수 있고, 또 어느 정도의 정확성도 가지고 있습니다. 하지만 적어도 물질적인 의미에서는 그 작품의 모든 부분이 다른 평행 현실들을 100퍼센트 반영한다고 가정하기는 어렵습니다. 비물질적 세계에서는 무엇이든 가능하고, 그런 종류의 시나리오도 원하는 만큼 영 안에서 재창조할 수 있습니다.

TV 시리즈 작가들처럼 창의적인 많은 사람들은 의식적으로든 무의식적으로든 외부 우주에서 일어나는 일들을 활용해 왔습니다. 예를 들어 진 쿤Gene Coon(진 로든버리와 함께 〈스타 트렉〉의 각본과 스토리 편집을 맡은 미국의 시나리오 작가이자 TV 프로듀서—옮긴이)은, 우주 내 다른 문명의 존재를 아직 이해하지 못하는 행성들에는 외계 생명체가 개입하지 않는 원칙을 유지해야 한다는 '주요 지침Prime Directive'이라는 개념을 제시하기도 했습니다.

이것은 창의적인 상태에 있는 어떤 사람이 지구와 여타 행성들에 관여하는 외계 존재들 사이에 실제로 존재하는 무언가를 활용한 한 가지 예입니다. 여러분이 우리의 모든 것에 관해 더 많이 다룰 수 있을 만큼 발전하고 진화하기 전까지 우리는 한정된 양의 이해만을 전해드릴 것입니다. 우리는 여러분이 어떤 길을 선택할지 스스로 결정하기를 바랍니다. 여러분에게 자신의 힘과 자유 의지를 이해할 수 있는 기회를 드리기 위해, 우리는 특정 선 이상으로는 개입하지 않을 것입니다.

지금 이 순간에도 우주선이나 다른 곳에서 다릴을 통해 이 상황을 물리적으로 지켜보고 계신 건가요?

우리 정찰선은 미국 애리조나 주 세도나Sedona 남쪽에 있는 벨 락Bell Rock 상공 1,900킬로미터 지점에 있습니다. 네, 맞아요. 저는 이 채널러를 비롯해 다양한 물리적 방법을 통해서 이 상황을 지켜보고 있습니다.

바샤르, 다릴, 정말 감사해요. 고맙다는 말로도 부족할 것 같네요.

여러분 한 분 한 분과 소통하는 것은 우리의 열망이자 기쁨입니

다. 여러분에게 무조건적인 지지와 사랑을 보냅니다. 여러분 한 분 한 분 모두 아름다운 영적 존재들이에요. 이 사실을 알고, 그런 존재로 행동하시길 바랍니다. 그러면 여러분의 세계와 여러분의 삶이 크게 달라질 것입니다.

홍미로운 발견과 놀이의 하루 보내시길 기원합니다. 좋은 하루 되십시오. 저의 오래된 언어로도 인사드립니다. "아베요$_{A'veyo.}$" 나는 당신을 위해 봉사한다는 뜻입니다.

다릴과 그의 책, 그리고 바샤르에 대해 더 알고 싶은 분은 www.darrylanka.com이나 www.bashar.org를 방문하시기 바랍니다.

에필로그
물질 몸 속에서 깨닫는다는 것

이 책의 모태가 된 온라인 이벤트를 개최하기 1년 전인 2021년 6월, 자각과 구체적인 깨달음에 대한 관심이 커지면서, 저는 제 친구이자 《깊은 우주에서 온 채널링 메시지: 변화하는 세계를 위한 지혜 Channelled Messages from Deep Space: Wisdom for a Changing World》의 공저자인 트레이시 파커Tracy Farquar에게 연락해 프랭크Frank를 초청하고 싶다는 뜻을 전했습니다. 프랭크는 트레이시가 채널링하는 존재로, 브로하슈카Brohashka라는 별에서 온 집단입니다. 나는 프랭크에게 자각self-realization의 본질에 조명을 맞춰 자각이 우리 인간 존재의 궁극 목표인지 여부에 대해 이야기해 줄 것을 요청했습니다.

당시에는 그들의 절제된 답변에 담긴 지혜를 명확히 이해하지 못했지만, 시간이 지나면서 나는 마침내 그 가치를 깊이 이해하게 되었습니다. 심오하고 핵심을 정확히 짚어주며 경각심까지 일으키는 그 답변들은 지구를 수놓아 온 큰 스승들의 삶에 대한 흥미진진한 통찰을 보여주고 있었습니다. 마치 이 책의 앞선 페이지에 실린 이야기들을 뒷받침하고 확인해 주는 완벽한 에필로그 같만 한 그 내용을 아래에 옮깁니다.("깨달음과 초월"이라는 제목으로 이어지는 아래 내용이 바로 프랭크로

부터 채널링한 내용이다.—옮긴이)

깨달음과 초월

'깨달음' 같은 개념을 온전히 이해하기 위해서는 깨달음에 대한 선입견과 이론에서 벗어나야 합니다. 그런 선입견이나 이론은 인간 마음의 구성물이기 때문에, 설령 여러분이 기적처럼 완전히 알았다 하더라도 의식과 영이 하는 일을 개념이나 이론으로 이해하는 데는 한계가 있을 수밖에 없습니다.

여러분이 지적으로 이해하려는 노력을 멈추고 무한한 존재라는 자신의 본성을 영적으로 받아들일 때를 제외하고는, 지금 이 순간에도 여러분은 인간 마음의 한계 안에서 일하고 있습니다. 여러분의 본성은 에너지적인 것이며, 이는 지금 이 순간에도 물질 형태로 스스로를 표현하고 있습니다. 이 물질 형태는 한계가 있으며, 이 중에는 극복될 수 있는 것도 있고 극복할 수 없는 것도 있는데, 그 이유는 그런 한계를 경험하는 것이 바로 물질 상태로 육화한 의도이기 때문입니다.

깨달음은 초월적인 상태입니다. 많은 인간들과 여타의 존재들이 여러분의 제한적인 깨달음 개념에 맞먹을 정도의 진보한 에너지 주파수 상태에 이르기는 했지만, 자신의 경험을 '완전히' 초월하는 것은 인간의 목표도 아니고 물질적 경험의 목표도 아닙니다. 그것이 목표라면 '덜' 중요한 물질적 경험의 한계를 테스트하는 것 외에 무슨 의미가 있겠습니까? 그것은 경험의 신성함을 부정하는 것이 아니겠습니까?

물질적 존재의 목표 또는 의도는, 다른 방법으로는 얻을 수 없는 독특한 관점을 영혼에게 제공하고, 이런 경험을 통해서 의식을 확장하고자 하는 영혼의 욕구와 호기심을 충족시키는 것입니다. '완전한 초월'이라는 종착점 없이 계속해서 말입니다.

그럼에도 불구하고 빛을 가져오고 빛을 발산하며 빛을 북돋우는 상태에서 살고자 하는 열망이 모든 의식에 내재되어 있습니다. 이는 고통을 최소화하고 더 큰 기쁨을 경험하기 위해서입니다. 이 빛에는 진리와 자비심, 받아들임, 그리고 영적으로나 육체적으로 높은 인식의 상태가 모두 담겨 있습니다. 여러분이 바로 그 둘 다이기 때문입니다.

더 큰 빛 속에서 사는 데 일생을 바친 사람들도 있지만, 이들의 경험은 이들 영혼의 에너지적 지성 안에 존재하는 수많은 것들 가운데 하나일 뿐 다른 어떤 것보다 더 중요하거나 덜 중요하지 않습니다. 지구 땅을 밟으며 살다 간 스승들은 모든 면에서 인간이었고, 고귀한 지혜와 진리를 전해주었지만 인간의 경험을 초월하지는 않았습니다. 그들의 의도는 힘겨워하고 고통스러워하는 이들을 돕고 지원하면서, 상처입고 사랑받지 못한 이들에게 향유와도 같은 사랑의 진리를 전하는 것이었습니다. 그것은 영감을 불어넣어 사랑의 에너지가 흐르도록 하는 것이었습니다. 우리에게 이것은 인간이나 여타의 육화한 물질 존재가 경험할 수 있는 최고 수준의 깨달음입니다.

우리는 영혼이 물질적으로 육화하기로 결정한 이유와 목적에 대해 감히 모든 것을 이해하려고 하지는 않을 것입니다. 하지만 의식의 영역에 대해 좀 더 깊이 이해하게 되면서, 우리는 모든 수준의 에너지 주파수와, 모든 형태의 물질적 육화, 그리고 각 개인이 물질적 형태를 하고 걸어가는 길 위의 모든 발걸음이 얼마나 신성한지 보게 됩니다. 이 모든 것이 신성하고, 이 모든 것이 초월적이며, 이 모든 것이 깨달음의 한 형태입니다.

우리는 또한 어떤 목표를 위해 더 많이 노력할수록 그것이 손가락 사이로 더 쉽게 빠져나간다고 믿습니다. 그 노력이 여러분의 주파수의 흐름을 방해하면서 현재 순간에 집중하지 못하도록 만들기 때문입니다. 노력하기를 멈추십시오. 그러면 성취할 것입니다. 이해하려는 욕망을 멈추세요. 그러면 이해가 여러분을 통해 흐를 것입니다. 더 깨달으려는 욕망을 멈추십시오. 그러면 깨달음이 저절로 꽃을 피울 것입니다. 여러분이 찾는 그 빛이 되십시오. 그 빛 안에서 여러분은 이번 생이 주는 최고의 경험을 하게 될 것입니다.

―프랭크(트레이시 파커의 채널링)

www.tracyfarquhar.com

"여러분은 평소의 깨어 있는 상태로부터 '깨어날' 수 있으며,
그것은 의식이 따라야 할 자연스러운 다음 단계입니다.
여러분의 몸은 이미 이 단계를 위한 준비가 되어 있습니다."
―제인 로버츠 Jane Roberts,
《개인과 대중 사건의 본질 The Individual and the Nature of Mass Events》

추천 도서

이 책 《위대한 깨어남》이 태어나도록 도움을 준, 그리고 크나큰 영감을 준 책들을 소개합니다.

켄 캐리Ken Carey, 《스타시드 3부작The Starseed Trilogy》

《스타시드 트랜스미션The Starseed Transmission》《세 번째 밀레니엄The Third Millenium》《조류 부족의 귀환Return of the Bird Tribes》은 완전히 깨달은 영적 지도자들이 넘쳐나기 시작한 이 밀레니엄에 완전히 새로운 세계 질서가 도래할 것을 예고하고 있습니다. 더없이 흥미진진하고, 힘을 주고, 교훈적이고, 때로는 시적이기도 한 이 3부작은 지금까지 제가 읽은 것들 중에서 가장 독창적인 개념들을 담고 있습니다.

닐 도널드 월시Neale Donald Walsch, 《신과 나눈 이야기, 4권: 종을 깨우다 Conversations with God, Book 4: Awaken the Species》

제목에서 알 수 있듯이, 이 책은 전체가 깨어남에 관한 내용입니다. 더없이 강렬한 이 시리즈의 앞 세 권과 마찬가지로 지극히 높은 관점에서 서술되고 있는 이 책은 '고도로 진화한 존재Highly Evolved

Being(HEB)'들이 사랑에 기초하여, 그리고 전체가 하나이고 하나가 전체이며 모든 것이 신이라는 인식에 기초하여 자신들의 삶을 살고 세계를 조직하기로 선택하는 과정을 구체적으로 보여줍니다.

제인 로버츠Jane Roberts, 《개인적 현실의 본질(세스의 서)The Nature of Personal Reality(A Seth Book)》

같은 저자가 쓴 모든 '세스의 서'도 그렇지만 이 책 또한 깊고 객관적이며 다소 난해합니다. 이 시리즈는 진동을 높여 구체적인 자각에 도달하는 것보다는 현실에 대한 특별한 관점을 바탕으로 자신의 삶을 이해하고 온전히 사는 법에 중점을 두고 있습니다. 하지만 우리는 이런 길을 통해서도 자신의 진동을 높일 수 있습니다.

티모시 프렉Timothy Freke, 피터 갠디Peter Gandy 공저, 《헤르메티카: 파라오의 잃어버린 지혜The Hermetica: The Lost Wisdom of Pharaohs》

고대 그리스의 신 헤르메스와 이집트 신화 속의 현자 토트의 전설적인 가르침들을 한데 요약한 책입니다. 이 둘의 저작은 《에메랄드 타블렛Emerald Tablets》으로도 알려져 있습니다. 고대 그리스어를 번역한 대목들과 두 저자의 해설 모두 더없이 놀랍고 마음을 사로잡는 책입니다. 나는 특히 토트가 깨달음의 순간에 문득 아툼Atum(신)과 하나가 되는 느낌을 묘사한 대목이 와 닿았습니다.

람타Ramtha, 《람타(화이트북)Ramtha(The White Book)》

매우 친절하고, 강력하고, 영감을 주는 책입니다. 쉽게 읽히면서도 여기 나열된 목록을 통틀어 가장 강력한 책 중 하나입니다.

리사 로열 홀트Lyssa Royal Holt, 《황금 호수: 지구의 삶을 위한 별들의 지혜 Wisdom from Stars for Life on Earth》

영혼 통합과 의식의 진화, 그리고 더 높은 영의 영역으로의 깨어남 과정에 대한 플레이아데스의 심오한 통찰이 담긴 책입니다. 이해를 돕기 위한 훌륭한 연습과 비유, 은유 들이 등장합니다.

리사 로열 홀트Lyssa Royal Holt, 《라이라의 프리즘: 인류 은하계 유산에 대한 탐사The Prism of Lyra: An Exploration of Human Galactic Heritage》

외계 존재들과 그들의 기원, 그리고 그들이 해온 일에 대한 (깊고 광범위하다는 측면에서) 역대 최고의 설명이 담긴 책입니다.

마이클 싱어Michael A. Singer, 《상처받지 않은 영혼The Untethered Soul》 및 《될 일은 된다The Surrender Experiment》

오늘날 의식 탐구의 선구자인 저자는 삶 자체가 궁극적인 영적 길이라고 믿습니다. 이 두 책에 담긴 저자의 통찰이 참으로 놀라운데, 특히 '머릿속에서 벗어나기'를 설명하면서 우리가 모든 것을 지나치게 생각하는 경향 때문에 깨달음이 '불가능'해진다고 설명하는 대목이 인상적입니다.

헤르만 헤세Hermann Hesse, 《싯다르타Siddhartha》

시대를 초월하여 세계적인 명성을 유지해 온 소설로 심오하고 흥미로운 지혜가 담겨 있습니다. 주인공이 깨달음을 얻고 에고의 초월에 대해 정밀한 가르침을 전하면서 이야기가 절정에 이릅니다.

파라마한사 요가난다 Paramahansa Yogananda, 《요가난다: 영혼의 자서전 Autobiography of a Yogi》

영적 탐구와 발견에 관한 자전적 기록. 모든 인간이 이를 수 있는 완전한 깨달음을 묘사하며, 이런 완전한 깨달음을 가치 있는 '목표'로 바라봅니다. 초자연적 만남과, 과학으로 설명하기 어려운 사건들에 대한 흥미진진한 많은 이야기가 이어집니다.

바버라 마르시니악 Barbara Marciniak, 《새벽을 여는 자들: 플레이아데스인들의 가르침 Bringers of the Dawn: Teachings of Pleiadians》

제가 이해하지 못하거나 동의하지 않는 대목들도 일부 있기는 하지만(예컨대 외계 존재 중에 자신들의 이익을 위해 인류에게 영향을 미치려 하는 존재들이 있다는 부분), 눈이 활짝 뜨이게 하는 책입니다. 깨달음을 통해 얻을 수 있는 인간의 잠재력에 대해 누차 언급하는 대목은 앞에서 추천한 켄 캐리의 책들과 통하는 바가 있습니다.

돌로레스 캐논 Dolores Cannon, 《나선형 우주 The Convoluted Universe》

인간의 기원과 영의 잠재력에 대한 놀라운 설명들이 넘쳐나는 매혹적인 시리즈. 돌로레스는 유튜브에서 이렇게 말합니다. "모든 것은 에너지입니다. 여러분이 지구에 온 것은 에너지 다루는 법을 배우기 위해서예요. 여러분의 목적은 에너지를 현실로 구현하는 마스터가 되는 것입니다."

마거릿 L. 브랜다이스Magaret L. Brandeis, 《레무리아에서 온 두 개의 크리스털 Two Crystals from Lemuria》

매우 짧으면서도 흥미진진한 책입니다. 이 책을 읽고 나면 크리스털을 보는 눈이 완전히 달라질 것입니다. 크리스털들이 상승에 대해 들려주는 이야기에 숨이 멎을 정도입니다.

대니얼 스크랜튼Daniel Scranton, 《상승Ascension》

내면으로 들어가도록 영감을 주는 또 하나의 시리즈. 저자가 매일 무료 이메일을 통해 제공하는 신비로운 채널링 내용들은 제가 빠뜨리지 않고 읽고 있는 몇 안 되는 글의 하나입니다.

감사의 말

이 책을 비롯해 제가 하는 모든 일에 생명력을 불어넣어 준 tut.com의 숨은 일꾼들께 깊이 감사드립니다.

호프 코플먼Hope Koppleman은 따뜻함과 창의력으로, 또한 탁월함을 향한 열정으로 우리 모두에게 높은 기준을 제시해 주었습니다.

아이비 길러Ivy Guiler의 마케팅과 기술 노하우는 우리 게임의 수준을 한없이 높여주었습니다.

레지나 가레피Regena Garrepy의 팀 구성과 리더십 덕분에 우리 트레이너들을 거의 모든 대륙에서 볼 수 있게 되었습니다.

지나 티키엔코Gina Tyquiengco의 디자인과 코딩과 모든 아름다움에 대한 안목은 우리를 더없이 멋진 모습으로 만들어주었습니다.

칼리 스미스Karli Smith가 보여준 압박 속에서의 끈기와 혼란 속에서의 명료함은 늘 우리에게 큰 영감을 줍니다.

졸리 우드스탁 잭슨Jolie Woodstock Jackson의 회계 능력 덕분에 우리의 머리가 딴 곳에 가 있을 때라도 우리의 발은 언제나 땅을 딛고 있을 수 있습니다.

에멀리사 스패로 우드Emmalisa Sparrow Wood의 편집 능력과 신뢰성은 독보적입니다.

케이틀린 그레이스Kaitlyn Grace가 최전선에서 보여주는 정확성과 사려 깊음은 우리 모두가 서로 도움을 주기 위해 존재한다는 것을 아름답게 일깨워줍니다.

저의 입장에서뿐 아니라 우리의 작업 결과를 접하게 될 수많은 이들을 대신해서 위의 모든 분들께 감사드립니다.

1989년 두 형제와 이들의 멋진 엄마가 설립한 TUT는,
모든 사람은 특별하고, 모든 삶은 의미가 있으며,
우리 모두는 꿈이 실제로 이루어진다는 것을 배우기 위해 온 것이라고 믿는다.
우리는 또한 우리의 "생각이 현실이 된다"는 것을 믿으며,
이런 상상력이 우리 삶에 사랑과 건강, 풍요, 행복을 가져다준다고 믿는다.

TUT Enterprises, Inc.

Orlando, Florida

www.tut.com

USA

샨티의 뿌리회원이 되어
'몸과 마음과 영혼의 평화를 위한 책'을 만들고 나누는 데
함께해 주신 분들께 깊이 감사드립니다.

뿌리회원(개인)

이슬, 이원태, 최은숙, 노을이, 김인식, 은비, 여랑, 윤석희, 하성주, 김명중, 산나무, 일부, 박은미, 정진용, 최미희, 최종규, 박태웅, 송숙희, 황안나, 최경실, 유재원, 홍윤경, 서화범, 이주영, 오수익, 문경보, 여희숙, 조성환, 김영란, 풀꽃, 백수영, 황지숙, 박재신, 염진섭, 이현주, 이재길, 이춘복, 장완, 한명숙, 이세훈, 이종기, 현재연, 문소영, 유귀자, 윤홍용, 김종휘, 보리, 문수경, 전장호, 이진, 최애영, 김진희, 백예인, 이강선, 박진규, 이욱현, 최훈동, 이상운, 이산옥, 김진선, 심재한, 안필현, 육성철, 신용우, 곽지희, 전수영, 기숙희, 김명철, 장미경, 정정희, 변승식, 주중식, 이삼기, 홍성관, 이동현, 김혜영, 김진이, 추경희, 해다운, 서곤, 강서진, 이조완, 조영희, 이다겸, 이미경, 김우, 조금자, 김승한, 주승동, 김옥남, 다사, 이영희, 이기주, 오선희, 김아름, 명혜진, 장애리, 한동철, 신우정, 제갈윤혜, 최정순, 문선희

뿌리회원(단체/기업)

주/김정문알로에 한경재단 design Vita PN풍년
법인 한국가족상담협회·한국가족상담센터 생각과느낌 소아청소년 성인 몸 마음 클리닉
경일신경과 ㅣ 내과의원 순수피부과 월간 풍경소리 FUERZA

회원이 아니더라도 이름과 전화번호, 주소를 보내주시면 독자회원으로 등록되어 신간과 각종 행사 안내를 이메일로 받아보실 수 있습니다.

이메일 : shantibooks@naver.com
전화 : 02-3143-6360   팩스 : 02-6455-6367